中日关系管窥与见证

张香山 著

当代世界出版社
THE CONTEMPORARY WORLD PRESS

图书在版编目（CIP）数据

中日关系管窥与见证 / 张香山著 . -- 北京 : 当代世界出版社 , 2020.1
ISBN 978-7-5090-1524-7

Ⅰ . ①中⋯ Ⅱ . ①张⋯ Ⅲ . ①中日关系－研究 Ⅳ . ① D822.331.3

中国版本图书馆 CIP 数据核字 (2019) 第 268500 号

书　　名：中日关系管窥与见证
出版发行：当代世界出版社
地　　址：北京市复兴路4号（100860）
网　　址：http://www.worldpress.org.cn
编务电话：(010) 83907528
发行电话：(010) 83908410
13601274970
18611107149
13521909533
经　　销：新华书店
印　　刷：北京中科印刷有限公司
开　　本：710毫米×1000毫米　1/16
印　　张：19.5
字　　数：275千字
版　　次：2020年1月第1版
印　　次：2020年1月第1次
书　　号：ISBN 978-7-5090-1524-7
定　　价：68.00元

张香山晚年照

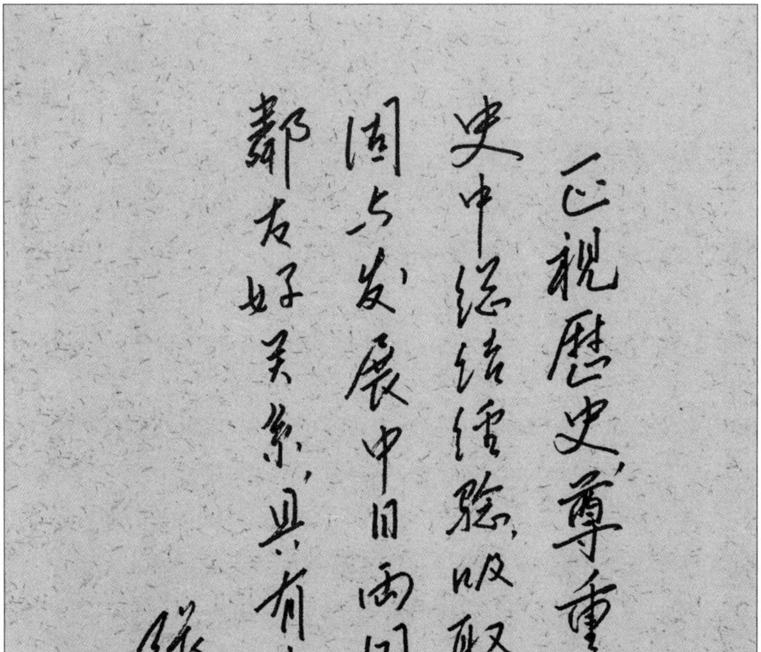
正视歷史，尊重歷史，并從歷史中总结经验，吸取教训，这对巩固和发展中日两国世世代代的睦邻友好关系，具有重大意义。
张香山

张香山手迹

再版序

章百家

中共中央党史和文献研究院研究员，
原中共中央党史研究室副主任

在纪念中日和平友好条约签订四十周年之际，我国著名日本问题专家张香山所著《中日关系管窥与见证》得以再版是一件值得庆贺之事。这本文集篇幅适中，内容丰富，对诸多问题有深入思考。对于关心国际政治和中日关系的读者，此书可以开阔眼界、增长知识；而对于那些从事对日工作、研究中日关系的人士，此书当在必读之列。

张香山青年时代是左联成员，曾赴日本留学三年，其间因从事反对日本侵略中国的活动被关进拘留所，后被驱逐出境。全国抗战开始后参加八路军，在一二九师从事政治工作，特别是对敌伪军的工作。解放战争时期，调入中共中央外事组。新中国成立后，在中共中央对外联络部、中日友好协会等机构任职，长期从事日本问题研究和对日工作，曾任中联部副部长、中日友协副会长和外交部顾问，晚年曾任中日友好21世纪委员会中方首席委员。他是中日关系许多重大事件的见证者和参与者，为中日邦交正常化和两国关系的发展作出了重要贡献。

这本文集的主题，如作者所说，主要是论述中日两国恢复邦交及以后两国关系的发展。全书收录的64篇文章和讲话，除一篇发表于1962年，一篇发表于1975年，其余均发表于1978年至1998年这二十年间。全书未按文章和讲话发表的时间顺序编排，而大致按照内容分为八个部分。前七个部分带有专题性质，包括：中日邦交正常化、《中日和平友好条约》的缔结、中日两国领导人互访、中日历史问题、中日关系的回顾与展望、中日友好21世纪委员会中方基调报告、新中国对日政策。最后一部分收录的各篇，主题多样，内容广泛，较多涉及中日文化交流和中国的日本研究。

做出这样的编排，作者自有精心考虑，首先是突出毛泽东、周恩来和邓小平等中国领导人在推动中日关系正常化时的战略思考和方针政策的制订，然后是对中日关系的发展、中国对日工作进行梳理。由于作者所处的地位，该书不仅对这段历史的全貌、过程和关节点有准确把握，而且记录了许多鲜为人知的细节。全书的重点虽是上世纪70年代以后的中日关系，但书中不乏对重要背景的追溯，如新中国成立初期党中央如何制定对日政策和活动方针，中国领导人为何决定放弃要求日本战争赔偿等。这些内情知之者甚少，能书写下来传之后人尤为难得。通过作者的记述，读者可以深切感受到，新中国的对日基本方针政策是积极的、正确的和富有远见的。中国领导人始终高度重视中日关系，在处理中日关系时，不仅强调“前事不忘，后事之师”，而且注重从大局着眼向前看，把中日关系放到总体对外关系中把握与处理。

这本文集还比较全面地反映了作者对日本问题和中日关系的观

察、研究与思考。对于日本的认识，包括政治、外交、文化和社会心理等各个方面；对于中日关系，既肯定复交后两国关系的飞跃发展，也正视其间出现的分歧、摩擦和曲折，认真总结经验教训。作为一名长期从事对日工作的老手，作者在观察和分析问题时十分注意多角度、多侧面，因而能形成许多独到的见解；与日本各界人士长期交往的经验，也使他有不少非同一般的感悟。例如，作者对日本政府在战争责任问题上的纠结有全面深入的了解，他在这一问题上对日本政府的批评也因此更具针对性，更能体现以理服人的精神。

一本书的后记往往为读者所忽视，而这本书的后记则非读不可。作者坦率承认，这本文集有一个很大的缺憾，是几乎没有谈到中国在对日工作中所发生的某些缺点和失误。为弥补这一欠缺，他在后记中梳理了上世纪50年代初期至70年代中期中国对日本基本看法的演变，总结和说明了这一时期在分析和认识日本国情时发生的主要偏差和错误，并解释了他在1978年之前撰写的文章只有两篇收入这本文集的原因。他认为，对以往的错误，后人需要了解，也应有所研究；因为只有汲取经验教训，才能改进对日工作。作为当事者，他这种实事求是的反思精神令人钦佩。

张香山的这本文集首发于1998年《中日和平友好条约》签订二十年之际。时光似逝水，转瞬又过了二十年。进入21世纪之后，无论中国、日本还是世界都发生了巨大变化，中日关系也面临着许多新情况、新问题。然而，这本文集所记述的那段历史，所总结的那些经验教训，仍可资借鉴并给人以启示。这不仅因为中日邦交正常化来之不易，必须珍视；而且因为在一个变幻的世界中，加深中日之间的相互理解，有效管控两国间的分歧，推动双方关系的不断改善、发展，将具有更重要的意义。作者在书中表达的一个信念是：中日关系的发展要顺应时代潮流，实现中日世代友好的夙愿要靠两国人民一代又一代的努力。

2018年12月31日

目　录

周恩来总理与中日邦交正常化

二十年前中日两国实现了邦交正常化，这是符合两国人民根本利益，并对缓和亚洲局势和维护世界和平作出贡献的大事。就中国方面来说，这件大事是在毛泽东主席支持下，由周恩来总理直接领导和擘划的。当时周恩来总理为此倾注了大量心血。

密切关注日本政局变化

1971年10月，联合国驱逐台湾，恢复中华人民共和国在联合国的合法席位，标志了世界潮流的变化。同时，种种迹象表明，日本佐藤政府将于翌年下台。从那时起，周总理就密切注视下届日本自民党内阁将由谁组阁，不仅要求我国有关部门进行研究，还直接向日本朋友了解情况。

是年12月，周总理会见日本日中备忘录贸易谈判代表团时，古井喜实和田川诚一两位朋友谈到，日本下届内阁总理不一定是一般人所估计的福田赳夫，而有可能是别的人；他们还表示，日中邦交正常化不能再拖下去了。他们的话引起了周总理的极大注意。

翌年3月，周总理会见藤山爱一郎，4月会见三木武夫，向他们详细了解了日本自民党内的派别情况及他们对恢复日中邦交的态度。5月，周总理在会见日本公明党代表团的二宫文造时，根据半年来的调查研究，他对日本下届首相可能是谁已经心中有底。因此，他明确向二宫文造表示，如果田中担任首相，准备解决中日邦交问题，愿亲自到中国来谈，我们欢迎，因为这将打破从吉田茂、岸信介到佐藤荣作的体系。有这样勇气的人来中国，我们怎能拒绝呢？不然就不公道了。你们公明党委员长、副委员长见到田中时，可以把我的这个意见传过去。这个谈话显示，周总理在佐藤下台之前已看清日本今后政局的前景，从而不失时机地提前向田中发出了一个信息，中国欢迎他就任首相，希望他为恢复中日邦交有所作为。

抓住抓紧新动向

从1972年6月底起，周总理几乎每天夜间在人民大会堂召集外交部和有关研究日本问题的同志开会，研究日本政局的发展动向问题。他告诫大家，要跟踪新的动向并及时抓住、抓紧，抓而不紧等于不抓。

7月5日田中当选自民党总裁后对记者发表谈话，7日举行第一次内阁会议又发表谈话，均明确表示："要加紧实现同中华人民共和国邦交正常化。"这无疑是一个重大信息。对此，周总理在9日欢迎也门总理伊斯梅尔宴会上的讲话中立即明确表示："田中内阁成立，在外交方面声明要加紧实现中日邦交正常化，这是值得欢迎的。"周总理的迅速回应，在日本引起极大的反响。

7月11日，以孙平化为团长的中国歌舞团去日本演出，周总理指示孙平化和中日备忘录贸易办事处驻东京联络处代表肖向前，利用他们在日本的机会设法推动日本首相为实现邦交正常化而访华。周总理要他们在见到日本领导人时可为双方领导人传话，同时又严格规定孙平化是以民间联络员的身份活动，不是谈判代表，因为有关恢复中日邦交的大事只有通过双方首脑会谈才能实现。8月11日，大平外相会见孙平化，转达了田中希望访华的意愿。在接到孙平化的报告后，周总理立即于当晚在人民大会堂召集有关同志研究这个问题，并决定授权姬鹏飞外长发表声明：周恩来总理欢迎并邀请田中访华。这是及时地抓住时机所作出的第二次公开反应。13日，日本官房长官表示："这是非常好的事情。”15日，田中会见孙平化、肖向前时表示，感谢周总理邀请。田中访华的问题就这样确定下来。

重视造舆论，掀起推动恢复邦交的舆论热潮

周总理十分重视舆论动向。他向我们提出，要抓报道，要造舆论，形成一股热潮；同时，又提醒我们，要密切注视日本方面出现的一切不利于实现邦交正常化的消息，并及时地辨别真伪，不受迷惑。

1972年还是“文革”时期，新华社处于军代表领导之下，由于军代表不熟悉新闻业务，新华社迟迟未发田中当选总裁的消息，周总理对此很不满意。他要求新华社军代表尽快把当时靠边站的原主管业务的领导同志解放出来，恢复工作，以加强报道工作，他还让军代表只管“文革”有关事宜。另外，针对我驻日记者在报道日方举行酒会欢迎我歌舞团时没有突出报道自民党内支持恢复邦交的某些派阀领导人的问题，周总理也立即提出了批评。在此期间，日方为推动邦交正常化而开展的一些活动，如自民党内成立日中邦交正常化协议会，田中提出日中邦交正常化的基本构想，协议会正副会长会议通过实现邦交正常化以及田中为邦交正常化访华的决议等，在中国报纸上都迅速作了报道。此外，对中国歌舞团在日本的访问以及孙平化推动田中访华的活动也作了充分的报道。所有这些新闻都是经过周总理亲自审定的。

另一方面，对日本通讯社发表的某些不利于中日邦交正常化的消息，周总理也绝不轻易放过，经常要大家提出看法，并且亲自向来访的日本朋友询问这些消息的可靠性。9月14日，由小坂善太郎率领的日本自民党代表团来中国访问，他们自称是田中访华的先遣队。以廖承志为团长的中方代表团同他们进行了会谈。之后，廖承志又同小坂进行了个别会谈。当时小坂表示，日中复交后日本不会同台湾再维持外交关系。周总理曾两次会见小坂率领的自民党代表团。19日，日方举行答谢

宴会后，正准备翌日返日时，周总理又紧急会见他们。因为总理刚刚从电讯中获悉，被派赴台湾的日本自民党副总裁椎名在台湾“国大”代表恳谈会上表示：日本与中华人民共和国复交后，将仍同台湾维持各种关系，包括外交关系。对这个令人震惊的消息，日本政府只用一条不具名的“官方讯”表示否认。在这次紧急会见中，周总理要求小坂团长和副团长等澄清椎名的谈话，并向他们再次重申中国的中日复交三原则。这是一次非常严肃的会见，在场的日本朋友都抛开外交辞令，以明确坦率的语言表明了他们的立场。小坂团长说，椎名的谈话有悖于日中邦交正常化协议会的正式意见，令人感到遗憾。小坂还表示，这绝不是田中和大平的意见，请总理不要为此担忧。在谈话结束时，周总理说，请你们把今晚所谈的内容报告田中首相，我也把各位所谈的报告毛泽东主席，这样做是为了以后不再发生龃龉。会见结束后，周总理紧接着又会见了当时在华的古井喜实，向古井了解对椎名谈话的看法。上述事实说明，周总理对不利于实现邦交正常化的重大消息采取了极其严肃的认真态度。对这类情况，他总是务必究明真相，迅速采取措施，避免使邦交正常化的运行受到误导和干扰。

会见大批日方代表团，进行政治思想交流

5月到9月，周总理会见了大批日本的代表团，其中，既有执政党自民党的一些派别，也有公明党、社会党、民社党等在野党的代表团，还有总评等群众团体，日中友协等友好团体，以及三菱等财界经济界代表团等，各界各阶层的人物都有。周总理在会见中谈到中日邦交正常化这个紧迫问题时，总是根据不同对象的思想实际，进行深入的思想交流，绝不作泛泛之谈。

对自民党朋友，周总理主要是期望他们党内主张中日友好的各派联合起来，为尽快恢复中日邦交而努力；同时，还向这些朋友了解自民党内“台湾帮”的动向，着重向他们说明恢复中日邦交三原则涉及的对台

问题。在会见社会党的佐佐木更三委员长时，佐佐木说田中决心很大，要自己动手来实现日中邦交正常化，周总理便请他转达欢迎田中或外相访华。有些在野党朋友觉得自己搞了二十几年的日中友好活动，但复交的旗帜却被自民党拿走了，为此而感到有些懊恼。周总理就此表示，政权在自民党手里，恢复邦交的事，我们只能同自民党打交道，但对你们长期为中日友好所作出的重大贡献，我们深为感谢，甚至连田中首相也不能不说在野党朋友为中日复交铺平了道路。复交了，我们以后的来往就会更多更方便。针对某些极左派别认为自民党搞中日复交是“假复交”，他们要争取“真复交”的说法，周总理进行了耐心的解释，帮助这些“左”派学会分析。他说，中国现在同许多西方国家有外交关系，这些国家也同样是资产阶级领导和管理的，我们只能同他们建交嘛，这是真建交，不是假建交。对一些大财团的代表，周总理向他们指出，两国复交后在经济方面的合作将会有大的发展。对于中小企业家担心建交后中国是否只重视同大财团打交道，会使他们陷于困难的顾虑，周总理向他们表示，我们不会这样做，我们不会忘记老朋友，还是要照顾日本的友好商社的。在会见日本排球代表团时，周总理也紧紧抓住恢复邦交这个主题。前田团长说，来华前一夜，田中首相见了我们，要我们成为日中友好的桥梁。周总理说，这件事我也听说了，你们首相向我挑战了，我就不能不应战，你们的首相见了你们，我就不能不见你们。两国球队的友好往来，成了推动中日关系正常化的桥梁。感谢你们，也感谢你们的首相，并请转告他，你们的任务执行得很好。周总理诚挚、坦率、有针对性的谈话，不仅易于被日本外宾所接受，有时还使他们深受感动。

成竹在胸，终就联合声明达成协议

两国实现邦交正常化，需要签署一个双方同意的文件。但是没有外交关系已经二十余年的中日两国，积累的问题很多，仅仅经过两国首脑的几次会谈是很难达成协议的，因此需要事先准备好一个经过初步交换意见的草案，以便经两国首脑会谈时最后敲定而达成协议。7月底，公明党委员长竹入义胜受田中的委托，就恢复两国邦交中的若干问题，特别是日方感到为难的、希望中方予以照顾的问题来华商谈。从27日到29日，周总理连续同他谈了三个晚上，共十几个小时。在第三天晚上，周总理把中国政府关于两国政府联合声明（草案）的八条内容和三项口头默契逐字逐句口述给竹入。这“八条三项”是由周总理概括出来，并经毛主席同意的。其中，包括中日恢复邦交三原则，包括过去曾同日本的一些政治家谈过的结束战争状态，放弃战争赔偿要求等若干问题，以及照顾日方困难，表明中日友好不针对第三国（即不涉及日美关系），不写明“日台条约”是非法的、无效的、必须废弃的，而以其他方式来废除这个条约等。周总理对联合声明的写法也提出了建议，即只写共同点，不写相异点，文字要简明扼要。周总理还对竹入说，如果田中首相和大平外相有什么问题需要增加或减少，我们完全可以交换意见。竹入等三位朋友当场把周总理口述的要点一字一字地记录下来，回东京后立即送交给田中和大平。田中了解了我们的方针和底牌后感到心中有底，于是下决心访华。一个月之后，9月9日，大平外相的挚友古井喜实来华，带来了日方草案的要点。在周总理会见古井时，古井作了一些说明，表示声明要有前言，但还未拟定。事后，在周总理主持下，我方对日方草案提了几点意见，电告肖向前转告日方，同时也参照日方意见再次起草我方的声明草案。

9月25日，田中首相一行抵达北京。当日下午，举行首脑和重要官员会见，稍事休息后就进入首脑会谈。根据周总理建议，双方同意除举行首脑会谈外，还由双方外长带几个人商谈《联合声明》。就我方来说，周总理仍然在商谈《联合声明》的过程中起着主导作用。例如，在26日上午的外长会谈中，日方条约局长高岛为日方方案中的某些条文辩护，甚至认为在“日台条约”中蒋介石已经放弃赔偿要求，联合声明就毋需再提这个问题。周总理获悉这一情况后，立即在当日下午的首脑会谈中对此进行了严肃批评。三次外长会议和三次起草小组会议上争议不决的问题，我们都及时报告周总理，并得到他的具体指示，声明中的有些措辞，如以“不正常状态的结束”替代“战争状态的结束”，也是周总理亲自确定的。27日晚到28日凌晨3时的第三次外长会谈，双方终于就联合声明达成协议，前后只有三天半时间。在28日最后一次首脑会谈中，周总理向田中提出：“我们重建邦交，首先是讲信义，要‘言必信，行必果’。”说完，总理将这六个字写在纸上。田中回答说：“信为万事之本。”他也用笔写出来。29日上午，《中日联合声明》签字，从此揭开了两国关系史的新篇章。

后来，我读到大平的传记，方知在商谈《中日联合声明》的过程中，大平曾忧心忡忡地向田中表示，如果达不成协议怎么办。但就中国方面来说，我们确实没有这样的忧虑。虽然有两个问题当时双方争论不休，但周总理几次讲，只要田中首相来华会谈，问题就可以解决。当时我们都有充分的信心，深信即使遇到再大的困难，周总理也能够加以妥善解决，双方一定能够就《中日联合声明》达成协议。事实果然如此。

周恩来总理为架设中日之间的新桥梁所作出的贡献，将永留史册。

（原载《北京周报》日文版1992年第39期）

中日邦交正常化前后

为实现中日邦交正常化，日本首相田中角荣应周恩来总理的邀请于1972年9月25日来北京访问。经过会谈，双方于9月29日上午签署了《中日联合声明》。从此，中日两国结束了半个多世纪的敌对关系，掀开了友好历史的新篇章。

抓住了难逢的时机

1972年9月27日晚8时半，毛泽东会见田中角荣时说："几十年、百把年达不成的协议，而在几天内解决问题。"田中角荣立即表示赞成说："只要时机一成熟，就可以得到解决。"毛泽东表示同意。

从当时的情况看，中日实现邦交正常化的时机趋于成熟。第一，世界潮流发生了变化。1972年美国总统尼克松访华，表明美国敌视中国的政策已被迫改变。后来美国还向中、日表示无意阻碍中日关系的发展。第二，中日友好已成为人心所向。当时在日本掀起了规模很大的要求实现中日邦交正常化的群众运动。田中也说，在野党和超党派的议员联盟的活动为日中复交铺平了道路。第三，"两国都有需要"（毛泽东语）。

时机成熟了，能否抓住时机就成为关键环节。就日本方面，可以说田中角荣抓住了时机。他在就任首相前四个月时，已经公开表示应该谋求日中邦交正常化。7月7日，就任首相的当天，他又发表了要加紧实现日中邦交正常化的谈话，田中的这一主张得到了大平、三木和中曾根派的支持。就中国方面来说，从有迹象显示佐藤荣作首相将要下台之时起，周恩来就加紧筹划恢复中日邦交。1972年5月1日，日本公明党访华团第二次来中国访问，周恩来在会见二宫文造副委员长时即明确表示，如果田中上台后准备解决中日邦交问题，愿到中国来谈，我们欢迎，因为这将打破吉田茂、岸信介到佐藤荣作的体系。有这样勇气的人来中国，我们怎能拒绝呢？你们党的委员长或副委员长见到田中时，可以把我的这个意思传过去。二宫文造回东京的第二天，就同竹入义胜委员长一起拜会了田中，把周恩来的话告诉了田中。

6月17日佐藤荣作下台后，周总理更加注视日本政局的发展。当听到7月7日田中关于加紧实现同中华人民共和国邦交正常化的谈话后，就立即在9日欢迎也门总理宴会的讲话中明确表示："田中内阁成立，在外交方面声明要加紧实现中日邦交正常化，这是值得欢迎的。"周恩来的迅速反应，在日本引起极大反响。

7月16日，周恩来会见了来华访问的日本社会党委员长佐佐木更三。佐佐木说，田中的决心很大，要以自己的双手恢复日中邦交。在这一点上，我认为是可以信赖的。周总理说，首相来或者派大臣来，北京的机场是开放的。佐佐木回国后向田中转告了总理的话。周恩来不失时机地多方筹划和工作，对田中访华起到强有力的推动作用。

第一位日本式的"基辛格"

田中对中国欢迎他访华感到高兴，但是还有种种顾虑。因为他在敌视中国的佐藤内阁时期曾担任过通产大臣，也担任过自民党干事长，因而他担心中国对他是否有足够的信心。最后他决定请他的挚友公明党委员长竹入义胜于7月先行来华访问，与竹入同行的还有正木良明和大久保直彦。

7月27日到29日，周恩来用了三个晚上的时间，大约十余个小时，在人民大会堂同竹入一行进行了三次会谈。

在第一、二次会谈中，竹入着重介绍了他来华前田中与他所谈的问题。周恩来在仔细倾听之后，一一回答了竹入提出的问题，并详细介绍了中国在中美关系以及台湾问题上的立场。

在第三次会谈中，周恩来把前两天所谈的意见归纳为八条，这实际即是后来恢复邦交时发表的联合声明的基本内容。这八条意见的主要内容是：一、联合声明公布之日起结束战争状态；二、日本要充分理解中国提出的恢复中日邦交三原则，承认中华人民共和国政府是中国唯一合法政府，两国复交，互派大使；三、中日复交，既符合两国人民的长期愿望，也符合世界各国人民的利益；四、双方同意以和平共处五项原则处理中日两国之间的关系，中日两国之间的争端通过和平协商加以解决，而不以武力相威胁；五、不称霸和反对霸权主义；六、在和平共处五项原则的基础上缔结和平友好条约；七、中国政府放弃战争赔偿要求；八、双方分别签订通商、航海、航空、邮政、渔业等协定。

除了以上八条外，周恩来还提出三项问题作为口头默契，而不写入声明。一、台湾是中华人民共和国的领土，解放台湾是中国的内政；二、联合声明公布后，日本从台湾撤出其使领馆，并采取有效措施，使蒋介石集团的使领馆从日本撤走；三、战后日本的团体和个人去台湾投资和经营的企业，在台湾解放时当予以适当照顾。这三条为照顾日方困难而不写入声明。竹入等三人把总理口述的八条和后三项一字一字地记录下来后高兴地表示，周总理的八条已把田中、大平的意见全部概括进去了，他来华的任务完成了。

竹入一行回到东京后立即向田中和大平汇报。8月11日，大平会见孙平化时转达了田中希望访华的意愿。周总理接到孙平化的报告后，于当晚在人民大会堂召集有关同志研究，并决定授权姬鹏飞外长发表声明：周总理欢迎并邀请田中访华。15日，田中会见孙平化、肖向前时表示，感谢周总理邀请。这样田中访华之事就确定下来了。

又一位“基辛格”

8月15日，竹入托孙平化转告中方，他与田中、大平谈话时得到的感觉是，田中、大平对中国提出的八条意见没有异议，可以接受。对三条默契，他们似乎倾向于把前两项索性写入声明中，免得将来国会审查时怀疑有什么秘密约定，反而被动。至于第三条，大平希望日台断交后，日本能在台湾设置一个民间机构，处理日台间经济贸易问题。鉴于竹入所告不是大平的正式意见，所以我们还需等待田中或大平的正式答复。9月9日，长期从事备忘录贸易的古井喜实偕同田川诚一和松本俊一抵达北京。古井这次来华是受大平委托，把日本政府关于联合声明的意见转告中方，并进一步征求中方的意见。

9月12日、9月20日，周恩来两次会见古井喜实，向古井扼要地谈了对日方方案的意见。周恩来说，前言三点大致可用，文字待双方会谈时酌定，正文八条我们也基本同意，但对结束战争状态的提法，对恢复邦交三原则的表态，以及如何表明断绝日台关系，双方还有距离，某些文字也有待进一步斟酌。所有这些可在首脑会谈中进行磋商求得完满解决。此外，周恩来还表示，在相应条文中可以写上中日友好不排他。

9月14日至20日，日本自民党代表团一行（含议员23人，其中12人曾任大臣）在原自民党日中邦交正常化协议会会长小坂善太郎率领下来中国访问。他们表示是作为田中一行访华的先遣队。15日，与廖承志等进行会谈。小坂详尽地介绍了协议会内“台湾帮”贺屋兴宣等制造“一中一台”的各种荒谬言论。周恩来获悉后指示廖承志在17日会谈中要严正驳斥贺屋等人的谬论，同时对自民党内多数要求日中友好、要求实现关系正常化的主张表示赞赏。廖承志的这篇谈话稿经周恩来多次修改，并送毛泽东阅过。19日深夜，周恩来再一次邀集小坂团的主要成员以及随团来华的日本外务省中国课长桥本恕谈话。因为他获悉自民党副总裁椎名悦三郎作为特使在台湾和从台湾返回东京时宣称，日本同中国复交后，仍将保持日台关系，包括外交关系。在这次谈话中，周恩来把收到的上述消息内容转告给他们，并再次严正申明了中国的复交三原则。小坂等听后都严肃表明，日中两国恢复邦交后，不可能同时还和台湾保持外交关系，我们全团都抱这个见解。田中首相的为人是可以信任的，他来中国后，通过和他充分交谈，一定可以得出明确的结论。周恩来表示，希望小坂把今夜谈话报告田中，他也将报告毛泽东。

求同存异，周恩来气度恢宏

9月25日，田中首相一行抵达北京，两国邦交正常化集于一点：即通过首脑会谈，就联合声明达成协议。

午后，先举行两国首脑会见，双方重要官员参加。当时商定，会见结束后，就举行首脑会谈。

在第一次首脑会谈中，田中表示，双方会谈要以29日发表联合声明，实现日中邦交正常化为目标。他还开门见山地表明，需注意两个问题：第一，要谋求日中邦交正常化，就需自动结束和台湾的关系，但要避免因此在自民党和国会内引起混乱；第二，不要因台湾地位的变动，引起东亚形势发生变化而使苏联有机可乘。关于联合声明，他让大平来谈。大平接着说，田中首相不顾政治生命和生命危险，下决心访华，以解决日中邦交正常化之大业，这是具有历史性意义的，因此一定要使之获得成功。在复交问题上有两大问题。第一，我们充分理解中国的复交三原则，对中方所说"'日台条约'是非法的、无效的，应予废除"，我们无任何异议，也不要求贵国改变这种见解。可是从日本的立场来说，这个条约已经过日本国会的批准，日本作为条约当事国，是负有责任的。假如日本完全同意中国方面的见解，那就等于日本政府在过去20多年内一直在欺骗国会和国民，日本政府一定会受到批评。所以我们的态度是，实现邦交正常化，与此同时"日华条约"即告终。希望中国理解我们这一立场。第二，关于日本和第三国关系问题，即日美关系对日本的存在具有重大的意义。我们的立场在维持日美现存关系的情况下，谋求日中邦交正常化。这次带来的联合声明草案既充分考虑了贵方的见解，同时也反映了我们上面所谈的立场。我们希望通过同贵国的商谈，搞出一个可行的联合声明。大平又说，还有一个也许和联合声明不相关的问题，即实现邦交正常化后日本同台湾之间有什么事情可以继续下去，想同你们充分商量，以便考虑出一个现实的处理办法。大平说完后，周恩来总理谈了七个问题。一、中日两国恢复邦交是双方的“大同”，也是第一位的原则。根据这条原则，其他问题总是好解决的。二、田中首相组阁以后，多次提到要站在充分理解中国方面提出的恢复中日邦交三原则的立场上。在此基础上我们自会照顾日本政府所面临的某些局部困难。三、田中首相讲得很清楚，日本国和中华人民共和国的外交关系一恢复，“日蒋条约”当然就自行失效了，日台外交关系也就中断，我钦佩你们的果断。四、同意从政治上解决问题，一些历史方面的问题不要拘泥于法律条文，因此同意会谈后发表联合声明，而不采取条约形式，以后可以再缔结以和平共处五项原则为基础的和平友好条约。五、声明中要指出，中日友好不排他。对第三国关系，日美安全条约问题，我们虽有意见，但可以不触及它。这是你们的事。六、联合声明中要宣告结束战争状态。你们用了“确认”战争状态结束的措辞，我们不完全同意，因为这种写法可被理解为从缔结旧金山和约后中日间战争状态已经结束。我们请两位外长动脑子写出一句双方都能同意的话。七、声明中要写上你们理解恢复中日邦交三原则。

第二天上午，召开外长会议。在会上，日方条约局长高岛益郎对他们的方案作了说明。主要是从法律的角度为日方方案中的某些条文辩护，唯恐说“日台条约”是非法的，只承认日本放弃台湾，但不愿说已归还中国。在谈到中国放弃赔偿要求时，高岛认为蒋介石在缔结“日台条约”时已宣布放弃赔偿要求，因此现在毋需再写入联合声明。我们对自己的方案作了说明，并表示对高岛的观点不能同意。上午会谈结束后，姬鹏飞同志把外长会谈的情况及时向周总理作了汇报。

在下午举行的第二次首脑会谈时，周总理首先指出，田中首相在昨天晚宴上致词中说，过去几十年日本给中国国民添了很大的麻烦，引起了我国人民强烈的反感。其次，双方商谈恢复邦交要从政治上着想，不要拘泥于法律条文，否则很难达成双方满意的协议。如果把“旧金山和约”“日台条约”都拿出来作根据，问题就无法解决。三是关于放弃赔偿要求问题，严肃地批判了高岛在外长会议上的发言，指出这是对我国的侮辱，我们绝对不能接受，并讲了我们为什么要放弃赔偿要求。（后来日本方面有些文章说周总理斥责高岛是“法匪”，这是以讹传讹，是没有根据的。）第四，在联合声明中，我们可以不触及日美安全条约，可以写上中日友好不排他，但不宜说成是不影响同友好国家的关系。因为对日本来说是友好的国家，不一定是中国的友好国家。同样，中国的友好国家，也不一定是日本的友好国家。

田中在发言中说，日语“添很大麻烦”，如果在中文中意思“很轻”，那就按你们的习惯来改。他并对中国放弃赔偿要求表示感谢。他还说，相信在两国外长的合作下，联合声明能得出满意的结论，圆满地解决两国正常化问题，以便为今后一两千年的日中友好创造新的起点。田中在这次谈话中还含蓄地表示日本有一部分人有一种疑虑，像中国这样的大国会不会输出革命。于是周恩来谈了思想无国界但革命不能输出的观点，明确表示中国绝不称霸。

“吵出了结果就不吵了”

毛泽东在会见田中首相时曾问他：“怎么样，吵架了吗？”田中说，吵是吵了，但基本上解决了问题。毛泽东说：“吵出了结果就不吵了。”毛泽东又问：“增添麻烦的问题怎么解决的？”田中说，准备按中国习惯改。毛泽东又问联合声明何时发表。周恩来回答，今天晚上可以共同研究定稿，除中日文外，还要译成英文，然后才能发表。

由于大平和姬鹏飞主持会议，所以起草小组碰头会变成了外长会议。联合声明中有分歧的几个重大问题，因为两国外长已进行了充分协商，所以定稿作业就快速起来。到28日凌晨3时，终于完成了定稿任务。联合声明通过外长商谈解决的问题主要有：

一、前言中明确写入了日本方面充分理解中华人民共和国政府提出的复交三原则的文字。同时，为照顾日方的困难，决定"'日台条约'是非法的、无效的，必须废除"这一条不再写入声明，而用日本外交大臣谈话的形式宣告该条约的结束。

二、在声明中写入了"日本方面痛感日本国过去由于战争给中国人民造成的重大损害的责任，表示深刻的反省"一段话。这段话是大平外相一字一字口述下来的，以代替"添了很大的麻烦"的提法。

三、正文第一条将原稿"战争状态的结束"改写成"不正常状态宣告结束"，但在前言中保留"战争状态的结束，中日邦交的正常化"的句子。这样就能作出比较灵活的解释，也就照顾了双方。用"不正常状态"替代"战争状态"是周恩来提出的。

四、将台湾问题写入正文第三条，并根据日方的意见，采取中国与荷兰建交时相同的提法，即中国重申台湾是中华人民共和国领土的一部分，日本政府对此表示充分理解。但同时也写上了日本坚持遵循《波茨坦公告》第八条。这第八条要求是必须实施《开罗宣言》，而《开罗宣言》又规定台湾归还中国，因此这样的写法也就在实际上排除了台湾地位未定论。

五、采纳"中日友好不是针对第三国"的提法，以取代日方草案中关于"中日友好不应该损害任何一方同其他友好国家的关系"的提法。

六、日方草案中有一段关于双方尊重各自选择制度的固有权利的文字。鉴于声明中已有和平共处五项原则中的互不干涉内政原则，协商后删除了这段文字。

此外，还有不少字句和措辞方面的争论，经过讨论均取得了一致。在敲定联合声明的过程中，凡涉及比较重大的问题，我方均由指定的同志及时用电话向周恩来报告，得到了他的及时指示。

28日下午，举行第四次首脑会谈。双方表示同意两国外长定稿的联合声明，并决定于29日10时在人民大会堂签署。日方还表示，签署声明后，大平外相就举行记者招待会，宣布跟台湾断绝外交关系。周恩来表示欢迎，并说："你们这次来是守信的，这是我们两国和平友好的良好开端。我们重建邦交，首先要讲信义，这是最重要的。中国有句古话'言必信，行必果'。"田中回答说："日中邦交正常化的基础就是日本旧宪法里的一句话'信为万事之本'。"说完，他还把这六个字写在纸上。大平表示，日本政府今后绝不支持台湾独立运动，日本对台湾绝不应该有，而且也不会有什么野心。但是日中两国实现邦交正常化以后，我们将在不损害日中正常关系的情况下，继续保持同台湾的经济贸易往来，所以想要设立一个民间办事处，处理民间贸易和一般的人员往来，希望能得到谅解。对此，周恩来未表示异议。

9月29日上午10时，两国总理、外长在人民大会堂签署了《中日联合声明》。从此，中日关系进入了一个新时期。

（原载《瞭望》杂志1992年第40期）

中日邦交正常化十周年

十年，在历史的长河中，不过是一瞬间。但是，某些特定的十年的分量，有时却远远超过几十年或上百年的分量。中日邦交正常化以来的十年，在中日关系的历史上，就具有这样的分量。

1972年9月，日本总理大臣田中角荣访华，中日两国政府发表了《中日联合声明》，宣布两国实现邦交正常化，这不仅结束了两国之间存续达35年的战争状态，而且是根本地结束了1894年以来由于日本军国主义侵略中国所形成的两国之间的敌对历史，使中日两国又重新恢复了悠久的友好关系。

两国友好关系有了飞跃的发展

在这十年间，两国之间已经建立起和平友好的政治关系、平等互利的经济关系，科学文化等各个领域的交流也取得了极其重大的发展。

这里，可以举出荦荦大者如下：

一、两国政府根据《中日联合声明》的精神，于1978年8月签订了《中日和平友好条约》。条约规定，要在和平共处五项原则基础上发展两国持久的和平友好关系。这就为两国关系的发展奠定了更加坚实的基础。而且，条约还列入了两国均不称霸，也反对其他国家称霸的条文，这不仅对中日两国，而且对于亚洲、太平洋地区国家的人民维护和平的共同事业，也是极为有利的。

二、为了加强相互理解和友好关系，两国政府领导人进行多次互访。日本方面访华的有田中角荣、大平正芳，中国方面有邓小平、华国锋，今年中国总理又访问了日本，9月日本首相铃木善幸也将来中国访问。两国政府还建立了政府成员定期会议和两国外交官员定期协商的制度。日本的47个都道府县，大多数同中国有来往，大部分地方自治体的首长，访问过中国。友好城市或友好省县关系，已发展到37对，到1982年年底将达到46对。

三、两国政府陆续签署了贸易、航空、海运、渔业、科技文化等十多项协定和协议，开展了领域广泛的交流和合作。

四、两国的经济贸易关系有了很大的发展。1981年，双方的贸易总额达100亿美元，比实现邦交正常化当年增长了10倍。近年来日本向中国提供了45亿美元的比较优惠的贷款，主要用于中国改善铁路交通、开发能源和购买宝钢的设备。日本还参与了中国海上石油的勘探和开发。农业方面的交流和合作也有了新的进展。例如在农业上官民并举，交流渠道和方式大为增多，合作内容也更加广泛，通过互换品种、资料、天敌资源以及农业科技交流，双方都受益不少。1981年，中日双方开始就中国东北地区三江平原的开发工作进行技术合作。

五、两国间的文化交流非常活跃。双方在对方的国内举办各种文物（包括国宝在内）、艺术展览会，派遣各种剧团、乐团到对方国家演出，合拍电视片和电影，并举办电影周等等。交流项目之多，范围之广，在中国对外文化交流中，日本居于首位。以体育为例，十年间两国体育界的互访、比赛等活动累计294项，共有4796人次参与。双方还交换了留学生，从1979年到1981年，日本接收中国留学生961人，中国接收日本留学生487名。

六、两国人员的往来，每年都有大幅度增加。中国人员访日量由1971年的500多人次增加到1981年的19000人次，增加了30多倍；日本人员访华量由1972年的8300多人次增加到1981年的138000多人次，增加了15倍。在来华访问的外国人中，日本人一直居于首位。

综上所述，可见中日两国合作友好关系在这10年间的发展速度和规模，不仅是过去任何历史时期都无法比拟的，称之为“飞跃”的发展也不为过。毋庸赘言，这种关系的发展符合两国人民的根本利益和共同愿望，也有助于亚洲、太平洋地区以及世界的和平与稳定。

争吵也是难免的

但是，在两国发展关系的过程中，是否一帆风顺，不会发生任何矛盾、龃龉和争端呢？如果这样想，那就背离实际，未免太天真了。如同任何事物都存在矛盾一样，在中日两国关系的发展过程中，也同样会存在矛盾，也会发生争端。例如，关于钓鱼岛归属问题，关于因中国调整经济、要求用赔偿的办法解除成套设备订货合同的问题，两国就发生过争端。最近，由于日本文部省篡改日本教科书问题，也引起了中国人民的强烈不满，引起了中国政府的外交交涉。

为什么中国政府和中国人民如此地重视日本文部省篡改教科书的问题呢？因为经过文部省的审定，日本的历史教科书把1931年以来日本军国主义者对中国的罪恶侵略篡改为“进出”，而由日本军国主义者一手制造的南京大屠杀事件的真相，也被严重地歪曲了。这种对历史事实的篡改，绝不是一个单纯的教育问题，而是涉及中日两国关系的政治问题，也就是说涉及中日两国人民能否世世代代友好相处的原则性问题。

在1972年中日两国政府为恢复邦交举行谈判和讨论两国政府联合声明的过程中，中国方面曾经谈到，半个多世纪来，特别是1931年以来日本对中国发动侵略战争，给中国人民带来严重的灾难，同时也使日本人民深受其害。当时大平外相就说过这样一句话：日本方面痛感日本国过去由于战争给中国人民造成的重大损害的责任，表示深刻的反省。这句话后来就被正式写入《中日联合声明》。两国在谈判中，在联合声明中，之所以必须回顾日本对中国的侵略战争，其主要目的不是为了算旧账，而是要以历史为鉴。正如周恩来总理当时所说：“前事不忘，后事之师，这样的经验教训，我们应该牢牢记住。”日本的右翼分子和文部省的某些官僚蓄意篡改史实，企图使日本人民，特别是年轻的一代忘掉日本侵略中国、亚洲和太平洋地区国家的历史，其用意就是要复活军国主义。他们不是“痛定思痛”，而是“好了疮疤忘了痛”，自以为日本已经成为资本主义经济大国，接着就该成为军事大国。显然，他们的这种动向是违反中日两国政府的联合声明和中日友好和平条约的原则的。假若他们的这种企图得逞，那么，哪里还有中日两国人民世世代代友好的前景呢？所以中国政府和人民对此不能不表示强烈反对，而日本的有识之士，各在野党和公正舆论以及广大人民，也一致批评和谴责文部省对教科书的篡改，这是理所当然的，是一种维护中日友好的正义行动。

中日两国人民的友好关系是不可逆转的

在真诚地希望中日友好的人们中，可能会有一种担心：既然中日两国之间会有争吵，也会有争端，而且在日本有一小部分从不接受侵略战争教训并敌视中日友好的军国主义分子，那么在国际局势的剧烈变动下，两国之间的争吵和争端是否会剧增起来，两国之间的友好关系是否会发生逆转呢？我认为这种担心确是出于善意，但是这种担心和揣测都缺乏充分的根据。观察问题，预测历史的发展，要看主流，要看起主导作用的因素。从这些方面来看，可以认定中日两国友好这个历史发展的总趋势是不可逆转的。今天，既不是19世纪40年代，也不是20世纪30年代，而是20世纪80年代，中国已经不是一个任人宰割的半殖民地半封建国家，中国人民也早已不是“一盘散沙”了。19世纪40年代以后的中国，是欧美列强垂涎三尺的一块肥肉。当时欧美列强把侵略的注意力集中到中国这个庞然大物的身上，而放松了对中国东邻日本的侵略；同时欧美列强由于侵略中国而产生矛盾，需要利用和扶植日本。正是在这样特定的条件下，日本从一个已开始沦为半殖民地的国家，经过明治维新的变革，走上了军国主义、帝国主义的道路，而中国也成为日本的侵略对象。但是，现在的中国是一个独立的、发展中的、欣欣向荣的社会主义国家。这是在分析中日两国关系时必须把握的、起着决定性作用的因素。同时也必须看到，经过第二次世界大战，日本的工人阶级和广大人民是大踏步地前进了。战争教育和锻炼了人民。在战时和战后诞生的一代，同战前受到法西斯军国主义毒害的一代大不一样，他们已成为反对日本军国主义复活的积极力量。再者，中日两国已经签订的和平友好条约，规定了不称霸，取代了战前两国缔结的各种不平等条约。中日两国仅一水之隔，中国拥有丰富的矿藏资源，日本则有着先进的科学技术和高度发达的工业，两国都需要在平等互利的基础上互通有无、取长补短，发展各国经济。上述因素，在发展中日两国关系方面，是经常起作用的因素。因此，认为今后中日友好的关系将会停滞不前，甚至发生倒退、逆转，这种想法和担心是缺乏充分根据的。

当然，我们也绝不能因为中日两国之间存在着发展友好关系的有利因素，就对进一步促进两国的友好关系采取放任自流的态度。正如今年3月中国总理访问日本的新闻公报所指出的那样，“两国成为永久的友好邻邦是两国人民严肃的责任和任务。”这就是说，两国人民一定要严肃地、认真地把维护和发展两国友好的事业担当起来，一定要如实地履行和保卫作为两国之间关系的基本准则的和平友好条约，对于任何违反和破坏中日和平友好条约的言论和行为，要保持高度警惕，进行坚决的揭露和斗争。同时，要为中日友好的事业，作出各自的贡献。只要我们两国人民这样地共同努力，那么尽管有日本军国主义分子的破坏，甚至国际上发生一些风波，中日两国的友好合作关系仍将是稳定的、长期的，而且必将继续发展和得到巩固。

（原载《北京周报》日文版1982年第39期）

严格遵守声明和条约，实现中日世代友好

时光如逝，转瞬迎来了中日恢复邦交十五周年。同时，这一年又是“七七事变”五十周年。两国恢复邦交，结束了“七七事变”中日战争以来两国关系的不正常状态。因此，严格地说，中日两国真正的“战后”时期只有十五年。

在这短短的十五年间，总的来说，两国关系的发展是好的、正常的。因为新的国家关系是建立在和平共处五项原则以及《中日联合声明》和《中日和平友好条约》的政治基础之上的，并且是以世代友好为总目标的。这种新关系，根本不同于中日两国过去将近半个多世纪侵略与被侵略、压迫与被压迫的那种对抗、敌对的关系。可以明显地看到，在这十五年间，两国在政治、经济、文化、科学技术等方面的合作，都取得了很大的进展，特别是两国人民之间的友好，绝非仅仅是一种暂时的热潮，而是反映着总的历史趋势的时代潮流。这种友好符合两国人民的根本利益，也有利于维护亚洲和太平洋地区的和平。在纪念两国恢复邦交十五周年之时，首先就是要认清和肯定这个主流。当然，如同一切政治活动从来都不是在一条笔直的康庄大道上前进一样，在恢复邦交后的两国关系的发展过程中，也出现过一些波动和曲折，发生过违反《中日联合声明》与《中日和平友好条约》的严重问题。这就是：教科书事件，正式参拜靖国神社事件，蒋介石遗德显彰会事件，藤尾暴言，清津号事件和光华寮错误判决等。在这些事件中，一类是关于如何正确对待日本军国主义侵华的历史问题，另一类是关于如何正确处理日台关系的

问题。此外，在两国的经济关系方面，也产生了贸易的长期不平衡、日本对转让技术表现消极等问题，但是这种经济方面的问题，同上述那种违反中日联合声明与和平友好条约的问题是不同性质的问题。

上述影响中日两国睦邻友好关系发展的政治问题，大体上是在最近五六年内发生的。就这一点，可以说是“新问题”，但是就其本源和实质来看，说是“新形势下的老问题”倒更为恰当些。自1945年日本投降以来，日本旧的军国主义势力虽然遭到了极其严重的打击，但是，后来由于东方世界发生了一系列重大变化，美国对这种势力转而采取宽容的态度，而日本人民的力量也还不足以彻底根除这些势力，这同德、意两国战后的法西斯势力受到粉碎性打击，是有所不同的。可以看到，日本军国主义时代遗留下来的幽灵仍或明或暗、时现时隐地以各种不同于旧军国主义的面貌徘徊于日本列岛上。在五六十年代，他们是积极勾结台湾当局，力图阻碍中日关系正常化的重要力量。

十五年前，中日两国政府首脑签署并发表了《中日联合声明》，两国关系实现正常化，以后两国又缔结了《中日和平友好条约》，这无疑是对日本军国主义幽灵的极大制约和沉重打击。在当时的形势下，他们不得不收敛一些、隐蔽一些。但是，当最近几年日本的形势显示出似乎是有利于他们的时候，他们的活动就又积极起来了。

日本出现了一种什么样的新形势呢？这就是已成为经济大国的日本，现在处在要向什么方向发展的十字路口上。

1968年，日本成为西方世界第二经济大国，在经受了石油危机的考验之后，它的经济实力进一步迅速增长。到80年代中期，作为世界第一经济大国的美国，由于出现“双胞胎”赤字——对外贸易赤字和财政赤字，从世界最大债权国变为最大的债务国；而日本则成为头号贸易盈余国和头号债权国。除此之外，日本人均国民生产总值也已超过了美国。由于产生了上述的变化，美国的某些论客提出了“日本主导世界体制论”，说什么过去“英国主导世界体制”曾被“美国主导世界体制”所代替，但美国的这种主导权业已临近终结，21世纪将是“日本主导的世界体制”。与这种论调相呼应，近几年来，日本今后是否要成为政治大国，甚至是否要成为主导世界体制的军事大国的问题，也就被提了出来。正是在这样的背景下，那些军国主义的幽灵就妄图把日本推向军事大国，而某些政治家对出现这种活动的严重性认识不足，甚至采取宽容和附和的态度。这就导致在中日关系上出现了一个接一个的难题，即我上面所说的新形势下的以不同形式出现的老问题。

对于这些问题，中国应该采取何种态度？是听之任之、缄默不言，还是防微杜渐、适时地有节度地敲敲警钟？毋庸讳言，我们采取的是后一种态度。这是因为，上述问题绝不是日本某些论客所诡称的纯粹的内政问题，而是涉及两国关系的政治原则问题，涉及要不要遵守中日联合声明、中日和平友好条约的问题。如果对此漠然置之，任其发展下去，必将损害和破坏中日两国世代友好的大局。

当然，我们也清醒地看到，在目前霸权主义已不能畅行无阻的新时代里，日本要做霸权主义的军事大国是根本行不通的。所谓21世纪将成为日本主导的世界体制的论调，毫无疑问是缺乏科学论据的，不仅极为片面，而且可以说是别有用心的。日本的当政者一再声明，日本绝不做军事大国，日中友好合作关系是日本外交不可动摇的支柱之一，特别是广大的日本人民，经历过痛苦的侵略战争，拥护日本和平宪法，坚决要求和平立国，要求同中国人民世代友好，因此日本的军国主义幽灵，毕竟难以形成大气候。至于我们，新中国成立以来，就把中日两国世代友好作为国策而提了出来，已坚持三十八年而不懈。上述一切，是对发展和增强中日两国友好关系起主导作用的条件。因此，尽管近年来中日关系接连出现了一些令人不安的问题，但是，只要两国政府和两国人民严格遵守中日联合声明、中日和平友好条约，以及指导两国关系的四项原则，并及时反对和纠正一切足以危害两国关系的倾向，那么，我们两国的和平友好合作关系，必将世世代代继承和发展下去。在纪念中日两国恢复邦交十五周年的时候，我们对此应该怀有充分的信心。

（原载《日本问题》1987年第5期）

二十年来的中日关系及其今后展望

（一）

今年是中日复交的二十周年，中日两国政府和民间团体正在开展各种庆祝活动。这绝不是为庆祝而庆祝的例行公事。两国复交本身，以及复交以来二十年间两国友好合作关系获得的重大发展，确实是值得庆祝的；同时，这种庆祝活动也表达了两国人民在新的历史条件下把中日友好关系继续推向前进的共同愿望。

两国复交来之不易

回顾过去，首先感到的是，两国恢复邦交确实来之不易。这是两国经过半个多世纪的对抗、敌对以及长达八年之久的战争之后才取得的。1949年中华人民共和国成立后，由于美国的阻挠和日本一些领导人积极追随美国的政策，致使中日两国的战争状态长期未能宣告结束。但是中日两国人民都希望友好相处，早日恢复邦交。为改变日本政府的错误政策，日本各界的许多有识之士进行了艰苦卓绝的努力，有些人甚至献出了宝贵的生命。1972年田中内阁上台后，适应时代潮流和人心所向，声明要加紧实现中日邦交正常化。这一声明立即得到我国政府的欢迎。两国政府经过认真谈判，终于在是年9月签署了作为中日关系政治基础的《中日联合声明》，宣布结束两国之间长期存在的不正常状态，实现邦交正常化，从而揭开了中日友好关系的新篇章。中日复交不仅符合两国人民的利益，而且对缓和亚洲紧张局势与维护世界和平具有重要意义。

友好关系的飞跃发展

回顾过去，其次感到的是，今天的中日关系与正常化初期相比，简直有隔世之感。从总体上看，二十年来两国关系的发展是顺利的，变化是巨大的，为体制相异的国家实行和平共处提供了宝贵的经验。

就政治方面而言，两国政府《联合声明》发表后，根据《联合声明》规定，顺利地互派大使，缔结各项协定。1978年又实现了缔结《中日和平友好条约》，用法的形式把复交时双方政府发表的《联合声明》的原则固定下来，接着又确立了指导两国关系的四原则，这些均已成为规范两国关系的基本准则；二十年间两国领导人多次互相访问；80年代，两国政府设置了定期的政府成员会议制度，以及作为两国政府的咨询机构的中日友好21世纪委员会；两国执政党之间也建立了一定的联系；此外，在民间还设立了民间人士会议。这些都巩固了两国之间的睦邻友好关系，增进了双方的相互理解和信任。

在国际事务中，两国都反对霸权主义，不称霸，为维护世界特别是亚太地区的和平、安全与发展，互相配合，作出了各自的积极贡献。当中国在1989年春夏之交发生政治风波之后，日本虽然参加了西方七国对中国的制裁，但一直反对孤立中国，并率先采取了取消制裁的行动。

从经贸方面来看，在平等互利的基础上，两国的合作取得了飞跃的发展。双方进出口贸易从1972年的10.3亿美元增加到1991年的202.8亿美元，二十年间增长了近二十倍。日本向中国提供的三笔低息日元贷款，共计16109亿日元；三笔能源贷款共计17000亿日元；“黑字还流”计划中的贷款共计1400亿日元；以及无偿援款384.5亿日元。在中国改革开放过程中，日本企业还向中国进行直接投资，截至1991年6月底实际投资26亿美元。从1973年到1990年年底，中国从日本引进了985项技术，金额达84.22亿美元。迅速发展的中日经贸合作，已成了强化两国关系的主要纽带，从结果上看，它既推动了中国的社会主义现代化建设，同时也有利于日本的经济繁荣。

两国的文化交流以及两国人员的往来方面显示了巨大的进展。这种交流涉及文化、教育、艺术、科学、技术等各个领域，丰富多彩，形式上官方、民间多种多样。仅就两国人员的来往数量来说，1991年为1972年的55倍。特别是留学生和青年的来往，成百倍地增加。我国1991年在日留学生（不包括就读生）计19000余人，而1978年仅为23人。双方的友好城市已达127对。中日间极为活跃的人员来往和民间友好活动，进一步加深了两国人民的相互理解，对推动两国友好关系的发展发挥了重大作用。

两国关系中的摩擦与曲折

二十年间，两国之间也发生过一些摩擦和争吵，甚至出现过曲折。这既有政治方面的问题，也有经济方面的问题。政治方面的有：在缔结《中日和平友好条约》时对反霸条款的争执；歪曲日本侵略中国历史的日本教科书问题、日本内阁大臣的妄言问题、日内阁成员正式参拜祭祀有甲级战犯的靖国神社问题等；也有涉及“两个中国”问题的日台关系问题，如“蒋介石遗德显彰会”“光华寮裁决”问题；此外还有日本参加西方七国对中国的制裁问题；历史上遗留下来的钓鱼岛主权问题等等。在经济方面，则有涉及平等互利原则的一些问题，更多的是实际问题，主要有中国纠正“洋跃进”后要求解除订货契约问题，双方在一个时期贸易不平衡、日本技术转让比较保守以及日本对华投资徘徊不前等问题。

上述政治方面的问题，主要是日本引起的。经济方面的问题则有双方的原因。不过二十年来两国间所发生的争吵、摩擦并未形成中日两国发展友好关系的障碍。这些毕竟是中日两国友好关系发展长河中的支流，友好合作始终是中日关系的主流。

友好合作关系成为主流的原因

首先，中日两国是亚洲相邻的两个大国，两国友好交往的历史长达两千余年，两国文化、风俗习惯的交流源远流长。日本军国主义发动的对中国的侵略战争，使两国人民都深受其害。“斗则俱伤，和则共荣”的历史教训，越来越成为战后年代中日两国人民的共识。“世世代代友好”已成为两国人民的共同愿望。

其次，两国政府签署的《中日联合声明》和《中日和平友好条约》，既总结了两国关系的历史，也开辟了两国关系的未来，为两个不同社会制度国家睦邻友好关系的发展确立了正确的指导原则。因此，在两国发生矛盾时，两国政府可以根据《声明》和《条约》的原则，以互谅的精神，平等地进行交涉和协商，从而解决矛盾，保障两国友好关系长期稳定地发展下去。

再次，中日两国经济差距虽然很大，但两国经济互补关系却很强，中国的资源、劳动力和市场的巨大潜力，日本的资金、技术和人才优势，使双方互有所求，合作余地和潜力很大。中日经济友好合作对双方都是有利的。

以上是三个根本原因。此外，在这20年间还有一个重要的外部原因，亦即从1972年到1991年苏联解体，美国出于对付苏联的全球战略，需要发展同中国的关系，以形成有利于它的美中苏战略三角，希望得到日本的配合与支持。日本是美国的盟国、西方的一员，又面临着苏联的军事威胁，因此日本发展和加强与中国的友好，既适应美国的需要，也符合日本自身安全的利益。

（二）

在当前中日两国庆祝复交二十周年的活动中，两国领导人和两国人民都热切希望两国的友好合作关系能够继续稳定地向前发展。这也正是这次庆祝活动的中心内容。但是，在当前世界局势已发生巨大变化，而中国、日本的国情也远不同于过去二十年的情况下，中日关系能否继续推向前进呢？为回答这个问题，需要扼要地分析一下国际形势，以及中日两国的前景。

中日关系的发展要顺应时代的主潮

所谓国际局势的巨大变化，是指东欧剧变、苏联解体后美苏两个大国对峙的争霸格局已不复存在，各种力量正在进行新的分化与组合，多极化的新格局正在加速形成，世界正处于过渡时期中。但是旧的矛盾并未根本消除，一些原来被掩盖的各种矛盾正在凸现出来，甚至酿成局部冲突和战争。南北差距也更加扩大，经济矛盾更加突出。天下依然不安宁。不过亚洲较之欧洲则保持着相对的稳定。和平与发展在今后相当长的时期内仍是时代的主题。

作为“世界中的中日两国”在上述的过渡时期内是顺应和平与发展的总趋势前进，还是逆着这个趋势而行呢？这将是决定和制约今后中日关系如何发展的一个极其重要的问题。

中国的前景

就中国来说，1978年以后，实现了以经济建设为中心的工作重点的转移，改革开放和现代化建设取得了举世公认的成就。中国经济持续发展，人民生活显著改善，民族和睦团结，国家政局稳定。实践表明中国共产党为建设有中国特色的社会主义而确定的基本路线是完全正确的，因此全党下定决心，要长期坚持这条路线，一百年也不动摇。当然，要贯彻和实现这条路线，需要有一个和平的国际环境。因此中国将继续奉行独立自主的和平外交政策，在和平共处五项原则的基础上，积极巩固和发展同周边国家以及世界各国的友好合作关系。对于近邻日本，也毫无疑问将继续大力贯彻睦邻友好的国策，并支持日本继续走和平发展的道路。显然，中国的国内路线和对外政策，是符合世界和平与发展的总趋势的，也是符合继续发展同日本的友好合作关系的需要的。

但是，日本国内有一小撮反华势力，断言中国将步苏联的后尘，发生内乱而陷于四分五裂，故今后谈不上还有什么日中友好。这些论客的观点是站不住脚的。苏联之所以解体，是因为长期推行霸权主义耗尽了国力；党和政府的长期官僚主义统治，严重脱离了人民；在改革中又根本背离了科学社会主义道路，不切实际的改革法令，大大加剧了经济困难，激起人民的强烈不满。而前述中国的情况则是与苏联根本不同。当然，中国会严肃地从苏联解体中吸取教训，最主要的是防止党内发生问题。我们有充分的信心，只要把党建设好，坚持走有中国特色的社会主义道路，中国决不会发生大乱，而且会发展得越来越好。中国的这一发展前途为中日继续友好奠定了新的基础。我也相信，一切有远见而又负责任的日本政治家都会愿意看到一个和平稳定发展的中国而不是与此相反。

日本的前程

日本早已是一个经济大国。随着经济地位的提高，从80年代后期起，日本已不再甘心于“经济巨人、政治侏儒”的地位，而是确定了以做政治大国为主要目标的新的国家战略；力图继续巩固和发展经济，争取在21世纪初在实际国民生产总值方面进一步接近或超过美国，并以强大的经济为后盾，确立与其经济地位相称的政治地位，“能在国际政治、世界经济方面发挥更大作用，为维护世界和平与繁荣承担更多责任”。

中日两国在经济方面互补性很强，双方互有所求，在今后日本为使它的国民生产总值赶上和超过美国，自然将继续加强同中国以及亚太地区的经济合作，而只要日本是继续采取和平发展的方针，中国也是愿意扩大同日本的经济合作的。至于日本谋求成为政治大国，则势在必行，而且已有了经济基础，不过能否顺利地发挥它所期望的作用，尤其是在亚太地区和联合国舞台上能否达到预定的目标，中国的支持合作对日本是十分必需的。日本历来把日美关系看作是日本外交的基轴，而把日中关系看作是日本外交的重要支柱，最近宫泽首相则说，日中关系和日美关系是日本外交两大车轮，缺一就不可能正常行驶，由此可以看到日本在面向21世纪走向政治大国的过程中，对日中友好所采取的重视态度。只要日本在维护亚洲与世界和平，促进各国共同发展方面发挥积极作用，当然能取得中国的支持，这也表明两国的友好合作关系是能够继续稳定地向前发展的。日本走向政治大国，将更多地过问国际事务，中日双方因处境和立场不同，因而对这个或那个国际问题，出现不同意见或龃龉的次数会比过去二十年更增多起来。又如日本同台湾的关系，由于日台经济关系的增长，现已超越了复交时的口头谅解，在今后日本财大气粗或见利忘义的情况下，日本的对台问题也将会更多地引起中日两国纠葛。对于上述这些摩擦与纠葛需要正确地加以处理，务必使其不致于损害和破坏两国友好合作关系。

最后，还必须谈到的是，在日本谋求成为政治大国的目标时，是否将进一步谋求成为军事大国呢？特别是最近日本国会通过了《联合国维持和平活动法案》，为日本派兵出国，并进而全面修改宪法打开了一个缺口。亚洲各国都极大地关心着这个问题。随着日本今后成为政治大国，成为世界的一极之后，日本的右翼势力，要求全面修改和平宪法的势力、保守的民族主义者可能忘乎所以，迫使新的执政者走上军事大国的道路。这个可能是不能被完全排除的，是需要严重警惕的。一旦日本果真出现了这样的变化，就势必损害和破坏中日友好合作的大局。两国之间的矛盾摩擦甚至斗争就会增加。当然日本要走这条道路也绝非轻而易举的。它将会受到亚洲各国甚至包括美国在内的制约。但是归根结底则有赖于日本人民自身的努力，来阻塞这条道路。

二十年过去了，中国人民热切希望经过历史巨变之后的再二十年，日本仍然沿着和平发展的道路继续前进。中日两国也仍然沿着中日友好的道路继续前进，共同为世界的和平与发展、为光辉灿烂的东方文明作出新的贡献。

（原载《外交政策》季刊英文版1992年9月第25期）

继续推进中日两国友好合作关系

二十年前，当中日两国实现邦交正常化的时候，周恩来总理指出："恢复中日邦交，在和平共处五项原则的基础上建立友好睦邻关系，将为进一步发展两国人民的友好往来，扩大两国经济和文化交流，开辟广阔的前景。"并说，中日友好"将为缓和亚洲紧张局势和维护世界和平作出贡献"。

1978年中日两国签订《中日和平友好条约》之后，邓小平同志又指出，条约的签订从政治上开辟了中日两国长期友好关系，它将加强两国人民的友谊，推动两国之间在政治、经济、文化等各个领域合作关系的发展，加强中国、日本反对霸权的力量，有利于亚洲太平洋地区的和平、安全和稳定。

值此中日邦交正常化二十周年之际，回顾二十年来两国关系的实践，我们可以清楚地看到，周恩来、邓小平同志的展望已被历史证明是完全正确的。

在政治方面，最重要的是，两国政府签署了《中日联合声明》与《中日和平友好条约》，这是中日两国睦邻友好关系的政治基础，也是规范两国关系的基本准则。此外，二十年来，两国领导人不断互访，并从80年代起，双方设置了政府成员会议、两国外长定期会议、政府的咨询机构中日友好21世纪委员会、民间人士会议等，执政党之间也建立了一定的联系。通过各种会议，定期交换意见，大大增进了双方的相互理解与信赖。

在经贸方面，根据平等互利的原则，双方的进出口贸易从1972年的

10.3亿美元增加到1991年的202.8亿美元。从1979年年底起，为支持中国的改革开放，日本已向我国提供和承诺提供了三笔日元贷款、三笔能源贷款、两次“黑字还流”以及十五个项目的无偿援助，共计34893.5亿日元。此外，日本企业还向中国进行直接投资。到1991年6月底，实际投资为26亿美元。迅速发展的中日经贸合作，在两国关系中占有极为重要的地位，它既促进了中国的现代化建设，亦有利于日本的经济繁荣。

在文化、教育、科技交流及人员往来等方面，也显示了巨大的进展。以留学生为例，至1991年中国在日留学生（不包括就读生）已达19000余人，而1978年时仅为23人；至于两国其他人员往来数，1991年为1978年的55倍。双方文化交往的扩大，成为发展中日关系的又一桥梁，给双方都带来了许多好处。

在国际事务中的合作和协调方面，两国都宣布不称霸和反对霸权主义，并为维护世界和平，特别是亚太地区的和平与安全作出了努力；同时两国友好关系的巩固与发展本身，也是对亚洲和平与安全的积极贡献。

当然，在两国关系发展的过程中，也发生过摩擦、纠葛，甚至出现过某些曲折。既有政治方面的问题，如日台关系问题、日本侵略历史的评价问题等，也有经济方面的问题。前一种问题，有的曾引起外交交涉，通过商谈或者得到适当解决或者搁置起来；后一种问题主要是务实问题，随着双方经验的积累与政策的适时调整，一般得到较好的解决。在中国于1989年春夏之交发生政治风波之后，日本参与的“西方七国”对中国进行“制裁”，致使两国关系一度发生较大曲折。不过，从一开始日本就反对孤立中国，以后又率先取消制裁，所以，两国关系较快地恢复了正常状态。综上所述，可以肯定地说，从总体上来看，两国关系的发展是良好的、顺利的，曾经发生过的一些摩擦、纠葛，只是中日关系中的支流，而友好合作则始终是中日关系的主流。对此中日两国人民都十分高兴。

二十年过去了，在世界局势已发生重大转折的形势下，面向着21世纪的中日两国是否能够继续沿着友好合作的道路前进呢？对此，江泽民主席在今春访日的演讲中，曾明确表明“是非常乐观的”。

首先，中国的对内对外路线是顺应当前世界和平与发展的主潮的。对内，中国为建设具有中国特色的社会主义，坚持“一个中心，两个基本点”的基本路线，一百年也不动摇。对外，中国将继续执行独立自主的和平外交政策，反对霸权主义、强权政治，在和平共处五项原则的基础上，积极巩固和发展同周边国家和世界各国的和平友好关系。日本是中国的近邻，中国理所当然地要继续贯彻同日本睦邻友好的国策，并加强与日本的合作，而中国的稳定发展，对日本的安全亦是有利的。至于日本，最近两三年来，已确立了以做政治大国为主要目标的新的国家战略，宣称“要在国际政治、世界经济方面，发挥重大作用，为维护世界和平与繁荣承担重要责任”。经济方面，日本与中国互补性很强，随着两国经济的发展，这方面的互补合作将进一步增强和扩大。在政治方面，日本谋求扩大在亚洲和联合国的作用，需要中国的理解与支持。宫泽喜一担任首相以来，强调中日关系与日美关系是日本外交的两大车轮。这种新的提法表明日本在走向政治大国的过程中，对日中关系采取比过去更加重视和积极的态度。只要日本顺应当代世界和平与发展的主旋律，继续走和平发展道路，切实遵守他们一再声明的决不做军事大国的诺言，今后中日两国不仅会进一步加强睦邻友好，把两国的政治、经济、文化各方面的合作和交流，推向一个更高的水平，而且随着两国国力的不断加强，在国际事务方面，通过双方进一步的合作与协调，对于维护亚太地区以及世界和平与稳定，建立公正合理的国际政治经济新秩序，对于世界的环境净化等问题，也将会作出更积极的贡献。

在这里还要指出的一点是，两国政府的《联合声明》与《和平友好条约》也是中日两国关系在未来长期稳定发展的有力保障。这两个文献，是以和平共处五项原则为核心内容，并结合中日关系的特点而构成的，是双方发展两国关系必须共同遵循的基本原则，同时也是判断两国关系中是非曲直的准绳。处在世界新的转折时期，由于双方对新情况的了解不足，或对于新问题处理不当等等，摩擦和纠葛可能会有所增多。但是，只要两国坚持遵守《联合声明》与《和平友好条约》的原则，据此究明双方争执的是非曲直，并妥善地加以处理和解决，那么两国的关系就一定能够继续向前发展。

为了推进中日两国的友好合作关系，我们还必须清醒地看到，中日两国内部将长期存在着程度不等的轻视和低估两国长期友好重要性的观点，甚至还有反对两国友好的观点。前者是缺乏远见的，也是错误的；后者逆时代潮流和两国之人心所向，更是大错特错的。为了使两国人民对中日友好具有充分的认识与坚定的信心，而不被上述错误观点迷惑，我们要善于利用40年来民间交往的经验，务必使两国的人民团体、友好组织和各界友好人士在自己的活动中，始终坚持把两国人民的相互理解、相互尊重和相互信赖放在重要的位置上。要利用一切可能，实事求是地而不是夸夸其谈地、认真地而不是马虎地、经常地而不是偶尔地向对方介绍各自国家的国情及其当前的内外政策，并就共同关心的问题友好、诚挚、坦率地交换意见；同时还要用正反两方面的历史经验教育人民群众，使得他们确信不同社会制度的中日两国是能够友好共处的，两国人民的友谊将是永存的。

中华民族和日本民族都是伟大的民族，在两千多年的历史长河中，我们两国人民互相学习，互相帮助，为光辉灿烂的东方文明作出了各自的贡献。我们在今后，应该比前人作出更加光辉的贡献。

（原载《人民日报》1992年9月9日）

顺应时代主潮，继续发展中日友好

——为中日邦交正常化二十周年而作

今年是中日邦交正常化二十周年。中日两国政府和民间团体正在举办多种多样的活动共庆这个喜庆之年。不言而喻，这种庆祝活动是具有重大意义的。

首先，二十年前中日两国实现邦交正常化这件大事本身就值得中日两国永远纪念。因为两国的邦交正常化是在经历了非常曲折、痛苦的历程，即经历了两国半个多世纪的对抗、敌对和几次战争，经过两国人民长期的共同的努力才挣得的。邦交正常化的实现标志着两国之间长期不正常状态、战争状态的结束，从此揭开了两国关系史上的新篇章，以续一度被割断的两千多年来的友好关系史，并对和缓当时亚洲的紧张局势与维护世界和平发挥了极其重大的作用。

其次，邦交正常化以来的二十年间，两国的友好合作关系在各个领域都获得了长足的发展，这也是值得我们庆祝的。就政治方面来说，复交后两国政府相继实现了《联合声明》中所规定的，包括缔结《中日和平友好条约》在内的各项任务。1978年缔结的《中日和平友好条约》，以法律的形式把《联合声明》中的各项原则固定下来。《声明》和《条约》以及后来确立的指导中日关系的四原则，都是中日关系的政治基础，也是规范两国关系的基本准则。两国政府领导人不断地相互访问，两国设置了各种形式的多层次的对话渠道，执政党之间也有了接触，从而增进了双方的相互理解和相互信赖，增强了睦邻友好关系。中日两国都宣布不称霸和反对霸权主义，对世界特别是对亚太地区的安全和平与发展作出了重要贡献，二十年来两国的经济合作同邦交正常化时相比，获得了令人瞩目的进展。去年两国的进出口贸易总额达202亿美元，为1972年的二十倍。日本对我国提供了三笔日元贷款、三笔能源贷款（其中一笔是最近签署的）、两次“黑字还流”以及十五个项目的无偿援助，以上共计34893.5亿日元。在中国改革开放过程中，到1991年6月，日本对华实际投资已达26亿美元，今年正在加速。具有天时、地利、人和的两国经济合作关系在两国的相互关系中，占据着越来越重要的地位和分量，对中国的社会主义现代化建设起到积极的推动作用，对日本自身的繁荣也是不可或缺的。20年来两国的文化交流及人员往来，也有了巨大的进展。例如1991年中国留日学生（不包括就读生）已达19000人，与1978年的23人相比，真有天渊之别。中日间极为活跃的文化交流、人员往来，以及丰富多彩的民间友好活动，对推动两国关系的发展发挥了重要的作用。显而易见，20年来两国关系的发展给中日两国都带来了很大的好处。

当然，两国关系的发展不可能是一帆风顺的。其间也发生过摩擦、纠葛，甚至发生过曲折。造成争执的问题既有政治方面的，也有经济方面的。政治方面的有：谈判《和平友好条约》时因反霸条款而引起的争执；对过去那段不幸历史的不同认识而引起的几度争论；对日台关系中的若干问题是否符合《联合声明》和复交时的口头协议而进行的交涉；因对钓鱼岛主权的归属问题的不同立场而不时引起的争吵；1989年北京春夏之交政治风波后日本参与的“西方七国”对中国的政治制裁等等。经济方面的有：中国因纠正“洋跃进”而要求解除订货契约的问题，双方发生贸易不平衡的问题，以及日本转让技术保守和对中国投资徘徊不前等问题。以上这些问题中，有的经过交涉和谈判，得到妥善解决；有的通过双方经验的积累，有所改进已不再成为争端。有的一时难以解决，从长远和大局着眼而被搁置起来。在上述各种问题中，日本参加西方对中国的制裁，曾一度使两国关系发生曲折，但由于当时日本从一开始就反对孤立中国，并且率先以行动打破制裁，使两国间一度出现的不正常关系很快结束了。

综上所述，可以得出这样的看法，即从总体上说，二十年来两国关系的发展是顺利、良好的，友好合作始终是中日关系的主流。而两国间所发生过的纠葛摩擦，并未成为两国友好关系发展的重大障碍，只不过是两国友好关系发展长河中的支流。对此，两国人民都感到十分欣慰与高兴。

再次，这次庆祝活动，充分表达了两国政府以及二十年来对维护发展中日友好关系做出不懈努力的各界人士，在新的历史条件下，希冀进一步推进两国友好关系稳步向前发展的共同愿望。

但是，这样的良好愿望能否实现呢？这就需要对今后的世界走向、中国的发展前景以及日本的发展前景等进行分析，然后才能得出比较合乎实际的答案来。

就世界的局势来说，两三年内已发生了巨大的变化：东欧剧变、苏联解体，使得战后美苏两大超级大国对峙争霸的格局已经不复存在。多极化的新的格局正在加速形成。在此期间世界上各种力量分化组合，新旧矛盾交织，民族矛盾、领土争端引发了新的地区冲突和战乱。天下依然很不安宁、太平。同时，原已存在的南北之间的贫富差距越来越扩大，它已成为影响当前世界发展的严重问题。所以世界的和平与发展问题一个也没有解决，这两大问题仍然是时代的主题。作为“世界中的中日两国”，今后是否都能顺应和平与发展的总趋势共同前进，这将是决定和制约今后中日关系如何发展的一个重要方面。

就中国来说，自1978年年底以来，确立了“一个中心，两个基本点”的基本路线，改革开放和现代化建设取得了举世公认的成就。中国经济持续发展，人民生活显著改善，民族和睦团结，国家政局稳定。实践表明，中国共产党为建设有中国特色的社会主义而确立的基本路线是完全正确的，因此全党下定决心，要长期坚持这条路线，一百年也不动摇。中国人民深知，要实现中国现代化经济建设的宏伟蓝图，需要有一个和平的国际环境，因此中国坚持独立自主的和平外交政策，在和平共处五项原则的基础上，积极巩固和发展同周边国家和世界各国的友好合作关系。日本是中国的近邻，我们当然要继续大力贯彻同日本睦邻友好的国策，加强两国政治、经济、文化各个领域的友好合作，并积极支持日本继续走和平发展的道路。中国的国内路线和外交政策是符合世界的和平与发展的主旋律的，也是符合长期稳定地发展中日两国友好关系的要求的。

不过，需要指出的一点是，在日本确有一小部分人，包括某些中国问题的职业研究家，总是低估中日友好或反对中日友好。他们正在起劲儿宣传苏联的失败和中国必步其后尘，甚至断言中国的某某人去世以后，中国将四分五裂而发生大乱，那时还会有什么中日友好！对此，我们决不能忽视，需要认真地向日本人民宣传中国建设有中国特色的社会主义的实际情况及其光明前途，这对于巩固中日友好是极为必要的。

就日本而言，早已不满足于“经济巨人、政治侏儒”的地位，而于近年间确立了以做政治大国为主要目标的21世纪的日本新的国家战略，其基本标志是，争取到21世纪初期，在实际国民生产总值方面，进一步接近或超过美国，并以强大的经济实力为后盾，建立起与其经济地位相称的政治地位，宣称要在“国际政治、世界经济方面，发挥重大作用，为维护世界和平与繁荣承担重要责任”。

在90年代的十年间，日本国民生产总值的平均增长率，据专家估算保持在3.5%—4%。这样，到2000年日本的实际国民生产总值将接近美国，在21世纪的最初十年，只要世界保持和平，亚太地区又充满经济活力，并形成以日本为雁首的某些经济区，则日本超过美国是很有可能的。至于日本走向政治大国，现已迈出这个步伐，政治是经济的集中表现，可以预见日本是能够成为政治大国，成为世界的一极的。

日本与中国在经济上的互补性很强，在日本继续走和平发展道路的过程中，无疑需要扩大与中国的经济合作，而在寻求政治大国的地位时，能否顺利地发挥它所期望的那样的作用，尤其在亚太地区和联合国舞台上能否达到其所追求的目的，也是十分需要取得中国的理解与支持的。最近日本首相宫泽喜一在谈到日本外交政策时指出，日中关系与日美关系是日本外交的两大车轮，缺一就不可能正常行驶，这与过去把日美关系看作基轴，把日中关系看作一根重要支柱，就有明显的不同，表明日本在走向政治大国的过程中，对日中关系采取比过去更加重视和积极的态度。只要日本顺应时代的主潮，继续走和平发展道路，像最近宫泽首相所说要把日本建设成为“生活大国”，同时又确实能为维护亚洲与世界和平以及促进各国共同发展，多发挥其积极作用，那么，当然会得到中国方面的支持与合作，这就表明今后两国的友好关系是能够继续稳定地向前发展的。正像江泽民主席访日演讲中指出的：“展望中日关系的未来，我是非常乐观的。”

但是，我们还必须清醒地看到，由于中日两国的社会制度、意识形态、价值观不同，以及两国的处境和国情也不尽相同，两国关系在其发展过程中，总还会有摩擦纠葛，甚至会发生某些曲折。随着日本走向政治大国，更多地过问国际事务，中日两国在国际事务方面的龃龉有可能比过去增多。又由于日本经济实力的更加雄厚，财大气粗，在日台关系问题上有可能更加忽视两国复交时的口头协议，损害中国的利益，从而引起更多的争吵等等。对于将比过去二十年间要增多起来的纠葛争吵，双方需要认真对待，要从中日友好大局出发，及时地按照两国的《联合声明》和《和平友好条约》的原则精神，通过坦诚的平等协商，妥善地加以处理，务必使之不致发展到损害两国睦邻友好关系的地步。

还有一个特别重要的问题需要谈及的，就是日本走上政治大国的过程中及其以后，是否会走向军事大国，这是曾经遭受日本军国主义侵略的亚洲各国以及日本人民所共同关心的大事。最近日本国会通过了《联合国维护和平活动法案》，为日本派兵出国，进而全面修改和平宪法打开了一个缺口，这就更加引起人们对日本会否走向军事大国发表更多的议论。的确，日本国内是存在着一些右翼、极端民族主义者以及要求全面修改和平宪法者的势力，在日本力量更为强大的时候，他们很可能会忘乎所以，力图使日本的执政者背离和平发展道路，走上军事大国的道路，这是必须警惕的。如果他们的这种扩张野心一旦得逞，那就很难想象还会有中日友好。当然，日本要做军事大国，也决非易事，这不仅要遭受到亚洲国家的反对，也会受到美国的制约。不过说到底，日本人民通过自己的力量来堵塞这条道路是最重要的。

二十年过去了，在庆祝中日友好合作关系二十年来所取得的重大成就的时候，我们真诚地希望中日两国的友好合作关系，能顺应世界和平与发展的潮流，继续健康地、稳定地向前发展。

（原载《日本研究》1992第3期）

继续推进中日两国的人民友好运动

今年是中日邦交正常化二十周年。两国政府、两国群众团体和友好组织举办各种庆祝活动，共庆这个喜庆之年；共庆二十年来中日两国在政治、经济、文化、科技等各个领域友好合作关系的长足的进展，给两国人民带来了重大的利益；共庆两国的睦邻友好关系对维护世界、特别是亚太地区的和平、安全与发展所作出的重要贡献。

在二十年前中日两国邦交正常化的时候，两国政府首脑都曾经高度评价两国的各界有识之士以及友好团体为中日友好而进行的长期活动，给两国邦交正常化铺平了道路。这也就是说，两国的民间外交对中日关系的发展发挥了重大作用。那么当今天庆祝邦交正常化二十周年，看到中日友好关系的发展取得了令人满意的成就时，也必须明确地指出，两国的民间友好运动并没有因为两国恢复了邦交，有了官方外交，似乎完成了它的使命而失去了作用，恰恰相反，实践证明两国复交以后，这种民间外交与官方外交相并存，无论在推进两国关系在各个领域继续发展，在教育两国人民世世代代友好，加深相互理解和信赖，消除两国间存在的一些不稳定因素，制止和反对那些破坏两国友好关系的活动方面，仍有它自己的活动的阵地，发挥着很大的作用；而且还由于两国的复交使得两国人民间的友好运动有了更多更广阔的交流渠道，也更加增强了这种运动的力量。我们对这二十年来民间友好运动的发展和所取得的成绩感到十分高兴，并且认为今后还需要继续加强这种广大人民的友好运动，并发挥其重大的作用。

从上述的见地出发，我认为，在今后的人民友好运动中，有两个问题需要特别重视：

一、近两三年来，国际局势发生了巨大变化，新的多极化世界格局正在加速形成中，中国在大力实行改革开放，90年代的经济会有大的增强，日本在实际国民生产总值方面继续追赶美国的同时，已大步迈出走上政治大国的道路。必须看到，在此风云变幻下的“世界中的中国与日本”将继续发展友好合作关系的同时，两国间的摩擦纠葛势必较之迄今二十年要增多起来；加之两国间依然存在着一些低估或轻视中日友好等消极因素，甚至在日本还有少数的中国问题研究者，在日本人民中间一贯散布反对日中友好的言论，如最近他们就在鼓吹苏联解体是社会主义完蛋，中国也必步其后尘，甚至断言中国老一辈领导人故去后，中国将发生四分五裂的大动乱，如何还有日中友好！因此，要使两国人民对中日友好关系的发展具有充分的认识和信心，不被一时一事的问题所干扰或困惑，也不受那些错误的言论所蛊惑，热心地把中日友好合作关系继续推向前进，那么两国的人民团体和民间友好组织在自己的活动中始终要把促进两国人民的相互理解和相互信赖放到首要的地位，要利用一切可能，认真地而不是马虎地，实事求是地而不是夸夸其谈地，经常地而不是偶尔地介绍各自国家的国情及其当前的内外政策，并就共同关心的问题友好地交换意见。我认为，以上的做法本来就是我们两国民间友好活动的好传统，必须坚持下去。

二、中日人民世世代代友好是中日两国人民的共同愿望，也是两国人民所追求的崇高目标。为了实现这个目标，需要把新中国成立以来经由中日两国人民所奠定的友好关系传下去，一代一代地传下去。为此，我们要利用我国改革开放的机会，大力加强两国青少年的交流活动，扩大派遣和接受留学生，使两国青少年通过自身的实践来增进相互之间的理解和信赖，建立起从青少年时代就开始的友谊；同时要引导这些不知战争为何物的年轻一代人，深刻理解今日的中日友好来之不易，而自觉地把中日友好的大业继承起来，并使之巩固和发展，再传给下一代。与此同时，我们还应该精心培养从友好运动中涌现出来的青年积极分子，成为中日友好掘井人的大量继承者。因为曾为中日友好尽力的老一辈，有不少已经故去，有的已是高龄，迫切需要有新人来继承，所以大量培养中日友好事业的接班人是当前人民友好运动中的又一项迫切的重要任务。

中日友好符合中日两国人民的根本利益，符合世界和平与发展的需要。展望未来，我衷心期望中日两国广大的人民友好运动进一步向着广度和深度发展下去。

（原载《友声》特刊1992年9月）

复交后中日关系的发展及其经验教训

时光易逝，转瞬间迎来了中日两国邦交正常化的二十周年。

回头看看，今天的中日关系，与正常化初期相比，简直有隔世之感。从总体上看，二十年来在两国政府和人民共同努力下，中日两国关系取得了巨大进展，各个领域的友好合作都呈现出新的局面，结出了丰硕的成果，为体制相异的国家长期和平共处提供了宝贵的经验。

首先，就政治方面而言，两国政府在《联合声明》发表后，根据《联合声明》的规定，顺利地完成了大使派遣和各项协定的缔结工作。1978年又缔结了《中日和平友好条约》，用法的形式把《联合声明》的原则固定下来。声明和条约以及其后双方确定的指导中日关系的四原则，都是中日关系的政治基础，是双方发展国家关系时应共同遵循的基本原则；二十年间，两国领导人多次互访；80年代两国政府设置了定期的政府成员会议制度以及作为两国政府咨询机构的中日友好21世纪委员会；两国执政党之间也建立了一定的联系。此外，两国还设置了民间人士会议。这些都巩固了两国之间的睦邻友好关系，增进了双方的相互理解和信任。

在国际事务中，两国都宣布反对霸权主义，不称霸，为维护世界特别是亚太地区的和平、安全与发展，互相协调，作出了积极贡献。当中国1989年春夏之交发生政治风波以后，日本虽然参加了西方七国对中国的制裁，但一直反对孤立中国，并率先采取行动打破制裁。

从经贸方面来看，在平等互利的基础上，两国的合作取得了飞跃的发展，双方进出口贸易从1972年的10.3亿美元增加到1991年年底的202.8亿美元，二十年间增长了约二十倍。从1979年起，日本向中国提供了三笔低息日元贷款，共计16109亿日元，能源贷款包括最近签署的一笔在内共三笔计17000亿日元，1989年又提供“黑字还流”计划资金总额为1400亿日元，1981年起又陆续提供无偿援助384.5亿日元。在中国改革开放过程中，日本企业还向中国进行直接投资，截至1991年6月底，实际投资为26亿美元。从1973年到1990年年底，中国从日本引进了985项技术，金额达84.22亿美元。迅速发展的中日经贸合作，已成了强化两国关系的主要纽带，它不仅推动了中国的社会主义现代化建设，同时也有利于日本的经济繁荣。

两国的文化交流以及两国人员的往来有了巨大的进展。这种交流涉及文化、教育、艺术、科学、技术等各个领域，丰富多彩，形式多样。就两国人员的来往来说，1991年为1972年的55倍。特别是留学生和青年的来往，竟成百倍地增加。1991年我国在日留学生（不包括“就读生”）计19000余人，而1978年时仅有23人。双方的友好城市、友好省县已达127对。中日间极为活跃的人员来往和民间友好活动，进一步加深了两国人民的相互理解，对推动两国友好关系的发展，发挥了重大作用。

综上所述，这20年间两国关系的发展可以说是顺利良好的。但是也必须看到，在两国关系发展的过程中，并非一帆风顺，也发生过摩擦、纠葛，甚至出现过曲折。这既有政治方面的问题，也有经济方面的问题。在政治方面，缔结《中日和平友好条约》的谈判，因“反霸条款”上的争执，几乎用了三年半时间才达成协议；1982年以来对日本侵略中国历史认识的不同而引起的日本教科书问题、日内阁大臣的妄言问题、内阁成员正式参拜祀有甲级战犯牌位的靖国神社问题等；也有涉及“两个中国”的日台关系问题，如1987年日本成立“蒋介石遗德显彰会”、同年发生的“光华寮裁决”问题，以及70年代后期以来日台交往在一些方面不符合复交时的口头诺言等。此外，还有1989年日本参加西方七国对中国制裁，使两国关系发生曲折；以及历史上遗留下来的钓鱼岛主权归属问题，不时地引起这样或那样的外交交涉等等。在经济方面，除涉及平等互利原则的一些问题外，更多的是实际问题。主要有1979年中国纠正“洋跃进”后要求解除订货契约的问题；双方在一个时期贸易不平衡的问题；日本技术转让比较保守以及日本对华投资徘徊不前的问题，等等。

上述政治方面的问题，几乎都发生在80年代及其以后，主要是由日本引起的。经济方面的问题，由于中国缺乏经验，以及对日本经济政策和企业经营的情况认识不足引起的也不少。实践表明，有不少问题通过协商和谈判，得到了比较圆满的解决。有的问题通过双方经验的积累，有所改进，不再成为问题。有的问题通过外交交涉就事论事地告一段落，但在一定条件下还可能重复。有的问题一时很难解决，只好搁置下来。正因为这样，二十年间两国所发生的争吵、摩擦并未成为两国友好关系发展的重大障碍，它们毕竟只是两国友好关系发展长河中的支流，而友好合作则始终是中日关系的主流。这是中日两国政府和人民都感到高兴的。

在简要地回顾二十年来两国关系发展之后，有必要根据二十年来两国关系发展的客观实践，理出几条重要的经验教训，以助于推动风云变幻下的“世界中的中国与日本”的友好关系，继续长期稳定地发展下去。

那么，有哪些重要的经验教训呢？

一、二十年来两国关系的实践表明，中日两国是亚洲的两个大国，巩固和发展中日两国的睦邻友好关系，是关系中日两国人民长期的根本利益的大事，对维护亚洲和世界的和平与稳定、促进亚太地区和世界的发展具有重大的作用。二十年来中日两国政府根据两国人民要求世世代代友好下去的共同愿望，把中日两国的睦邻友好奉为本国的一项基本国策，这是完全正确的。任何轻视和低估中日长期友好事业的想法和做法，都是缺乏远见的，也是错误的。至于反对中日友好的想法和做法，则是违背历史趋势、逆人心之所向，更是大错特错的。中日两国政府和人民都要继续努力提高珍惜中日友好的自觉性，抵制那种反对中日友好的错误主张，为维护中日两国睦邻友好关系的长期稳定发展作出努力。

二、二十年来两国关系的实践表明，恪守中日两国政府的《联合声明》与《和平友好条约》是保证中日两国友好合作关系健康顺畅发展的关键所在。战后国际政治的演变证明，以社会制度和意识形态的异同来决定国家关系的好坏，已不符合历史的发展，和平共处五项原则已日益成为规范国与国之间关系的普遍准则。中日两国政府的《联合声明》《和平友好条约》是以和平共处为核心内容之一，并结合中日关系的特点而构成的，因此这两个文献，以及其后达成的中日关系四原则是中日关系的政治基础，是双方发展两国关系时应共同遵循的基本原则，也是判断两国关系中的是非曲直的准绳。严格遵循这些原则，两国关系就能够顺利地向前发展，即便发生问题，也能够得到比较妥善的处理；而如果背离或违背这些基本原则，两国关系就会受到影响，甚至出现波折。特别是在面临一些有可能影响两国友好全局的重大政治问题时，扎实恪守并履行双方在《联合声明》《和平友好条约》中共同承担的责任与义务，就显得更为重要。

三、二十年来两国关系的实践表明，中日两国睦邻友好是建立在继承两国友好传统并正确对待半个多世纪的不幸历史的基础之上的。二十年间，两国的友好合作之所以能够取得前面所述的令人瞩目的重大成就，正是因为中日两国有两千年的友好往来，历史、文化、风俗习惯的交流源远流长，一旦恢复邦交，长期蕴藏在两国人民心中的友好情感就迸发出来。另一方面，半个多世纪以来，日本极少数军国主义者对中国的侵略和发动的战争，使两国人民均深受其害，因而“和则共荣，斗则俱伤”越来越成为两国人民的共识。但是，日本还有极少数人对过去的侵华战争缺乏应有的正确认识，更谈不上进行深刻的反省。复交后，两国关系中所发生的问题，有些往往与此有关。这就令人更为清楚地认识到，正确地对待历史，从中吸取有益的教训，不论现在还是将来，都有重要的实际意义。中国古语“前事不忘，后事之师”“以史为鉴”是有深刻意义的。它正确地说明了尊重历史不是为了算旧账，而是着眼于未来，因为今天、明天都是历史的发展，只有不割断历史，尊重历史，才能真正做到向前看，并把历史的重负化为推动我们前进的动力。同时还应该重视的是，两国政府和各界人士要积极引导本国民族感情向正确的方向发展，要尊重彼此的民族感情，并尽最大努力，避免任何有损对方民族感情的言行。

四、二十年来两国关系的实践表明，为了实现中日两国长期睦邻友好这一庄严的任务，必须高度重视和妥善处理影响两国关系的一些重大现实问题。由于中日两国社会制度、意识形态、价值观不同，国情与处境也不尽相同，在一些问题上的立场和看法也不可能完全一致，以致二十年来曾因此不时地发生这样或那样的问题，有的问题甚至造成两国关系发展的曲折。因此，为了实现两国为之奋斗的中日睦邻友好的长远目标，就必须高度重视和妥善处理影响两国关系的一些重大问题。要以“言必信，行必果”的诚实态度认真加以对待，要努力减少外来因素的干扰，坦诚相待，相互信赖，通过友好协商，互谅互让，妥善地加以处理。像《和平友好条约》这样重要的文献就是互谅互让、求同存异的产物。对于某些一时不能解决的问题，应着眼长远，着眼大局，宁可搁置起来，待条件成熟时再处理，避免因短期考虑使两国关系大起大落。只有这样，两国的友好合作关系才能克服前进道路上不断出现的各种困难，持续前进。

五、二十年来两国关系的实践表明，中日两国的政治关系和经济关系，在两国人民争取世世代代友好的共同事业中，都占有重要位置，而且这两种关系又是相互统一、相辅相成的。良好的政治关系是促成经济合作的强大动力，而两国经济的平等互利合作，两国的贸易往来，以及技术合作的全面深入开展，又对确保两国友好关系的长期稳定起到巨大的作用。70年代末以来，中国把经济建设作为中心任务，并实行改革开放政策；而日本作为超级经济大国，继续走和平发展的道路；加之中日两国经济互补关系很强，这就使经济合作在两国的关系中占据了越来越重要的地位和分量。任何低估和忽视这种趋势的看法都是不正确的。但是，另一方面，也不能因此就只重视经济关系的发展而忽视政治关系，甚至认为只要经济关系搞好了，政治关系搞得不好也无关紧要。实践一再证明，政治上的分歧与对立，势必影响经济合作的发展。因此，要努力使政治、经济两种关系的发展相互促进。只有这样，才能使中日关系更全面健康地向前发展。

六、二十年来两国关系的实践表明，在两国复交以前，对增进两国友好，促进两国恢复邦交起到重大作用的两国的民间友好活动和友好组织，在两国恢复邦交以后，仍然起着重大作用。这种与官方外交相并存的民间外交，无论在推进两国关系在各个领域的继续发展，在教育两国人民睦邻友好，消除两国间存在的一些不稳定因素，制止和反对那些破坏两国友好关系的活动方面，仍有它的独特的作用。我们应该继续重视这种民间的友好活动和民间外交。岁月不饶人，曾经为中日友好而尽力的许多人士，有的已经故去，有的已是高龄，难以活动。为使中日友好世代相传而不间断，就特别需要培养从事中日友好事业的青年一代，加强青少年的交流活动，使他们通过这种活动，加强相互理解、相互信赖，深刻认识中日友好的来之不易，而自觉地把父、祖辈所开创的中日友好大业承担起来。如此辈辈相传，使世世代代友好下去的总目标得以实现。

以上是二十年来两国关系发展的主要经验教训。

最后需要说明的一点是，由于最近两三年来，世界局势发生了巨大变化，中日关系已不能仅仅局限于双边关系，而日益扩大为世界中的中国与日本的关系。在这样的新情况下，两国的关系将会有新的特点，也将有可能概括出新的经验教训。但是，由于这种变化发生不久，一些事物尚处于萌芽状态，要从中概括出比较完整的经验教训还有待时日。所以此文就不探讨这方面的问题了。

（原载《中日关系20年》1992年12月版）

从回顾中想到的

1972年9月29日中日两国政府签署的《中日联合声明》，结束了半个多世纪两国的对立、对抗以及战争状态，恢复了邦交，揭开了中日关系史上的长期友好的新篇章。二十年来的历史实践证明，《联合声明》是一份具有历史性意义的文献。

《联合声明》是在两国商谈复交时，由两国外长主持起草的。当时，为起草这份文件，与两国首脑的四次会谈相平行，两国外长从9月26日正式交换各自的草案起共进行三次会谈，并举行了三次起草小组会议，终于在28日凌晨3时达成协议。当时，我是中国外交部的顾问，参加起草小组的工作，同其他成员一样，如释下千钧重担，感到莫大的欣喜。

在如此短促的时间内《联合声明》能达成协议，从客观上说，这是历史潮流的变化和两国人民长期要求恢复邦交运动促成的。但也必须看到，两国领导人审时度势的决断，为《联合声明》达成协议而采取的方针，则为完成这一历史性文献铺平了道路，这些方针是：

一、要从政治高度解决问题。为此，双方确定先签署《联合声明》，而不搞和约。这样就比较容易解决问题，能照顾双方，并且一经首脑签署就立即生效。但是，在起草声明过程中，日方的条约局长高岛益郎，总是死抠条文，并且把“日蒋条约”作为依据。例如，他认为在《联合声明》中毋需写入中国放弃赔偿要求，理由是在签署“日蒋条约”时，蒋介石已宣布放弃。对此，周恩来总理在两国总理会谈中作了严正的驳斥和批评，从而为贯彻从政治上解决问题清除了障碍。在这里附带提一下的是，在日本许多著作中传说周恩来在批评高岛时斥他为“法匪”，这绝非事实，而是讹传。即就“法匪”两字来说，无论中国、日本，都是没有这个词汇的。

二、要求同存异，或者是求大同存小异。双方确定《联合声明》除扼要地回顾一下过去的关系外，主要是简单明确地规定今后需要共同遵守和执行的问题。因此《联合声明》应该只写入共同点，而不是像中美《上海公报》那样，把双方相同与相异各点都列入公报中。所谓“同”，就是尽速恢复中日邦交，其他妨碍这个大同的“异”可以保存下来。例如，两国对美国的立场是相异的，《联合声明》就不涉及这个问题。又如，钓鱼岛问题在双方总理会谈时谈了一两句，《联合声明》没有涉及。

三、进行真正平等友好协商，都不要求特权，互谅互让，使问题得以解决。《联合声明》中有几个比较难以处理的问题，如恢复邦交三原则中的第三条“日蒋条约”是非法的、无效的，必须废除。日方认为，如果把这一条写入声明，就将意味着日本的外交特别是二十年来的对台关系是虚构的，这会引起自民党内和国会内的极大混乱。为了照顾日方的困难，中方同意在《联合声明》中写明了日方重申充分理解中国的“复交三原则”，那么第三项原则就可以不写入《联合声明》中，而以其他的形式解除“日蒋条约”。又如《联合声明》中关于宣告两国结束战争状态的问题，中方认为是在中日恢复邦交时结束的，日方方案可解释为在缔结“日蒋条约”后结束的，这是一个重大分歧。最后，周总理指示我们在正文第一条中用“不正常状态”一词代替“战争状态”。但在前言适当段落中把“战争状态的结束”与“中日邦交的正常化”连结在一起写入。日方同意了我方建议。在执行互谅互让方针时，总理还曾提到，要“从我们的处境出发，有我们自己的立场，如不坚持这个立场，即使建交了也不巩固，人民也不会支持”。所以对于田中首相在宴会祝酒词中关于侵华战争给中国人民“添了很大的麻烦”的说法当然是无法接受的。几经讨论，最后《联合声明》中用了大平外相的话，“痛感日本国过去由于战争给中国人民造成的重大损害的责任，表示深刻的反省”，从而达成了协议。

第四，重建邦交，首先要讲信义，“言必信，行必果”。在商谈《联合声明》时，双方都表现出这种精神。如上所述，《联合声明》中没有具体写明日本国终止“日蒋条约”和断绝与台“外交关系”，但是日方一再表明，随着实现日中邦交正常化，“日蒋条约”的任务即可终了，日台“外交关系”自然中断，并保证采取适当形式立即宣布。中方对此表示信任。日方也恪守信义，《联合声明》签字后，大平外相立即会见记者，宣布了上述措施。

《联合声明》经受了历史考验，表明它确是两国关系的政治基础，也是规范中日两国关系的基本准则，又是判断两国关系是非曲直的标准。双方领导人当时关于起草《联合声明》的方针，不仅使《联合声明》达成协议，而且通过二十年的实践，还使我深深地感到，这些方针对促进两国关系长期稳定地发展也是必不可缺的。为此，我特写这篇短文来谈谈这些方针。

最后，我想强调指出的一点是，《联合声明》虽然是由两国外长主持起草的，但是就中国方面来说，最早草案的形成，同竹入义胜、古井喜实先生等就复交和《联合声明》草案的内容最初交换意见，起草《联合声明》方针的确立以及两国外长会谈中所遇到的问题如何打开难关，都是在周总理亲自主持、指示下加以解决的。声明中的某些重要措辞还是直接出自总理之口。在此纪念中日邦交正常化二十周年之际，我不禁深切缅怀周恩来总理——一位真正了解日本的伟大的政治家和外交家。

（原载《国际交流》1992年第3期）

关于放弃对日本的战争赔偿要求的原委

关于战争赔偿问题，是中日两国实现邦交正常化时必须解决的问题。因此，1972年7月，当日本公明党竹入义胜委员长来华探询中国关于中日复交的步骤以及复交时发表的文件的内容时，周恩来总理向他提出了“八条三项内容”，其中有一条是关于赔偿问题的，即中国政府宣布放弃战争赔偿的要求。

据我了解，1957年由浅沼稻次郎书记长率领的日本社会党亲善使节团来中国访问，周总理在会见他们时，使节团的成员胜间田清一先生提出，能不能在实现中日邦交正常化的时候，像处理战犯那样对战争赔偿问题也采取宽大政策。周总理说，关于赔偿问题的方针，现在还不能确定，要到实现邦交正常化的时候才能决定。后来，大概是在60年代初，在什么范围我不大清楚，中央讨论了战争赔偿问题，确定可以放弃战争赔偿要求。之所以放弃战争赔偿要求，据我听说有几个理由：最主要的理由是，为了对日本人民表示友好，不使日本人民因赔偿负担而受苦；其次是，接受第一次世界大战的教训，《凡尔赛条约》规定德国应支付巨额赔偿，使德国人民战后经受极大的困难和痛苦，引发了德国的复仇主义，让希特勒上台；再一个理由是，当时已有一些国家放弃了赔偿要求，至于蒋介石放弃不放弃则不能作为根据。

在中央内部已作出放弃赔偿要求以后，1965年5月，我国有一位做对日工作的同志向来华访问的宇都宫德马先生透露了这个信息。宇都宫德马先生向日本记者讲了,《读卖新闻》就把这个信息公布了。显而易见,在中央未授权要公布这个决定的情况下,我们的同志是不应该任意泄露的。后来廖承志同志在会见宇都宫德马先生时作了“更正”,表示中国没有说不要赔偿,也没有说要赔偿,并说我们不想用日本的赔偿搞社会主义建设。这样就把这个问题模糊过去了。

七年之后,周总理同竹入委员长就实现邦交正常化问题进行第一次会谈时,由于赔偿问题早有内部决定,所以总理就表示,复交时中国可以宣布放弃赔偿的要求。在第三次会谈时,由总理提出、业经毛主席同意的“八条三项内容”中的一条就是宣布放弃赔偿要求。当时总理还作了说明:要赔偿,就要增加日本人民的负担,这就不是为了友好了。中国人民在赔偿问题上有沉痛的感受。甲午战争后中国先后向日本赔偿了两亿三千万两白银(其中三千万两是为收回割让给日本的辽东半岛而偿付的)。中国人民蒙受这种苦难,我们不愿让日本人民也蒙受这种痛苦。对于我们放弃赔偿要求,竹入委员长表示非常感谢。以后日本方面送来的《联合声明》草案中,也写入了中国放弃赔偿的内容。

但是,1972年9月田中首相一行到中国后,这个本来不成为问题的赔偿问题,却成了问题。在9月26日上午举行的第一轮外长会谈时,在座的日本外务省条约局局长高岛益郎先生抠字眼、抠条文、抠法律,并说日本和台湾缔结“日华条约”时蒋介石已宣布放弃赔偿,所以日中两国签署的《联合声明》就毋需再写入赔偿问题。对于这一错误意见,我们给予了批驳。第一轮会谈结束后,姬鹏飞外长向周总理报告了这一问题,因此,在同日下午进行的小规模首脑会谈时,周总理就严正地批评了高岛的意见。总理说:你们的条约局长高岛先生关于赔偿问题的发言,我想不是田中首相和太平外相两位的本意。他说蒋介石在“日华条约”上已经宣布放弃了赔偿的请求权,所以中日两国的《联合声明》毋需再提到这一问题。这个说法使我极为诧异。当时蒋介石已经跑到台湾,已不能代表中国,中国遭受的战争损失主要在大陆,蒋介石说的放弃赔偿是慷他人之慨。我们放弃赔偿要求是从两国人民友好出发,是为了不使日本人民蒙受赔偿的苦难。但条约局长对此不领情，反而说蒋介石已说过不要赔偿，这个话是对我们的侮辱，我们绝不能接受。周总理对高岛发言的批判，后来在日本却流传为总理曾攻击高岛是“法匪”，这是谣言，不是事实。

田中首相在这轮会谈的谈话中，对中国放弃赔偿要求和周总理的好意的谈话，表示了深切的谢意。

顺便提一下，只要查一下历史资料，就可以查到蒋介石从日本得到过军需机械等的赔偿，而我们新中国既没有要求，也没有得到过赔偿。

关于赔偿问题，我想还可以多谈一些情况。

中日两国在《中日联合声明》中关于赔偿问题的条款，同日苏恢复邦交时发表的《日苏共同宣言》的赔偿问题条款的内容与写法大不相同。《中日联合声明》只简单地表述：“中华人民共和国政府宣布：为了中日两国人民的友好，放弃对日本国的战争赔偿要求。”但在《日苏共同宣言》中，则详细地写上苏联放弃对日本国的一切赔偿请求权。接着又写上苏联和日本双方，互相放弃对对方国家、团体，以及民间的一切赔偿请求权。

60年代，为中日备忘录贸易会谈常来中国的松本俊一先生，曾任日本外务次官、驻英大使，后来又担任与苏联进行交涉的全权代表，并随鸠山一郎先生到苏联同苏联达成了恢复邦交的协议。他曾送给我一本他的著作《挂在莫斯科的彩虹》，该书揭示，《日苏共同宣言》中关于赔偿条款的内容是采纳苏联方面提出的草案写入的。为什么苏联要这样写呢？这是因为第二次世界大战结束时，苏联不但对日本军队，而且对日本人民，也干了许多残暴的劣行，如掠夺、暴行、逼迫大量俘虏做苦工等。苏联为了杜绝日本方面要求赔偿，所以写上了双方都放弃民间赔偿。而中国人民解放军对在华的日本人和日本俘虏，确实是发扬了仁义之师的军风，日本绝不可能向中国提出什么赔偿或补偿要求，因此《中日联合声明》的赔偿条款就不需要像《日苏共同宣言》那样写得那么复杂。

中日邦交正常化，对我国人民是件大事，所以当田中首相一行决定应邀访华时，中央发了一个内部的宣传提纲，让人民普遍学习。在这个提纲中没有提到战争赔偿问题，这是因为毛泽东主席在中国人民群众中具有极高的威望，经他决定的放弃赔偿要求，人民是能够接受而不会反对的。记得1956年日本在北京举行商品展览会时，在会场外挂着很大的太阳国旗，当时这件事在一部分群众中引起强烈反响。后来，向群众传达了毛主席和周总理同意挂日本国旗的意见后，群众的反对意见才平息了。

（原载日本《论座》杂志1997年12月号，本次再版时略有删节）

邓小平同志与《中日和平友好条约》

实现邦交正常化，分两步走

中日两国政府的《中日联合声明》（以下简称《联合声明》）和《中日和平友好条约》（以下简称《和平友好条约》），是中日两国关系的政治基础，又是发展两国关系应共同遵守的基本原则。就中国方面来说，同日本签署《联合声明》和《和平友好条约》都体现了毛泽东主席的战略方针；但《联合声明》是在周恩来总理亲自主持和组织下同日本达成协议的，《和平友好条约》则是由周总理设计，之后在邓小平同志领导和主持下同日本缔结的。

中日两国恢复邦交，采取了“两步走”的方式。第一步，通过两国总理的会谈，发表《联合声明》，先恢复邦交，结束两国关系的不正常状态；第二步，再经过两国谈判缔结和平条约，但不是普通的和约，而是《和平友好条约》。因此，在两国发表的《联合声明》中，就规定了在两国复交后进行以缔结《和平友好条约》为目的的谈判。

由于复交后还要签订《联合声明》所规定的四个业务协定，结果把签订《和平友好条约》推后了。1974年1月，日本外相大平正芳为商谈缔结航空条约来中国时，毛主席和周总理都向他表示，最好在1974年内把《联合声明》规定的条约和各种业务协定解决掉。总理说，这些业务协定和条约早日谈好，对两国都有好处，我们想在田中首相和你执政时解决这些问题，我们相信你们两位。后来，总理还谈了他对条约的构成和内容的设计。总理说，我们要坚持《联合声明》，它是拟缔结的《和平友好条约》的政治基础，声明中的第一条到第五条是叙述历史，是已经实现了的，是肯定了的，可以在条约中不再提。剩下的是和平共处五项原则和《联合国宪章》中的原则——两国政府间用和平手段解决一切争端而不诉诸武力和武力威胁。再就是不排他、不称霸和反对别国称霸的问题，都应写入条约。再写一条经济、文化交流的条款，当然只能写得原则一些。直到1975年，总理已患重病，还在会见稻山嘉宽、保利茂、藤山爱一郎等代表团时谈到缔结《和平友好条约》及其设计。但终因病情加重，总理难以承担繁重的工作，这样，我国领导和主持缔结《和平友好条约》的任务就落在"文革"中复出的邓小平同志身上。

启动缔约，慢了一些

1973年3月，小平同志恢复了党的生活和副总理职务。同年年底，中央决定他为政治局委员，参加中央工作。"文革"以前，小平同志在中央分工主管党的外事工作，会见的外宾基本上是各国共产党的领导人或其成员。这次复出以后，有一年多时间，主持中央和国务院工作，因此会见的外国代表团和外宾的范围更广，人数也更多。当时来访的日本外宾或代表团多要求见到小平同志。1974年一年间，小平同志就会见了14个日本代表团，纵谈当时的国际形势、美苏争夺的战略部署、中国的国内形势等。关于中日间缔结四个业务协定与《和平友好条约》问题，会谈几乎是一定谈到的。对于后一问题，小平同志主要谈了以下几点：

第一，催促日本政府早日缔结业务协定与《和平友好条约》。在1月会见木村武雄率领的自民党议员一行时，小平同志说：复交以来，我们两国关系的发展还是正常的，但有些事情搞得慢了一些。业务协定在1973年谈定一个，航空协定的签署看来有希望了，但还有两个协定与《和平友好条约》没有解决，希望在1974年搞得快一些。以后小平同志同别的代表团会见时，还提出不必在谈定四个协定后才开始条约的谈判，也可以平行作业。

第二，指出谈判拖延的原因。小平同志一再指出，这不是由于我国，也不是由于日本人民，至于田中首相和大平外相所作出的努力，我们予以积极的评价。困难是由一小撮人造成的。他们是岸信介、佐藤荣作、椎名悦三郎以及青岚会等这些鹰派和“台湾帮”，他们从台湾得到好处，死抱住台湾不放；此外还有那些仍然抱着军国主义思想的人。也许早一些，也许晚一些，中国的领土能长期不回到祖国的怀抱吗？祖国不实现统一行吗？

第三，关于从什么角度来考虑缔结《和平友好条约》问题。小平同志说，必须从政治角度、用长远眼光来看中日关系。加强中日两国人民的友好，是符合我们两国人民的根本利益的，它不是百年大计，而是千年大计、万年大计。有些问题可能成为尽快缔结《和平友好条约》的障碍，如钓鱼岛问题，可以摆一摆嘛，否则谈上十年，《和平友好条约》也是谈不拢的。

第四，要有国民运动的推动和支持。小平同志听到一些坚持中日友好的日本政治家和群众团体的领导人说，他们为推动政府尽快缔结条约，已掀起了国民运动。小平同志说，这个运动很重要，我们两国复交，也是经过日本的国民运动，推动日本政府采取行动，同中国签署《联合声明》的。缔结《和平友好条约》也是一样，没有民间方面的推动是不行的。田中首相、大平外相还是热心的，但他们遇到了阻力，有一个比较广泛的国民运动来推动，对他们也是一个帮助。

1974年，经过中国政府和小平同志的敦促，并经双方的共同努力，终于又签订了航空协定和海运协定，只剩下一个渔业协定没有签署，但双方同意原来由民间签订的渔业协定延长一年，以便在今后一年间完成签署政府间的渔业协定。鉴于这一情况，到日本去签署海运协定的中国外交部副部长韩念龙在会见日本外务大臣木村俊夫和次官东乡文彦时，向东乡提出可以进入缔结《和平友好条约》的谈判，并谈了对条约的性质、内容以及把声明中的反霸条款写入条约的意见。当时东乡表示，对尽快缔结条约以及条约内容不持异议，但对反霸条款有所顾虑和保留。

是年11月26日，田中首相突然宣布辞职。这是因为田中的资金来源问题被《文艺春秋》杂志所揭露，引起舆论大哗，也使自民党内反田中派的派系斗争加剧。为了不使事态扩大，保存实力，田中被迫采取了辞职的决策。这样，缔约的任务就不可能在田中内阁任期内完成了。

三木内阁未能顺势而进

接替田中的总裁和首相职务的，是三木武夫。他不是经党内选举而是由副总裁椎名悦三郎根据自民党党章裁定的。椎名担心选举总裁会引起党内激烈争夺而相持不下，甚至有可能使党分裂，因此选定了素以清廉著名，处于福田赳夫势力和田中、大平势力之间的最小派别的首脑三木为总裁，并在国会中当选为首相。

1972年4月三木访华，曾向周总理表示，如以后由他组阁，就一定同中国恢复邦交。后来，佐藤下台，在田中与福田赳夫竞选总裁时，他支持主张实现日中邦交正常化的田中任总裁并担任首相。田中组阁后他曾任副首相。后因对田中不满，三木于1974年7月退出内阁。田中的资金来源被揭发后，三木同福田一起，对田中发动强大攻势，并进而获得了首相的桂冠。

三木就任首相后在国会发表施政演说，表示“要促进缔结《日中和平友好条约》”。1975年1月，中国驻日大使陈楚开始同外务省东乡次官举行缔结《和平友好条约》的预备性会谈。人们有理由期待，在三木内阁期间实现缔结《和平友好条约》。但是，也存在着对缔结条约的不利因素。三木派是个小派，三木首相仅仅依靠本派力量，是难以维持住执政地位的，而且这个政权又是在反对田中执政的状况下成立的，因此那些反田中、大平势力的强硬派，如福田赳夫、椎名悦三郎、滩尾弘吉、松野赖三等亲台人物就又占据了政府和自民党的中枢地位。担任外长的宫泽喜一，虽同大平一样，原是池田派，而且并不亲台，但他对田中、大平所铺设的日中友好路线是持消极态度的。

针对三木内阁具有的以上两个特点，在三木上台后不久，小平同志在会见前国务大臣保利茂等日本外宾时，就劝他们鼓励和帮助三木来完成缔结《中日和平友好条约》。小平同志说：同日本友好的方针，是毛泽东主席定下来的，是周总理领导实现的。我们要贯彻这条路线。我们是一直高度评价田中前首相、大平前外相确立的我们两国关系正常化这一点的。我们很高兴新上任的三木首相和宫泽外相都声明要贯彻《中日联合声明》的路线。我们也深信日本的绝大多数政治家和日本人民赞成三木首相和宫泽外相来继续贯彻这条路线。当然，我们也了解事情不会是一帆风顺的，总会有曲折。在日本过去有、现在有、将来也会有不赞成这条路线，并拖这条路线后腿的人，但他们毕竟是少数。小平同志接着谈到缔结《和平友好条约》的问题。他说：这个条约正在商谈，我们相信，在商谈过程中总会遇到一些阻力，但日本大多数政治家、包括今天在座的各位政治家会支持三木首相抵制这种阻力。保利茂先生有机会遇到那些阻碍缔结条约的人，可以告诉他们，我们中国的方针是希望中日双方都老老实实地商谈，如果大家都采取这个态度，两国缔结条约是不困难的。

由中国驻日大使陈楚和日本外务省次官东乡就缔约进行的商谈，从1975年1月到5月，进行了二十轮。在会谈中，对应否把《联合声明》中的反霸条款写入条约发生严重对立，致使商谈停滞不前。中方认为反霸条款已写入《联合声明》，而且是今后仍须执行的，因此必须写入条约。日方认为霸权这个词是“生疏”的、“不习惯”，不能用，继之又说条约是关于两国关系的，不能涉及和针对第三国，所以不能写。日方之所以持这样的态度，是由于上面提到的自民党内的亲台派在拖后腿，还由于三木首相的优柔寡断。再一个重要的原因是受到苏联方面的严重干扰。苏驻日大使特罗扬诺夫斯基拜会椎名悦三郎对日中商谈缔结条约表示强烈不安和关切。椎名又故意把谈话内容透露给报界发表。后来苏联外长葛罗米柯会见日驻苏大使称，条约写入反霸条款就是“反苏”。勃列日涅夫还亲自写信给三木施加压力。在此情况下，三木就更加犹豫不决。但当他听到中国政府、日本民间友好团体，甚至三木派内的议员对他有所批评时，就又表示他有促进缔约的意向，并于6月下旬正式表明：第一，这个条约不以特定的第三国为对象；第二，反霸原则应同《联合国宪章》以及和平共处五项原则一样，是一种普遍原则，如中方同意这个意见，就可以把反霸条款写入条约。但中方认为，这种把反霸变成徒有其名而无实质内容的意图是不能同意的。

因为有以上的分歧，所以从4月到7月下旬，小平同志对来华访问、关心缔结条约的日本外宾反复地谈了我们对霸权的态度和看法，做他们的工作。

小平同志于4月16日会见日本创价学会会长池田大作时说，搞霸权就是要侵略、奴役、控制、欺侮别的国家。中国人民和日本人民接受反对霸权问题不应当存在困难。条约中写入反对霸权，无非有两个含义。一是中日两国都不在亚太地区称霸。我们愿意用这一条来限制我们自己；至于日方由于历史渊源写上这一条，对日本改善同亚太地区国家的关系是有益的、必要的。二是反对任何国家或国家集团在这个地区谋求霸权。现在的事实是，确有超级大国在这样做。小平同志指出，日方反对在条约中写入反霸条款，是因为怕得罪美苏两个超级大国。其实反霸条款是美国人写进中美《上海公报》的，所以，说得清楚一点，是日方怕得罪苏联。难道中国人民、日本人民还愿意和高兴苏联在亚太地区谋求霸权吗？写上这一条，至少对你们解决北方领土问题有好处。

此外，小平同志还批驳了条约是正式文件，不能写入反霸条款，条约写入反霸条款，就是干涉第三国内政等不成为理由的理由。

小平同志托池田大作会长给三木首相传话：我们希望首相拿出勇气，下定决心，坚持《联合声明》的原则，在中日两国人民中只会增加威信，不会受到损害。反霸问题是原则问题，不是技术问题，请三木首相不要误解中国会同意在条约中不写反霸条款。

小平同志还感谢创价学会和公明党在大阪为促进缔约举行大集会。

以后，小平同志在会见日中记者会友好访华团时，应询也谈了缔结和平友好条约问题，特别指出要从政治角度来处理缔约问题，不要玩弄外交魔术和外交权术。

9月，中国外长乔冠华出席联合国大会，应日本外相宫泽喜一的要求，双方在纽约进行会晤。在会谈中宫泽把三木首相关于反霸条款的意见，归纳为以下四点：第一，反霸不针对特定的第三国；第二，不打算从《联合声明》第七条反霸条款后退，但在反霸上日中两国不采取共同行动；第三，反霸不限于声明中所举的亚太地区，而是适用于世界的所有地区；第四，反对霸权应同联合国精神一致。这四条后来被称为“宫泽四原则”。其核心意见是把两国原本一致同意的反霸条款，附加许多毋需解释的解释，特别是要免除反对苏联的争霸。乔冠华对此作了批驳。会谈后，宫泽利用会见记者的机会，说中国方面好像还未理解日本关于条约的思路，恢复谈判是困难的，双方外长现在不可能互访。这显示着日方不打算恢复谈判。

鉴于以上情况，小平同志于10月3日会见来华替三木首相传话的小坂善太郎先生时严肃地指出，我们和许许多多日本朋友都希望早日缔约，但日本现政府却不大那么热心。像你一样，三木首相也是我们的老朋友，就我个人来说，难以理解三木首相实际上连《联合声明》的立场都不能坚持。日本现政府究竟是三木首相作主，还是由滩尾、椎名以及宫泽外相作主？宫泽外相就他在纽约与乔外长会谈所发表的消息是歪曲事实的。小坂先生说，我感到宫泽的谈话脱离、违反了目标。小平同志说，我对日本朋友多次说过，中日关系要从政治角度考虑，不要从外交辞令、外交手法考虑。宫泽外相的话好像是从外交手法考虑，把皮球踢到中国方面来了，（给人印象）达不成协议不是日本方面的责任。因为三木首相是我们的老朋友，我愿坦率地建言：希望他从政治角度考虑问题，看远一些。接着，小坂说，他来华时三木首相要他向中国领导人转达三点想法：第一，日本对中国的亲近感是很大的，同对苏联是无法相比的；第二，他希望签订《和平友好条约》，不要留下隔阂；第三，双方对反霸条款的理解如果能够一致，那么就能找到在条约中处理这一问题的途径。小平同志说，这次在纽约，宫泽外相向乔外长讲了类似的话，乔外长已正式答复了。现在双方的立场都很清楚，就是个决断问题。小平同志还说，日本某些外交家说，条约还要由政府来搞；现在看来，还是需要民间的推动。比如阁下就可以做很多工作。

到了11月中旬，中国政府收到了三木和宫泽一起商议过的条约草案并表示同意重开谈判。但是进入1976年以后，周恩来总理、毛泽东主席相继逝世；小平同志又被剥夺了工作权利；10月，“四人帮”被打倒，中国内事繁忙；而从1976年2月以后，日本方面三木政府也正利用“洛克希德事件”同田中及其派系进行权力斗争。这样，两国缔约问题就被搁置下来了。

只要一秒钟就能解决了

1976年12月，三木首相下台。继之的是福田赳夫内阁。福田自称是“扫除大臣”，意思是说，他要把田中、三木内阁遗留下来的许多悬案扫除干净。缔结日中《和平友好条约》这个悬案，当然也包括在内。

1977年1月，日本参议院议长河野谦三、公明党委员长竹入义胜等访华，福田首相分别请他们顺便了解中国对缔结《和平友好条约》的态度有无变化，并请他们把自己的两点想法转告中方，这两点想法是：第一，他要忠实地遵守《联合声明》；第二，在中日双方意见一致下迅速进行缔结《和平友好条约》的谈判。接着，福田首相在他1月发表的施政演说中，也谈了缔结《和平友好条约》的问题，他说：关于《和平友好条约》，两国一致具有打算很快缔结的热情，日本政府将进一步努力，在双方都感到满意的状态下来实现这个目标。外相鸠山威一郎也在演说中讲了同样意思的话。3月，中国外交部官员会见日本驻华大使小川平四郎时，小川大使奉命转告了福田首相关于缔约的三点意见：第一，日中关系进展顺利，值得高兴；第二，忠实执行《联合声明》；第三，在日中双方都感到满意的状态下，尽快进行缔结《和平友好条约》的谈判。这不过是复述老话，在外交上并未采取新的行动。福田首相这种“光说不练”的情况激起日本热烈支持缔约的各界领导人和群众团体的不满，他们发动了要求福田政府迅速缔约的国民运动。3月11日，日本成立了“日中和平友好条约推进委员会”，3月20日，日中协会召集人代表茅诚司等拜会福田首相，表示“缔约事关国家的信义问题，国民的大多数希望很快缔约”。翌日，有496名议员参加的日中友好议员联盟召开全体会议并通过决议，要求政府迅速缔结《和平友好条约》。6月6日，日本社会党向众议院提出了促进缔约的决议案。

7月中旬，中央恢复了小平同志原来担任的中国党政军的领导职务，这无疑使我国争取实现缔结《和平友好条约》又有了更强劲的领导力量。果然在复职后，小平同志就在9月至10月间接连会见了日本自民党滨野清吾、自由俱乐部河野洋平以及自民党二阶堂进等三批访华团，并同他们谈了缔约问题。滨野清吾是新任的日中友好议员联盟会长。他热情地告诉小平同志：现在参加日中友好议员联盟的议员已经有525名，超过了国会议员的半数，虽然我们属于不同的党派，但我们要依靠这个组织的力量，在各方面进行工作，要利用一切时机，采取一切手段来迫使日本政府下决心缔约。我们相信，只要我们那样做，就一定能达到目的。福田已处于不得不搞的地位。小平同志表示：十分感谢滨野先生的这番话，非常感谢500多位朋友在这方面所做的大量工作，相信他们所做的努力是符合日本人民、中国人民的愿望，符合中日两国的长远利益的。福田先生过去的立场我们是了解的，既然他声明要搞这件事，我们期待他在这方面作出贡献。当然，他工作繁忙，此事也牵涉多方面。其实，这样的事只要一秒钟就解决了。所谓一秒钟，只是两个字：签订。

小平同志所说的“一秒钟”很快传到日本，坚持中日友好路线的日本各界活动家知道中国对福田采取向前看而且正等着他的“一秒钟”后，结合着纪念即将来临的日中邦交正常化五周年，把要求签订《和平友好条约》的活动推向一个新高潮。9月29日，日中协会、日中友好议员联盟、总评等43个团体在东京日比谷公会堂举行“促进条约国民大会”，滨野清吾根据他同小平同志会谈的精神指出：拥有和平宪法的日本拒绝霸权是理所当然的，政府应该立即决断。社会党成田知巳委员长在讲话中说，缔结条约是顺应历史潮流的，谁也不应忽视。讲话的人很多，最后通过了决议。决议说：已经取得了国民的同意，问题在于福田首相的决断，应该迅速决断，立即缔结条约。接着，在日中协会主办的日中邦交正常化五周年纪念大会上，在众参两院议长保利茂、安井谦、社会党委员长成田知巳、公明党委员长竹入义胜、民社党委员长春田一幸、日商会负责人等的包围下，出席集会的福田首相只好做了以下的表态：日中之间还留有最大的悬案，我是一刻也没有忘掉，我希望尽快在两国人民的庆贺状态下来缔结，这不仅是我的想法，也是政府的想法。10月20日，曾经访华的102位自民党议员结成了以小坂善太郎为会长的日中条约促进协议会。曾经同小平同志深入谈到反霸条款的二阶堂进，这时访华回来向福田作了归国报告。他说邓小平会见了他，讨论了缔约问题，邓小平还问福田首相对缔结条约是否已下了决断。正像滨野清吾先生说过的，坚持日中友好的日本政治家正是“利用一切时机，采取一切手段来迫使政府下决心缔约”。

正在这个时机，应日本外务省的邀请，我和外交部新闻司王珍同志率领中国新闻代表团访日。我们在拜访政府、政党、财界和新闻界的领导人时，都谈了缔结《和平友好条约》的问题，并介绍小平同志所说的一秒钟就可签订的含义。

我们拜会了福田首相，谈了一个小时，谈了缔结条约问题，反霸条款问题，也谈了中国实现四个现代化问题。福田首相强调日中友好，在谈到关于缔约问题时，他又复述了其一再说过的要在两国人民共同祝贺的状态下缔约。在结束谈话时，他说了一句：“日中两国是命运共同体，共坐在一条船上。”福田首相是否向着决断的方向前进着呢？在我拜访滨野清吾先生时，他对我说：别着急，我们一定会带着像圆桌那样大的年糕，到你们的人民大会堂来吃红豆米饭的。

衷心希望福田首相成为我们的朋友

11月28日，福田首相进行了内阁的大改组，其中最重要的变化，是调原官房长官园田直为外务大臣，调安倍晋太郎为官房长官。这两位大臣都自认是肩负福田派重担的人。前者在鸠山内阁时曾任外务省政务次官，50年代初访问过中国，可以说是中国的老朋友。安倍晋太郎是岸信介的女婿，岸信介和福田赳夫两人都要把他培养成为未来的首相。配备这两位担任新职，对于福田首相打算同中国签订条约，以及设法说服和调解自民党内和福田派内很多反对签订条约的“台湾帮”，是很必要的。

福田作了内阁人事变动后，为下决心重开缔约谈判，主要做了三件事情。第一，说服包括岸信介在内的党内、派内反对缔约的鹰派、“台湾帮”、青岚会的成员，使他们都感到谈判是不能不重开了。第二，训令驻中国大使佐藤正二设法同中国外交部有关官员进行非正式的接触和磋商，以便为恢复正式谈判确定时间、方法和步骤等。经过双方协商，这种非正式的接触和磋商于1978年2月4日起开始了。第三，为打开谈判大门，他要把自己对谈判的想法告诉中国。

3月8日，公明党决定派以矢野绚也为团长的代表团访华。竹入义胜陪同矢野向福田首相作辞行拜会。福田约集园田、安倍同矢野谈了两次，把驻华大使佐藤同韩念龙接触的情况，以及过去缔约问题的过程等告诉矢野，并托矢野把自己的两点意见传给中国领导人。矢野来华是由中日友协邀请的，他来华后于3月11日举行的第一场会谈和宴请由我主持。在会谈中，矢野把福田首相的两点意见告诉了我，要我报告我国的领导人。两点意见是：“第一，福田首相对缔结条约是热心的，他打算尽快地坚决进行；第二，期望中国能够理解日本要同任何国家都和平友好相处。”会谈结束后，我立即把福田传话和会谈内容报告了中央和廖承志同志。

3月14日，小平同志在人民大会堂会见矢野一行，谈了我们对条约的态度，特别是反霸问题，并对福田首相的两点传话作了答复。小平同志说：请把我们的真意告诉福田首相，本来《中日和平友好条约》包括反霸条款是可以顺势解决的，很遗憾的是，三木首相执政以后没能借这个东风顺势发展下去。三木首相单单把这个问题挑出来，使得不成为问题的东西成了问题；拿出本来不必引起争论的枝节问题，反而使它变成了必须解决的原则问题了。本来苏联是说不出话来的，一看到三木首相这样的态度，就利用这个问题来施加压力。本来右翼是说不出什么话的，可后来这反倒成了他们的一张牌。既然这个问题挑到这样的程度，在签订条约时就必须把它弄清楚。现在我们提出的反霸条款方案，差不多是照抄《联合声明》的反霸条文，只是原来这一条的开头的一句话是"中日邦交正常化，不是针对第三国的"，现在改为"缔约双方建立和发展中日和平友好关系，不是针对第三国的"，下面完全是照抄原文。

矢野问小平同志：福田首相提出的希望中国理解日本要同任何国家都要和平友好相处这样的一个基本立场，能否理解为中国对此予以理解。小平同志说，日本同任何国家都和平友好，我们可以理解，我国也是这样的。反霸条款本身并不带来另一种性质：不可以同另一个国家和平友好；问题是，如果苏联在横行霸道，实行霸权，难道也能对它发展和平友好吗？如果中国在东南亚或在亚洲搞霸权，能相信人家会跟我们搞友好关系吗？这个问题可以不用去说明白。

矢野又问，外务省有一部分人，有强烈的希望，在本条约的前面加上"本条约是以发展日中和平友好为目的，不是针对第三国的"，阁下以为如何？小平同志说：这倒反而会挑起问题。请你转告福田首相、园田外相，苏联本来没有这张牌，是三木首相送给他们的。你越在这问题上表示软弱，他们就越觉得有机可乘。

矢野又问，中国方面提出希望福田首相早作出决断，这个"决断"的含义是什么？小平同志回答说，很简单，就是不要从《联合声明》的立场后退，应该有所前进。即使不能前进，至少也不应该从《联合声明》后退。如果福田首相从《联合声明》的立场有所前进，我看在中日友好关系史上，会写下他的光荣的名字，日本的后代也会替他写上这一笔，这是我们的真正看法。福田首相不算是我们的老朋友，他过去同中国的关系，我们彼此都清楚。见到福田首相，请你转告，这些我们并不介意，我们是衷心希望福田首相、园田外相，同田中首相、大平外相一样，成为我们的朋友。

十二天以后，小平同志又会见了由飞鸟田一雄委员长率领的社会党第八次访华代表团，在谈到缔结《和平友好条约》时，小平同志说：这是大势所趋，现在的问题仍在于福田首相的决心。不要有怕字，怕得罪苏联，其实真的签下字来，他们也无可奈何。小平同志称赞社会党在群众中做工作，推动缔约。当飞鸟田邀请小平同志访日时，小平同志回答说，我过去说过，只要福田首相下决断的话，我去东京。

矢野和飞鸟田返国后，把小平同志对他们谈的话，都面告了福田首相。这对福田首相下决心重开谈判是起到了促进作用的。大约经过了两个月，到5月下旬，福田首相终于排除党内鹰派和“台湾帮”等的阻挠，下决心举行谈判，并且表示，既然为缔约重开谈判，就要完成缔约。

促使福田首相下决断谈判和缔约，除上面谈过的中国的“促”，坚持日中友好的日本政治家和人民的“逼”以外，还有以下的一些原因。

第一，福田首相从上台到下令重开谈判前，已过去了一年五个月，再过半年，自民党就将举行总裁选举。福田首相原本长于治理财经，但任首相以来，国内经济财政的困难状况并未得到改善；而缔结《和平友好条约》这个大悬案，也无大的进展，这是不利于即将到来的总裁竞选的。如果能实现缔约，这就是一个显著的实际成绩，可能有利于选举。

第二，中国粉碎“四人帮”后，将积极进行四个现代化建设，日本财经界希望同中国发展友好关系，加强经济交流。1978年2月，中日两国缔结了一个长期贸易协定，并且还打算缔结一个更高指标的长期贸易协定，所以日本财经界领导人是支持缔结《和平友好条约》的。日本经团联会长土光敏夫对我说过，他不同意日本搞什么等距离外交（当时经团联的八个副会长都在场）。对于财经界巨头的意见，福田首相是不能置若罔闻的。

第三，在中日开始缔结《和平友好条约》谈判以来，苏联一直采取干扰和破坏的态度，以加强对日本的压力。当1月底园田利用赴苏举行日苏定期协商，向苏方说明《日中和平友好条约》的性质，再次觅求苏方的谅解时，苏方立即加以反击。后来勃列日涅夫还给福田首相写信，提出在不讨论北方领土的前提下缔结《苏日睦邻合作条约》。这也迫使福田首相终于认识到“日中是日中”“日苏是日苏”，也就是在处理日中关系时必须单独处理，而不应该同日苏关系联结在一起，这也是对苏不要怕字当头。

第四，美国对中日两国缔结《和平友好条约》是持支持态度的。国务卿万斯、总统国家安全顾问布热津斯基等高级官员都劝日本要尽快同中国签署条约。福田访美，在白宫同美国总统卡特会谈时，卡特曾问及为什么《和平友好条约》还未签署。谈到霸权条款时，卡特问，把它写进条约有什么问题吗？当福田首相进一步了解了美国的态度后，对于说服党内鹰派不反对缔约就更有信心了。

福田决定重开缔约谈判的计划，经内阁和自民党首脑等同意后，就训令驻中国大使佐藤向中国外交部提出开始正式谈判的要求，并通知中方：日方的谈判团团长是佐藤正二大使，谈判可在6月后半月开始，并问中方有何意见。经过双方协商，确定在7月21日开始谈判。中方的谈判团长为外交部副部长韩念龙。

共同完成历史大业

代表团级谈判共计举行十五次。在第一、二次的谈判中，主要是双方代表团各自叙说本国的外交政策以及对条约的见解，并表示了尽快达成协议的愿望。日方还把他们的条约方案交给了我方。进入第三次后，主要转入双方争论的焦点反霸条款。日方坚持要在反霸条款中写上“不是针对第三国”或“不是针对特定国家”，经过讨论，我方提出了“条约不针对不谋求霸权的第三国”的措词。双方都不同意采纳对方的提案。

在举行了第八次谈判的8月1日晚上，首都体育馆举行了庆祝建军节晚会。会前我收到通知，让我看完表演后到体育馆会议室开会。原来这是中央政治局常委会议，讨论缔结《中日和平友好条约》问题。除常委到会外，外交部部长黄华、副部长韩念龙、亚洲司司长沈平、中国驻日大使符浩等也列席。在会议上由韩念龙报告了八次谈判的经过，以及目前还未打破关于反霸条款争论的胶着状态，但双方都在考虑提出新的对策，日方没有显示中断谈判的迹象。韩念龙表示应继续努力提出双方都能接受的方案。会议经过讨论后，小平同志作了发言，他要代表团力求达成协议，中断或破裂对发展两国友好关系不利。当然，也要做好不能达成协议的准备。

在8月2日举行的第九次谈判中，日方提出此条约“不针对任何具体国家”的意见。中方仍没有接受。于是在第十一次谈判中，日方提出，他们将派代表团内的外务省亚洲局长中江要介回国听取首相的具体指示，并与中方商定，中江返国期间仍可继续代表团会议。

8月5日，中江返抵东京，向福田首相作了报告。福田认为代表团一级的谈判已到达了终端，决定请园田外相亲到北京进行外长级政治谈判。当福田首相把这个任务面告园田后，园田流了眼泪。因为园田就任外相以来就一再想来北京亲自解决缔结条约的问题。现在福田首相终于放行了。之后，福田还同园田、安倍一道，召集外务省有关官员确定了条约的最后让步方案。方案共有两个：第一个方案是，将反霸条款写入条约，同时写明“本条约不影响缔约各方同第三国关系的立场”；第二个方案是，条约在列入反霸条款的同时，指明“两缔约国无损害第三国利益的意图”。

8月8日晚，园田抵达北京。中日双方决定第二天就举行外长级的政治会谈。在佐藤向园田作报告时，佐藤告诉园田，中江回国期间举行了三次代表团级的谈判，他已把外务省告知的两个让步的新方案在第三次谈判中提交给中方了。这样一来，园田就失去了本来由他在谈判陷入困境时使用的王牌。于是园田决定，在第二天的政治会谈中他将不谈这个新方案，而仍由代表团级的佐藤去继续商谈新方案。

8月9日，外长级会谈举行两次。在上午的会议中，主要由园田发言，谈日本外交以及与反霸相关的政策问题，当黄华询问他对条约的新方案的看法时，他不作具体回答，只表明他是为促成代表团谈判成功和签字而来的，条约的具体方案仍可由谈判团继续商谈，同时他也问了中国将来强大后会否称霸等一些问题。下午由黄华主谈，谈了我国对反霸的态度，并回答了园田的一些提问。最重要的是通知园田，中国方面已同意采纳日方提出的新方案中的第一个方案，并说，这样园田外相也就不虚此行了。接着双方确定由韩念龙、佐藤正二两位再举行会谈，敲定条约的行文字句。

晚上欢迎园田外相的宴会是很热烈的。

8月10日下午，小平同志会见园田外相和日方谈判代表团全体成员。小平同志主要谈了以下几点：

他首先称赞园田先生在缔结《和平友好条约》问题上采取了非常积极的、坚决的立场，对他亲自来华、直接参与会谈使双方能达成共同协议，表示感谢。

小平同志接着谈了中日两国的交往历史。他说，中日两国有两千年的友好交往历史，其中只有一小段走得不好，今后我们的友谊应该超过过去历史上的两千年。恢复邦交是稍微晚了一点，但复交后两国关系的发展不算慢，两国人民希望早日缔约，使两国的友好进一步确定下来。但是耽误了一些时间，现在需要我们走完这一步。

小平同志在谈到条约问题时说，条约的中心内容就是反霸，虽然反霸不是针对第三国的，但是谁搞霸权就反对谁，谁发动战争就反对谁，不仅是第三国，也包括反对自己那样干。虽然这次写入条约的反霸条款，文字上作了些修改，但是保存了精神实质。小平同志表示他完全同意园田外长说的，这个文件不仅是过去两国关系在政治上的总结，也是两国关系发展的新起点。小平同志还谈了采取怎样的方法和态度来处理今后我们两国之间的问题。小平同志说，在当前的国际形势下，我们是要取得你们的帮助，但我也深信，日本也要取得中国的某些帮助。我们两国并不是不存在一些问题的。譬如你们说的尖阁列岛，我们叫钓鱼岛的问题，还有大陆架的问题。小平同志接着说，这样的问题现在不要牵进去，本着《和平友好条约》的精神，放几年不要紧，很可能这样的问题，几十年也达不成协议。达不成，我们就不友好了吗？这个条约就可以不实行了吗？要把钓鱼岛问题放在一边，慢慢来，从容考虑。我们两国之间是有问题的。我们两国政治体制不同，处境不同，不可能在任何问题上都是同样语言。但是我们之间共同点很多，凡事都可以求大同，存小异。我们要更多地寻求共同点，寻求相互合作、相互帮助、相互配合的途径。条约的性质就是规定了这个方向，正是你说的一个新的起点。

在小平同志谈及钓鱼岛问题后，园田外相说，你谈了这个问题，我作为日本外相，也不能不说一点。如果不说，回去就不好交代。关于日本对尖阁的立场，阁下是知道的，希望不再发生那样的“偶然事情”（指中国捕鱼船队，一度进入钓鱼岛海域），我讲这么一句。小平同志说，把这样的事情摆开，我们这一代人，没有找到办法，我们的下一代，再下一代总会找到办法解决的。

小平同志还对园田外相谈了《中苏友好同盟互助条约》的前景问题。这是园田在同黄华会谈时提出过的，日本的某些鹰派和“台湾帮”也正是利用这个问题来妨碍缔结《中日和平友好条约》的。小平同志说，我可以正式告诉日本政府，这个条约已经失效了。我们至今所以没有用某种形式宣布，只是为了表示我们不重视这个东西。条约规定：如要废除可在条约期满前一年宣布废除，明年正是条约到期的前一年，我们准备那时以某种形式来加以废除。

会谈结束前，园田外相代表日本政府邀请小平同志访日。小平同志高兴地接受了邀请，并商定在举行互换条约批准书的仪式时访日。

8月12日，两国外长又举行了一次会议，双方确认了经过两国代表团级再一次敲定的条约文本和各种文字的翻译，并认为谈判工作业已完成。下午，在人民大会堂隆重举行签字仪式。华国锋总理、邓小平副总理等出席了签字仪式。黄华外长和园田外相分别代表本国政府在条约上签字。两国总理相互致电表示祝贺。

《中日和平友好条约》由前言和五项条款构成。前言确认了《中日联合声明》的各项原则应严格遵守。条约规定，缔约双方决心在和平共处五项原则的基础上，发展两国间持久的和平友好关系；确定彼此用和平手段解决一切争端，而不诉诸武力和武力威胁。愿意继续开展经济和文化合作，为促进两国人民往来而努力。缔约双方还声明任何一方都不应在亚太地区或其他任何地区谋求霸权，并反对任何其他国家或国家集团建立这种霸权。条约还明文规定了本条约不影响缔约各方同第三国关系的立场。

9月1日，中日友好协会等11个团体，在人民大会堂设宴祝贺《中日和平友好条约》的签订。中日各界友好人士2500多人出席。作为日本友好议员联盟庆祝缔约访华团团长的滨野清吾先生果然运来大量的年糕，同我们一起在宴会上共尝祝贺缔约的年糕和红豆米饭。

两天后，小平同志会见了滨野清吾、藤山爱一郎、鲸冈兵辅、冈崎嘉平太等四批来华祝贺缔约的日本客人。小平同志一见大家就说："朋友很多啊，非常欢迎。条约签订了，这不但是中国人民也是日本人民和许多日本朋友奋斗了多年才实现的。从中国人民角度来说，非常感谢你们的努力。"小平同志谈到了缔结这个条约的深远意义。他说：首先，我们两国之间有了政治性的条约，这加深了我们的友谊，促进了我们两国关系在各个领域，这包括政治的、经济的、文化领域的发展。其次增强了日本、中国反对霸权主义的能力，这不仅符合我们两国的利益，而且有助于亚洲、太平洋及其他地区的和平、安全与稳定。所以这个条约对世界和平，对世界反对霸权主义都有深远的影响。

1978年10月22日到29日，小平同志应日本政府的邀请正式访问日本，这是中国领导人第一次访问日本。小平同志在日期间，同福田首相一道参加了《中日和平友好条约》批准书的交换仪式——条约从此生效。他还拜会了天皇和皇后，同福田首相进行了充分、深入的会谈，并会见了长期为中日友好而努力的日本各界朋友。小平同志对这次访日的看法，正像他自己所说的："以一片喜悦的心情来到东京，并将以一片喜悦的心情回北京去。"

时光消逝得真快，转眼已是缔结《中日和平友好条约》二十周年，也是主持和组织领导缔结这个条约的小平同志离我们而去一周年了。为此特草此文，一则以纪念作为中日两国世代友好的政治基础的《中日和平友好条约》缔结二十周年，再则以纪念我所敬爱的领导人邓小平同志。

（原载《回忆邓小平》上册，1998年版）

热烈祝贺《中日和平友好条约》正式生效

今年8月12日，中日两国外长签署了《中日和平友好条约》，10月23日在东京互换批准书。这样，条约就开始正式生效。为祝贺中日两国关系史上的这件大事，邓小平副总理于10月22日前往日本进行友好访问。

条约签署以来，中日两国人民都感到十分高兴，进行了热烈的庆贺。除了苏联及其追随者以外，世界各国许多领导人和广大的舆论界，都对这个条约给予极高的评价和充分的支持。为什么这样一个两国之间的和平友好条约，能够在世界范围内引起如此强烈的反响呢？简单地说，因为这不是一个普普通通的、应时的或权宜之计的条约，而是一个对中日两国甚至对全世界说来，都是具有重大的现实意义和深远的历史意义的条约。

就中日两国的关系来说，这个条约是迄今两国关系的政治总结，同时又为今后两国长期的睦邻友好关系，奠定了稳固的政治基础，从而为两国关系的全面发展开辟了广阔的前景。

两千年来的中日交往历史，是充满文化的、经济的和科学技术交流的友好历史。但是在19世纪中叶以来，西方资本主义国家的炮舰，几乎是同时轰开了中日两国的锁国大门。在这以后，日本向西方学习，经过明治维新，走上了资本主义的道路，而中国却一步步地变成为半殖民地半封建国家。从此，对抗、冲突、局部和全面的战争就成为两国关系史的主要内容。1945年，长达八年之久的日本对华侵略战争，以日本军国主义的失败而告终。1949年，中华人民共和国宣告成立。尽管两国的战争状态没有宣告结束，但是我国人民的领袖毛泽东主席和周恩来总理，一再教育我国人民，指出日本民族是伟大的民族，日本人民是中国人民的朋友，要我国人民大力发展中日两国人民的友好关系。而广大的日本人民和具有远见卓识的日本政治家也为发展中日友好和促进两国关系正常化进行了艰巨的努力，甚至不惜流血，献出了生命。1972年日本首相田中角荣和外相大平正芳一起访华，同中国政府签署了两国政府的《联合声明》，从而结束了长期存在于两国间的不正常状态，实现了两国邦交的正常化。在此以后，两国政府又根据《中日联合声明》的规定，先后缔结了贸易、航空、海运、渔业等协定。接着从1974年起又进行了缔结中日和平友好条约的谈判，终于在今年8月达成了协议，签署了两国人民盼望已久的《和平友好条约》。这个条约再次确认了1972年中日两国政府《联合声明》的各项原则，并且规定两国政府在和平共处五项原则的基础上发展两国间持久的和平友好关系，规定在相互关系中用和平手段解决一切争端，而不诉诸武力和武力威胁。这就是说，通过条约，不仅把过去两国间约半个多世纪的不幸的历史正式地加以了结，而且以法律的形式保证了今后中日两国的关系将是持久的和平友好的关系，是过去两千多年来友谊史的新的延续和发展。

《中日和平友好条约》还规定，双方要本着睦邻友好的精神进一步发展两国之间的经济关系和文化关系，为促进两国人民间的往来而努力。中日两国虽然社会政治制度不同，处境不同，但因为是近邻，又是友好国家，所以在经济、文化、科学技术等方面的相互合作、相互配合是大有可为的。例如在经济方面需要互通有无，大力发展贸易，可以延长两国长期贸易协定的年限，增加双方每年的和定期的贸易定额，而且按照平等互利的精神，采取包括贷款、补偿贸易、延期付款等各种可行的形式，进行一定项目的生产建设和共同开发矿藏，以及交流有关生产管理的经验等。这对于资源缺乏，而拥有先进的科学技术和高度生产水平的日本，对于资源丰富但科学技术和经济发展还落后，并且正在为实现四个现代化而努力的中国，都是各有好处的。

随着经济、文化、科学技术交流的大发展，两国的友好必将有更大的发展，所以，我们说，这个条约又是两国睦邻关系的新起点。

《中日和平友好条约》的作用，绝不是仅仅限于中日两国之间的，它对于亚洲、太平洋地区的安全、稳定与和平，甚至对全世界的和平，也具有深远的意义。

这集中地表现在条约把《中日联合声明》中的反霸条款，列入了条约的正文。条约规定，缔约的“任何一方都不应在亚洲和太平洋地区或其他任何地区谋求霸权，并反对任何其他国家或国家集团建立这种霸权的努力。”在条约中列入反霸条款，这是国际条约史上的创举。

日本是一个经济大国，具有强大的工业力量，因此东南亚国家对日本会不会又重新走上军国主义的道路，是怀有深重的疑虑的。日本在条约中约束自己，不谋求霸权，这对于改变日本在东南亚各国中的形象，并取得这些国家的信任，是极为有利的。至于我们中国，是个地大物博、人口众多的大国，但目前经济发展的水平还很低，按劳动生产率和人口平均收入计算，中国仍然是一个发展中国家，是没有资格称霸的。但是，当中国实现了四个现代化，成为经济上发达的国家以后，会不会称霸呢？对此，我们曾经一再申明，遵照毛主席的生前教导，作为社会主义的中国，是决不会称霸的。现在我们又把这个决策载入同邻国缔结的条约之中，作为义务而承担起来，并约束我们的下一代，也必须这样做。

中日两个亚洲大国，合起来占世界人口的四分之一，他们都不称霸，这对于维护亚洲、太平洋地区的安全、稳定与和平，是一个强有力的积极因素。在这里，还必须强调指出，条约关于反对其他国家和国家集团谋求霸权这一规定具有巨大意义。当前超级大国在世界各地疯狂地推行霸权主义，他们侵略、干涉、控制、颠覆和欺侮其他国家。超级大国对全球的争夺，可能导致新的世界大战。对待霸权主义有截然不同的两种态度，并将带来两种显然不同的结果。一种是采取容忍、妥协和绥靖政策，这只能纵容霸权主义者更加肆无忌惮地进行侵略，从而导致更早地爆发世界战争。而另一种态度则是采取针锋相对的斗争，通过这种斗争才有可能束缚住超级大国的手脚，推迟或阻止世界大战的爆发。中日和平友好条约明确规定，要反对任何国家和国家集团图谋霸权的侵略活动，这是符合全世界各国一切爱好和平人民的心愿和要求的，在国际事务中必将产生深远的影响。各国人民和全世界公正舆论如此热烈地支持这个条约，其主要原因也就在这里。

当然，我们也清楚地看到，苏联及其追随者，从条约谈判的第一天起直到现在，都在拼命地反对和诋毁这个条约。苏联领导人一再向日本施加压力和进行恫吓，扬言说，如果日本同中国缔结这个条约，苏联就要修改对日政策，并要采取报复措施。在条约缔结之后，还竟然捏造说“日中条约无异于军事条约”，并诽谤这个条约是反对和平国家的，扬言“苏联对此不能袖手旁观”。《中日和平友好条约》明明是政治文件，“序言”和五条条文有哪一条讲到了军事问题呢？只有睁着眼睛说瞎话的人，才把这个条约称作军事条约。而且谁都看得清楚，条约所要反对的对象，是穷兵黩武的超级大国的霸权主义，哪里有一个字说到要反对爱好和平的国家呢？苏联为什么这样起劲儿地敌视和破坏这个条约，而且又再次恫吓说“不能袖手旁观”？说穿了，极其简单，就是因为这个条约的反霸条款，恰恰打中了一心图谋霸权的苏联的要害。自己谋求霸权又不许别人反对，这是决计行不通的。如果硬要这样地蛮干下去，那么他们到头来一定会被反霸的时代潮流所淹没。

时代在变化，历史在前进。我们深信，中日两个伟大的民族，将遵循中日和平友好条约的原则和精神，必将在未来的两国关系史上谱写出许许多多美好的新篇章，中日两国人民定能世世代代友好下去。

（中央人民广播电台1978年10月）

《中日和平友好条约》与中日友好

——为纪念和平友好条约缔结十周年而作

今年是中日两国缔结和平友好条约十周年，这是值得两国政府和人民共同庆祝的。

缔结《中日和平友好条约》，是两国实现邦交正常化时发表的《中日联合声明》所规定的，其目的是巩固和发展两国间的和平友好关系。

因此，这个条约全面地确认了揭开两国关系新篇章的《中日联合声明》，并且把联合声明中提出的发展两国关系所必须遵守的重大原则，作为条约的主要内容而固定下来。这些原则是：两国在和平共处五项原则的基础上发展持久的和平友好关系；根据和平共处五项原则和《联合国宪章》精神，在相互关系中，用和平手段解决一切争端，而不诉诸武力；两国都不称霸，也反对任何其他国家建立这种霸权的努力等等。正是由于条约具有上述的重要内容，因此，它同两国政府的联合声明一样，成为发展中日两国关系的政治基础；同时，它又同联合声明一样，是处理两国关系所应遵循的原则和准绳。所以缔结这个条约对于发展中日两国的睦邻友好合作，对于维护亚太地区的和平与安全，都有重大的意义。

复交以来的中日两国关系，总的来说，是良好的、正常的。但是，毋庸讳言，1982年以来也发生了一些问题。就政治方面来说，主要是如何看待日本军国主义侵略中国这段历史的问题，以及有关台湾的问题，如光华寮问题等等。应当看到，只要双方严格信守《中日联合声明》与《中日和平友好条约》的原则和精神，这些问题是不难解决的。事实上，有些问题已经按照声明和条约的原则及时地解决了。很明显，条约在解决中日两国关系的问题上，是具有权威力量的。

到今年10月，是条约生效的十周年，也是条约有效期十年期满的一年。按照条约规定，缔约的一方如欲终止本条约，可以在此一年前通知另一方终止。但是中日两国政府领导人都已明确表明，这个条约将继续有效。毫无疑问，这一决定是英明的和完全正确的。它给予反对这个条约的一些人以当头棒喝。

的确，在日本国内是有一些人，从谈判缔结条约直到现在，始终强烈地反对这个条约。例如，某个中国问题专家竭力诋毁中日和平友好条约是“用咒语镇住了日本”，指责条约内记载的和平共处五项原则以及遵循《联合国宪章》是“抽象言辞的罗列”，反霸条款是日本的“祸根”，因而要求在条约今年期满时修改，即使为此向中国偿付500亿美元的无偿援助以代替战争赔偿，也在所不惜。

30余年的历史实践证明，和平共处五项原则是经得住考验的、保证国与国之间友好相处的原则，它不仅适用于不同社会制度的国家，而且也完全适用于相同社会制度的国家。五项原则现已深入全世界的人心，成为国际公认的准则，怎么能把它看作是抽象的言辞呢！至于根据《联合国宪章》的原则，用和平的手段解决一切争端，这也是保证中日两国睦邻友好的一条极其重要的原则，它对于经历过多半个世纪对抗的中日两国，更是有着实实在在的历史内涵，绝不是什么抽象的言辞。

这个学者特别反对反霸条款，认为“反对任何其他国家建立霸权的努力”是针对苏联而言的，这样，就把日本纳入中国的反苏战略中，反霸条款也就成了日本的“祸根”。其实，条约明文规定的是反对任何国家建立霸权的努力，而不是只指某一特定国家，同时条约第四条还具体地规定，本条约不影响缔约各方同第三国关系的立场，所以这个条约理所当然地不能干预日苏关系。近年来，中国政府还一再阐明中国奉行独立自主的和平外交政策，不同任何其他国家建立战略关系。所以，认为这个条约有反霸条款而把日本纳入了中国的反苏战略，是没有根据的。特别需要强调指出的一点是，反霸条款还约束着中日两国都不称霸，这对于中日两国以及亚洲的和平与安全，是具有重大积极意义的，对于维护世界和平也是极为重要的。这是“福根”，而绝不是“祸根”。

我认为，上述这种反对《中日和平友好条约》的言论，其目的是要刨掉中日友好的根基。虽然这仅是极少数人的主张，但是，日本的一部分舆论工具一再为这种思潮提供阵地，说明这种思潮还是有一定市场的。近一两年来，日本的某些右翼团体采取各种手段，明目张胆地破坏中日友好的行径，更加提醒我们对此要保持高度警惕。值此中日和平友好条约缔结十周年，又是新一代首相竹下正式访问中国取得圆满成功之际，为了使庆祝《中日和平友好条约》十周年的活动具有更大的实际意义的纪念活动，我衷心期望日本有更多的为政者和有识之士，向日本国民大力宣传《中日和平友好条约》的重大政治意义，深入宣传中日睦邻友好关系长期稳定的发展，关系到两国人民的长远的根本的利益，从而使破坏中日友好的言行，受到抵制而日益缩小市场。当然，就我们中国来说，对年轻一代加强关于中日友好的教育，使老一辈开创的中日友好事业能承继下去，这也是不言而喻的。

（原载《日本研究》1988年第3期）

《中日和平友好条约》是日本的“福根”

今年是《中日和平友好条约》缔结的十周年，中日两国政府都已表明要使这个条约延续下去，这是值得庆祝的大事。《中日和平友好条约》同《中日联合声明》一样，都是中日两国和平友好关系的政治基础，同时又是巩固和发展两国间持久的和平友好关系的有力保障。中日两国的和平友好，不仅符合两国的根本利益，而且也有利于亚洲甚至世界的稳定与和平。

但是，从1982年以来，在日本方面，总是有一些极右势力，不断地制造事端，来破坏中日友好，而这些人中的大部分又都是十年前反对和阻挠缔结《中日和平友好条约》的“台湾帮”或青岚会分子。同这种极右势力的破坏活动相配合，在日本舆论界内也再次出现了反对《中日和平友好条约》的奇谈怪论，诋毁这个条约是日本的“祸根”，是中国镇住日本的“符咒”，要求在条约最初十年期满时提出终止该条约。很明显，对于上述的错误舆论，我们决不应漠然置之，因为这种错误舆论不是仅仅反对《中日和平友好条约》，而是同日本今后究竟向着什么方向发展，变成怎样的国家联系在一起的。

60年代后期，日本成了西方世界的第二个经济大国。在《中日和平友好条约》缔结后的80年代中期，日本又一跃成为世界最大的债权国和头号贸易盈余国，接着人均国民生产总值也超过了美国，居于世界第二位。正是由于日本这样的飞跃发展和美国经济力量的相对削弱，使得这样的一种论断应运而生：到21世纪，“日本主导的世界体制”（Pax Nipponica）将取代“美国主导的世界体制”（Pax Americana）。目前，美国和日本的不少政治家或专家、学者，都围绕这个问题纷纷发表见解。

某一国家能够主导世界，绝不是单单由这个国家的经济力量决定的，必须伴随着拥有巨大的军事实力。当年建立和维持“英国主导的世界体制”（Pax Britannica），既有英国在资本主义革命初期所形成的巨大的生产力，又离不开英国一度拥有的无敌舰队和布满全球的殖民地；第二次世界大战后建立起来的“美国主导的世界体制”，既以美国在二次大战中迅速膨胀起来的经济实力为基础，同时又是因为美国拥有包括核武器在内的巨大的军事力量，并且在世界各地建立了军事基地。日本如果要主导世界，称霸世界，也就必须在目前的经济大国的基础上进一步发展成为超级军事大国。但是，日本国土狭小，资源极端贫乏，而且不拥有核武器，要修改现行的和平宪法必须取得国会的三分之二多数票。特别是广大日本人民曾身受日本军国主义长达半个世纪之久的祸害，并且还蒙受过原子弹的灾难，他们是坚决反对复活日本军国主义的。作为日本近邻的中国，现在已经是一个独立的社会主义国家，“欲征服世界，必先征服中国”的那条道路，过去没有行通，现在是更加行不通了。而且当前的世界，已是“多极世界”，已经根本不可能由一国力量来主导。在这样的历史条件下，所谓确立“日本主导的世界体制”，正如许多的论者所说，只能是“幻想”。对此是毋需担心的。

那么，日本在今后会不会发展成为政治大国，即日本某些政治家称之为“国际国家”呢？由于政治是经济的集中表现，超级经济大国不可能长久处于政治上的矮人地位。应该说日本向着政治大国发展，是客观的必然趋势，是有着现实可能性的。最近多伦多七国首脑会议上，日本发言权和作用的增大，就反映了这个趋势。应该说，美苏两个超级大国相对抗的两极世界体制，已日益被世界多极化体制所替代，这对世界和平是有利的。因此日本作为世界一极的政治大国而出现，这在客观上是有利于世界和平的。但是，更重要的，还要看日本成为政治大国后——

可能在跨入21世纪后，它对世界的政治、经济究竟将发挥什么作用。也就是说，它对国际社会所面临的两大课题——和平与发展能否作出积极的贡献。只要日本坚持和平立国的方针，决不做军事大国，并严格遵守《中日和平友好条约》，决不称霸，反对世界上的霸权主义，同时又能善于运用其作为资本输出国、进口大国、技术大国的力量，积极援助发展中国家，而且这种经济援助不是包含军事意义在内的“战略援助”，那么日本对世界的和平与发展是能作出重大贡献的，这对它自身的稳定与繁荣也是必要的。由于中国实行对外开放，大力发展商品经济，因此在中日经济发展和实现国际合作的舞台上，日本是能够担任重要角色的，中日和平友好关系由此也必将得到进一步发展。我们希望日本沿着这个方向前进。

当然，我们也必须警惕，日本确实还存在着军国主义分子，虽然人数极少，但能量不小，他们决不甘心于过去的失败，也不满足于战后争得的经济大国，以及今后将要争得的政治大国地位，而是热切地向往成为新的军事大国。随着日本经济力量的增强，他们的这种欲望也会更加膨胀起来。那种鼓吹《中日和平友好条约》是日本“祸根”，是镇住日本的“符咒”的舆论，就是为日本走向军事大国鸣锣开道的。对此必须及时地加以批判，使广大的日本人民深切地了解，以反霸为核心，约束中日两国都不称霸的《中日和平友好条约》才是镇住日本不搞军国主义的法宝，是日本的真正“福根”。

在这里还必须指出的一点是，美国对日本军国主义者要搞军事大国，企图在21世纪主导世界，采取予以助长还是予以抑制的立场，是起着极为重要的作用的。比较有远见的美国政治家现已提出，不要强迫日本加强防务来解决美国的赤字问题。还有一些政治家提出，用美日联合体制来领导世界。更糟糕的是，有不少政治家竟然要求日本增加军费，达到它的国民生产总值的3%，以减轻美国的负担。这真正是日本军国主义者求之不得的。因为这有利于日本急剧地扩充军备，向着军事大国前进，从而必将引起中国和亚洲的严重不安。因此，为了使中日友好长期地稳定地向着21世纪发展下去，在纪念缔结《中日和平友好条约》十周年时，需要对日本军国主义者敲敲警钟，同时，现在也有必要对美国那些近视的政治家敲响警钟。

（原载《外交季刊》英文版1988年9月第9期）

加深相互理解与发展中日友好

——为纪念中日和平友好条约十周年而作

今年是中日和平友好条约签订十周年，这是值得两国人民共同庆贺的。

《中日和平友好条约》和《中日联合声明》都是中日两国睦邻友好关系的政治基础，条约除了自身的条文外，还把联合声明中的一些重大原则用法的形式固定下来。所以，这个条约对于中日两国睦邻友好关系长期稳定的发展，是具有极其重大的作用和深远意义的。

从恢复邦交迄今的十六年间，中日两国友好关系的发展，总的来说，是令人满意的。虽然自1982年以后，两国之间发生了一些影响到两国睦邻关系发展的政治的和经济的问题，但是在这些问题中，有不少已经遵照联合声明和友好条约的原则和精神解决了，有的还未解决而正在交涉中。我认为，只要双方信守和遵循声明和条约的原则，这些问题也是不难解决的。

近年来，随着世界局势的新变化和日本经济的巨大发展，日本已成为世界最大的债权国和贸易盈余国，其人均国民生产总值已超过美国而居世界第二位。在这样的情况下，日本向什么方向发展，将会对今后的中日关系产生重大影响。现在，不仅亚洲国家，而且欧洲的某些国家，甚至美国部分舆论，对于日本会不会由经济大国变成为政治大国，而后又发展成为军事大国，都抱着一种疑惧的心理。政治是经济的集中表现。既然日本已成为超级的经济大国，那么它发展成为政治大国，是具有客观的现实基础的。同时，日本的官方人士也明确表示希望成为“国际国家”（这是“政治大国”的别称），并孜孜地追求在国际上有更大的发言权。在今年多伦多西方七国首脑会议上和最近的柬埔寨问题上，上述情况已有所表现。作为日本盟国的美国，也已一再声明要同日本建立新的“伙伴体系”，这实际上是许诺日本成为政治大国。

从世界的全局来说，两极对立与对抗的局势是不利于世界和平的，而且这种局势早已不能维持下去，并已有了新的变化。多极世界的出现，是有利于世界和平的，所以从这个大局来说，日本成为世界的一极，本无可非议。特别是如果它能坚持和平立国大计，利用自身发达的经济和巨大资本以及先进的科技力量，对世界的和平与发展两大课题作出积极的贡献，这样的政治大国当然不会成为众矢之的。但是，人们更大的担心则是日本是否会由政治大国演变成为军事大国。美国的一部分眼光短浅的政治家力图迫使日本的军费达到它的国民生产总值的3%，以利美国谋求预算的平衡，甚至有的论者已经在吹捧日本将在21世纪成为主导世界体制的大国，这些都是恰恰投了为数极少的日本军国主义分子的所好，因而从某种意义上说，也是鼓动日本走向军事超级大国。

毫无疑问，中国对日本要走向军事大国始终是抱着很大警惕性的，而且是坚决反对的。中日两国的和平友好条约明文规定，两国都不称霸，这就约束着我们两国都不做超级大国。我们衷心希望日本政府领导人以及竹下首相所一再声称日本决不做军事大国的方针能贯彻下去。这样，我们两国之间就不会发生根本矛盾，两国的睦邻友好关系就能长期继续发展下去。

但是，我们也需要预见到，随着日本成为政治大国，中日两国之间的摩擦或龃龉难免有所增加。中日两国社会制度和意识形态不同，所处条件和国家的发展水准也不相同。当日本对世界和亚太地区积极推行它的政策时，同我国的意见分歧将会增多，是不足为奇的。重要的是，在这种情况下，更有必要坚持《中日联合声明》《中日和平友好条约》和中日关系的原则，并且要进一步加强和扩大两国政府间、人民间的往来和交流，借以加深相互理解，及时妥善解决所发生的问题。

应该说，我们两国间的人员来往和交流，不论是官方的、半官方的或民间的，都是很活跃的。这对于加强两国相互理解和增进友好是起到积极作用的，今后还要继续加强。但在两国政治生活中起着最积极活跃作用的党派，亦即在中国共产党和日本朝野政党之间，除了中国共产党和日本社会党建立了联系以外，在同其他政党的联系和接触方面，还留下很大的空白，这无疑是一个很大缺陷。这个空白应予填补。

进一步加强对对方国家的研究，也是两国加深相互理解所十分必要的。一般说，中国人民对日本的了解主要是局限于明治维新以来的中日关系史，而这恰恰是日本侵略中国的历史。新中国成立以后，对于日本古代的和战后历史的研究，有了新的进展，但还局限于少数的专家与学者范围内。至于日本，过去是推崇中国的古代，而蔑视中国的近代，战后因追随和学习美国之风盛行，对古代中国的称赞和研究大为减弱，以公正的科学的态度对新中国进行研究虽然增多了，但在“中国学”中还未占得上风。这就表明，中日双方如何加强对对方的研究，并将这种科学的研究成果，普及到两国人民之中，还要作出极大的努力。此外，还须辅以不断地相互介绍两国优秀的传统文化，这也是加深两国的相互理解所必不可少的。在这里，我还要强调的一点是，加深相互理解，科学地正确地知己知彼，才能准确地贯彻和执行《中日联合声明》和《中日和平友好条约》的原则，妥善地解决不断发生的影响到两国关系的各种问题。

我热切希望中国国际交流协会在为加强中日两国人民的相互理解和增进友谊方面发挥更大的作用。

（原载《国际交流》1988年第3期）

关于华国锋总理访日答朝日新闻记者问

问：请谈谈华国锋总理访日的意义。

答：这次华国锋总理访问日本，不能看作仅仅是对大平首相访华的礼节性回访。他这次访日的目的，是为了加深相互理解，发展友好关系，扩大双方合作，使已经架设起来的中日友好大桥，更加巩固。去年大平首相访问中国，人们都说，他的访问，为80年代，甚至是为通向21世纪的中日关系，写下了新的历史的一页。这次华国锋总理的访日，也同样可以说，在通向未来的中日关系的历史上将写下新的篇章。

问：日中关系终于迎来了双方首相互相访问的时代，其间的路程是漫长的。你是长期从事沟通日中关系工作的，请谈谈你的感想。

答：当中日两国恢复邦交的时候，郭沫若先生写了一首贺词，其中的两句是“岁月二千玉帛，春秋八十干戈”。

我年轻时正是经历着这个干戈时期。但我坚信毛泽东主席对未来中日关系的论断。他说，中日战争将改造中日两国，中日两国人民都将在这次战争中和战争后获得改造。同时我也深信干戈时期结束后，玉帛时期一定会到来。从1949年中华人民共和国成立到1972年中日恢复邦交，两国之间遇到了三个困难问题。一、50年代初期，日本同蒋介石之间缔结了所谓“日华条约”，这样就使我们两国仍处于敌对状态；二、岸信介内阁上台，破坏了鸠山、石桥两首相所采取的对新中国向前看政策，使两国关系大大后退；三、60年代，中国发生了“文化大革命”，林彪、“四人帮”的极左路线，使我党的正确路线受到破坏。中日来往和交流曾一度受到了严重干扰。

实现中日邦交正常化时，我参加了起草《中日联合声明》的工作。当联合声明达成协议，复交已成定局，在是晚田中首相举行的答谢宴会上饮到的日本酒的美味，是我一生所不能忘怀的。

问：中日间的来往情况如何？

答：去年从日本来中国的人，约计10万人。中国也有1万人去日本。中国赴日的留学生已达500人。今后打算派出更多的研修生。两国都应该大力开展青年的相互访问。

为了进一步发展友好往来，可以进行一些改革。例如政府的访问，已商定不再举行答谢宴会，那么民间团体的访问就更应该如此。又如相互赠送礼品也可以减免，繁文缛节可以简化或革除，这样大家都会感到更亲切、更随便一些，有客至如归的感觉。

问：关于今后的经济交流，你对日本有何期待？

答：去年的中日贸易进出口总额已达67亿美元，在中国对外贸易中，对日贸易已占第一位。中国正在进行四个现代化建设，需要从日本引进先进技术、装备，同时，对于缺乏资源的日本，中国可以提供资源。中国的石油埋藏量还在继续勘探中，所以现在没有准确的数字，但是煤的埋藏量已有具体的数字，如山西省，一省就埋藏有6000亿吨，一年开采1亿吨，就可以采掘6000年。两国应该根据平等互利的原则，互通有无，继续进行经济合作和交流。

进行现代化建设，需要大量的资金，也需要从外国借款。1979年度，日本向我国提供了500亿日元贷款，本年度我们期待日本能提供更大的数目。不仅是政府贷款，而且我们也希望通过民间的商业途径得到贷款。当然有借有还，请放心好了。

问：为了保卫亚洲、太平洋区域，以及世界的和平，中国希望日本发挥怎样的作用？

答：由于苏联侵略阿富汗，国际形势更加恶化。面对这样的紧迫形势，日本采取什么行动，这是应该由日本政府和日本人民来决定的。就我个人的看法来说，根据中日和平友好条约所规定的反对霸权条款，日本可以在反霸斗争中发挥积极的作用。

正像大平外相所指出的，美国已不是超级大国，而是个强国。因此日本为谋求本国的安全，不能仅仅依赖于日美同盟关系，不是应该自强起来吗？“天助自助者”，这是至理名言。

为了保卫太平洋地区的和平与安全，日本不是能够作出下述的贡献吗？这就是日本从经济上援助亚洲的第三世界各国，使他们的民族经济得以发展，独立得以巩固。

问：为维护和发展友好关系，今后双方应注意些什么？

答：要加强相互信赖。不要担心中国输出革命。革命是不能输出的。虽然是社会制度不同的国家，但是仍然能够和平共处。中国不称霸，不搞大国主义，而且教育全国人民世世代代坚持这个原则。当前，我的最大的愿望是，促使中日两国成为不同社会制度国家和平共处的模范。

（原载《朝日新闻》1980年5月20日）

胡耀邦总书记的访日成果

中国共产党中央委员会总书记胡耀邦应日本国政府的邀请，从去年11月23日到11月30日，在日本进行了一周的友好访问。这次访问正像胡总书记所指出的，由于中日双方共同的努力，访问取得了圆满成功。中日舆论以及许多公正的外国舆论也都一致赞扬这次访问的成功。

这个成功表现在哪些方面呢?

第一，通过胡耀邦总书记和中曾根康弘首相的两次首脑会谈，把原来指导中日两国关系的三原则，增加了“相互信赖”一条，成为“和平友好、平等互利、相互信赖、长期稳定”四原则。这样就更加充实和适合需要了。由于两国社会制度不同，重建友好关系也为时不长，因此两国在处理相互关系时，有不同看法，甚至相互间发生不放心的事情或疑虑是难以避免的，重要的是两国领导人以及各界代表人士能够做到相互信赖，也就是以诚相见，以信义为重，平等协商并善于求同存异。如果能够照此去做，那么两国关系中的各种问题是能够得到妥善解决的。在中日相互关系的原则中补充了相互信赖一条是极为重要的。

第二，两国领导人再一次确认，要以不再战的精神为原则，来协商解决两国间的一切问题。这也是一项极为重要的成果。虽然中日两国所缔结的和平友好条约，规定两国要和平友好相处，不以武力解决争端，但终究由于两国之间曾经发生过战争，而目前某些舆论对日本是否会走上军事大国又有若干疑虑，因此在这样的条件下，中曾根首相表明要贯彻《中日联合声明》和《中日和平友好条约》，并重申以不再战的原则来解决两国间的一切问题，是有重大的政治意义的，这对于维护亚洲和平与稳定也具有积极的意义。

第三，胡耀邦总书记以中共中央领导人的身份，在日本国会发表演说，这在日本是一件新事。胡耀邦总书记以诚挚坦率的态度，生动简明的语言阐明了我国基本国策和对日方针，表明我对外交往的立场和态度是真心实意，以诚相待，光明磊落，恪守信义，在实际上回答了日本朝野对我国内政外交方针的一些疑虑。由于我国十一届三中全会以来新的变化，由于中日两国关系的深入发展，日本朝野人士确实增加了对我国的关心，并产生了一些需要进一步摸清的问题。日本政府邀请胡耀邦同志在国会演讲，就是要让日本政界人士亲自听到中国党的领导人来阐明他们所关心的问题。这正标志着双方都需要也愿意进一步加深理解，而绝不是仅仅制造一种友好的热潮。

此外，双方领导还就广泛的国际问题，特别是亚太地区的问题，深入地交换了意见，并一致表示要继续为维护亚太地区的和平与稳定而协调行动和共同努力。

第四，双方领导人协议要为推进中日友好建立“21世纪委员会”，由两国著名的政界、经济界人士和学者组成。这个委员会是老中青三结合，60岁以下的人为会长，要面向未来，探讨和研究中日两国走向21世纪的政治、经济、文化等问题，并就此提出许多有益的设计和建议。这个机构与两国间业已建立的政府间成员会议不同，因为后者完全是官方机构，主要讨论当前的一些政治事务问题。同时，这个机构也和中日民间人会议不同，因为中日民间人会议完全由民间人士组成（中方民间人士代表也不够广泛）。可以预计，这个委员会建立起来以后，对于推进中日两国关系必将发挥积极的作用。

第五，双方领导人同意加强两国青年的交往。应胡总书记的要求，在东京召开了有中日6个友好团体和35个青年团体参加的3000人大会。他们政治倾向不同，宗教信仰殊异，却共聚一堂来欢迎中国人民的使者。胡总书记在大会上深入浅出地阐明了中国共产党对中国青年的两个根本要求，指出为发展中日友好，必须寄希望于两国青年，胡总书记还代表中国邀请3000名日本青年在1984年天高气爽的秋季访问中国，来看看我国各方面的情况，并同我国青年交朋友，使得由老一代开创的中日友好，传给今后的第一代、第二代，做到一代传一代，一代好于一代。这确实是一个极为重要的新的战略部署。

第六，同日本的财界和经济界代表人士探讨了中日两国的经济科技交流问题。胡总书记指出，由于两国在经济上各具有不同的优势，而且双方确实需要在平等互利的基础上取长补短，所以中日经济友好合作对双方都有好处，确实大有可为，需要高瞻远瞩地统筹规划。胡总书记还斩钉截铁地指出，我国将坚持开放政策不变，我们反对精神污染，但决不放弃和收缩对外开放政策，而恰恰是为了更好地实现开放政策。胡总书记还提出了一些经济合作的新形式。在回顾过去发生过的问题时，胡总书记还诚恳地谈到我们方面的一些缺点，并对日本政府和日本经济界提出了一些希望，使日本财经界人士感到中国方面决心切实执行恪守信义、合情合理、平等互利、讲求实效的方针，使合作的规模不断地扩大起来。此外，日本政府和执政党首领还向胡总书记表示，愿意积极考虑对我国的第二次低息贷款问题。

第七，胡总书记参观和访问了东京和关西地区，还北赴北海道的札幌，南至九州的长崎。后两个城市是中国领导人过去没有到过的，而且也是其他外国领导人没有去过的。胡总书记在这些城市里广泛地会见了各界人士的代表，使得这些地区领导人和人民群众首次亲眼见到了社会主义中国的领导人，从而加深了对中国的理解和友谊；而另一方面，胡总书记通过参观访问也亲眼看到日本朝野上下和广大人民所表现出来的对中国的亲近感和珍视睦邻友好关系的心情，并受到他们的热情接待，这也为我们今后继续加强两国关系增添了无限的信心。

第八，胡总书记在访问中，参观了日本最新式的大型工厂和小型工厂、科学学园城及其各种机构、都市的建筑群以及农村的牧场。也就是通过实际的考察，接触到了日本先进的工业、发达的科学技术和教育、高水平的企业的经营管理。其中有许多对于我国的现代化建设说来，是值得研究、学习和借鉴的。

总之，从上述八点来看，胡总书记访日，的确取得了很大的成功。他在访日前讲到，谋求两国睦邻友好关系的长期稳定发展，是他访日的总目标，应该说他为这种发展又开辟了新的前景。当然，胡总书记访日所产生的积极影响，决不限于中日两国之间，而且对于亚太地区和世界也起到重大的影响。关于这一点，我只想指出一下，就不再论述了。

但是，人们也可能提出这样的问题，中日两国当前并不存在急待解决的、悬而未决的问题，主要的是两国之间在一些方针政策问题上存在着某些疑虑或不放心，经过胡总书记的访日，这些是否都已一扫而光了呢？如果作出这样的估计，那是不符合实际的。

例如在日本的舆论界里，对中国的最大疑虑主要是这样的一些问题：两国社会制度不同，意识形态不同，是否能够长期避免战争？中国今天还不强大，因而反对称霸，当中国将来也变为强国的时候是否还不称霸？还有的说，日本驻中国大使一觉醒来，发现中苏已握手言欢，中国又搞50年代的“一边倒”，反对日本，等等。至于对中日经济合作，也有不少疑虑。胡总书记在访日的政治会谈、演讲和答记者问中，都有针对性地谈及或者回答了这些问题，取得了很好的效果。但毕竟因时间所限，而这些问题，有的涉及社会主义社会的本质问题，有的涉及社会主义中国执行的独立自主外交政策的全盘内容及其发展，有的涉及战后几十年的国际关系史，绝不是经过几次谈话就能全部讲清楚的。这需要两国领导人和各界代表人士在今后的交往中继续交换意见，也需要通过我们正确地执行中央的对外政策，用实践来打消对方的疑虑。此外，还需要我国的国际问题的研究者，从理论上，系统地总结国际政治和我国的对外政策来阐明这些问题。

同样，日本和亚洲的一些舆论，有时也有我国的舆论，对日本政治也抱有这样或那样的一些疑虑，最主要的问题是：日本成为经济大国之后，想成为政治大国，这个政治大国的含义是什么呢？是要求作为国际社会的一员，保持有平等的发言权，还是要做一个军事大国，复活军国主义？胡总书记希望日本能成为经济上更加繁荣、坚决维护世界和平、同时又有自卫能力的大国。中曾根首相也重申日本遵守和平宪法、坚持不成为军事大国的方针绝不会变，也就是日本决不再搞军国主义。毫无疑问，对中曾根首相的这种声明，中国人民以及东南亚人民自然是十分欢迎的。但是真正要了解日本会不会复活军国主义，也还是需要国际问题的研究者对此进行认真的科学研究。决不能依据不反映主流的一些现象，以及大日本生产党党首赤尾敏之类的叫嚣和梦呓，就作出判断，而是需要理解日本明治维新以后产生军国主义的社会和阶级根源、精神支柱，以及当时国际条件、亚洲条件又如何促进和便利于日本走向帝国主义的。而第二次世界大战以后的80年代，在这些方面是否发生了根本的或重大变化，特别是日本人民在接受了第二次世界大战的惨痛教训之后，发生了多大的变化。对于这些带根本性的问题，都应该作出如实的科学分析。

这篇小文不打算探讨这个问题，只是提出来，希望国际问题研究者能科学地研究和回答这个问题。因为科学地研究和回答这个问题，以及其他一些有关日本的根本问题，对于我国进一步执行正确的对日政策，发展和推动中日两国世世代代友好的历史总趋势，是大有裨益的。

（原载《世界知识》1984年第1期）

随行杂感

——记胡耀邦同志访日

1983年11月23日到30日，中国共产党中央委员会总书记胡耀邦对日本进行了友好访问。虽然来去匆匆，但是这七天的访问活动是十分充实的，真正是政治、外交、友谊炽烈地交织在一起，在新的中日关系史上，又谱写下光辉的一页。我相信，历史学家将会忠实地记录下这段访问史实，而我，作为胡耀邦同志此行的一个随员，也是所感殊多至深，又怎能压抑住自己而不把其中感触至深的某些情节记录下来呢?

时代的巨大变化

清早，深秋的小雨停了，东京赤坂迎宾馆的广场上，为准备举行欢迎仪式，打扮得充满节日的气氛。

9时，当中共中央总书记胡耀邦和日本国首相中曾根康弘从迎宾馆正面踏着红地毯登上广场的检阅台时，乐队奏起了中国国歌和日本国歌，乐声是那样庄严地在秋空中荡漾着。这两首歌曲是我在30年代就熟悉的，而且都是同东京这个地点联系着的。

中国国歌原名《义勇军进行曲》。1935年青年作曲家聂耳来到东京，在欢迎他的中国左翼进步文化者的集会上，他用小提琴为我们演奏了几首他所谱的乐曲，其中就有这首唤醒中国人民为拯救垂危民族而斗争的进行曲。这也是我第一次接触到这首乐曲。

日本国歌《君之代》的歌词是平安朝时代的一首和歌，见之于《和汉朗咏集》，于明治中叶以雅乐风的旋律把它谱成了歌曲，成为日本的国歌。这是一首歌颂君主制的歌曲，30年代我在日本留学，学校举行始业式和卒业式时，都要唱这首歌。在30年代、40年代，《君之代》同《义勇军进行曲》是两首完全对立的乐曲，绝不可能由同一支乐队在同一个地点同时演奏。而且也绝对想不到这两首歌曲后来竟会用来表达中日两国的互相尊重和睦邻友好。然而，在70年代，在中日两国恢复邦交之后，在两国领导人互访的重要场面上，这两首歌曲就在一起演奏了。11月24日我在东京迎宾馆的广场上再一次听到了这两首歌曲。我简直像受到巨大的冲击一样。

为什么会这样呢？因为我真正感受到历史的巨大发展、时代的大步前进。

中国已经不再是一个半殖民地半封建国家，而是一个独立的、建立了比较完整的工业体系的社会主义国家。

日本也已经不再是推行军国主义的君主制国家，而是像日本宪法所规定的主权在民、以和平立国的西方世界中的第二经济大国。

中日两国之间已经结束了半个世纪的不正常状态、对抗和战争的年代，重新回复到两千年来的玉帛时代。和平友好，平等互利，互相信赖，长期稳定，已成为发展两国关系的原则。

11月24日，胡耀邦总书记以党的身份而不是以官方身份，在日本的国会议事堂发表演说，诚挚坦率地阐明中国对内对外的基本国策，这标志着两国政治家确实要求加深理解、增进信赖，在这个基础上发展睦邻友好关系，而绝不是仅仅为了制造一种友好热潮。

中国伟大的文学家鲁迅曾写下“渡尽劫波兄弟在”的著名诗句。中日两国关系确实历尽了劫波，扎扎实实的友好关系正通向21世纪，通向遥远的未来。

未来的新时代

昨天，在东京还是深秋天气；今天，在北海道札幌，却下着鹅毛大雪。石狩平原瞬息间披上了素装。

我过去未到过北海道，总以为它是在明治二年才设置开拓使谋求发展的地方，气候既冷，人民生活又很艰苦，是日本四岛中最落后的地区。但是今天来到北海道的札幌一看，这里已经是有百万人口的大都市了，如果街道上没有汉字和假名的招牌，它简直就和欧洲发达国家的城市没有什么区别。哪里会是北海道开拓纪念馆里所展示的那种荒无人烟的北海道，以及贫苦移民同严寒和饥饿搏斗的北海道！不过日本朋友提醒我说，北海道人的那种开拓精神，以及有悠久历史的北海道大学的“年轻人啊，要有大志”的传统，还是保留着。

今天，北海道的都市都已西方化，更不要说本州几个岛的都市了。对我这个外国人来说，巨大变化是在我1965年访日后的第八年，即1973年重访日本时，才第一次发现的。也正是在这个时期，日本变成了西方世界的第二经济大国。

物质方面发生了这样大的变化，而精神方面呢？日本国民、特别是广大青年，是否变得倾向西方或亲西方呢？

来日本的当天上午，在东京代代木日本广播协会大会场举行的青年集会，确实是发人深思的。这个大会聚集了分属于6个友好团体和35个青年团体的近3000名青年，他们热忱地、专心致志地倾听着胡耀邦同志的演说。这些青年都是在战后和平时期中生长起来的，他们没有体验过日本军国主义发动侵略战争所带来的灾难和痛苦，因而也就不容易了解中日和平友好的来之不易。他们又是在日本追赶西方，而且是赶上西方期间生长起来的，他们学过西方，也比较熟悉西方，而对于东方文化和中国文化，远不如他们的祖辈了解得多和抱着一种传统的钦佩心理。但是也正是这样的青年，竟然超越政治倾向、宗教信仰，聚集在一起来欢迎中国共产党的总书记访日，这在日本现实生活中确是罕见的，这说明了什么呢？这只能意味着“中日两国人民要世世代代友好”是深入人心的，日本青年确实对中国抱有亲近感。耀邦同志在演说中热烈地希望把我们这一代已经奠定的中日友好关系，首先传给今后的一代到两代，一代接一代，一代好于一代。我相信这个愿望是一定能够实现的。

岚山怀总理

京都岚山是我曾游之地。在春季嫩叶丛中开着樱花的时候，我到过岚山。这次则是在红叶满山的季节再访岚山，清澈见底的溪流仍缓缓地流着。围着灌木的一个山坡上，立着一座纪念中国已故总理周恩来的诗碑，上面刻着廖承志同志手书的《雨中岚山》，这是周恩来同志21岁时游览岚山时写下的新诗。胡耀邦同志默默地念着这首诗，献上了一束鲜花。我用手抚摩着石碑，也默默无语。大家都静听着穿着绚丽和服的“（日本）新制作座”（剧团）的女演员们用清脆的歌喉，合着古琴的伴奏唱着《怀念周总理》。

1917年周恩来负笈东渡。第三年，由于国内发生了五四运动，他放弃了在日本“邃密群科济世穷”的打算，束装返国从事革命斗争。他离开日本之前，正是阳春四月的好时光，他曾作京都之游。这次旅行在周恩来心中留下了难以磨灭的美好印象。他写了联系京都美景的述怀诗作。直至晚年，在会见日本友人之后，他有时还同我们谈及京都。两国复交之后的1973年春天，我们中日友好协会代表团访问日本后返京，总理就向我询问京都以及京都琵琶湖的春色如何，我向他描述了泛舟湖上的情景。当我说到琵琶湖南部的湖水受到公害时，他连声地说：“可惜，可惜。”

在岚山岚亭，老朋友百岁老人吉村孙太郎一家四代人设午宴招待胡耀邦同志，有一道菜是汤豆腐，耀邦同志很赞赏豆腐的鲜美。豆腐是在奈良时代从中国传入日本的，起初是贵族和僧侣的食品，到室町时代才成为庶民食品。日本的豆腐确实做得柔软可口，我在京都有名的南禅寺专门尝过豆腐料理，这次在岚亭又尝到这道料理。当年我还分外喜爱在秋天清晨的东京小巷里，静听挑担贩卖豆腐的小贩吹奏清脆的小喇叭声。不知半个世纪之后的今天，东京是否还残留着这种市声？

我又记起了周恩来总理谈到日本豆腐的事情。他曾经说过，他在东京自炊时，常常做豆腐吃，他认为日本的豆腐制作得很好。他晚年在人民大会堂宴请日本客人时，常指定厨师做一道锅贴豆腐。在中国，豆腐一般是不上宴席的，但周总理却打破陈规，让日本朋友也尝尝中国的豆腐。

在中日两国恢复邦交之后，周总理很想访问日本，日本政府也有邀请周总理访日的强烈愿望。当东京赤坂离宫改建为迎宾馆的时候，日本首相曾经表示，希望周恩来总理成为这个宾馆接待的第一个客人。但是，周总理当时已经患了重病，已没有可能再去看看对华关系已经掀开了新一章的日本，而周总理正是为了恢复中日邦交而披荆斩棘，作出了巨大贡献的一个开拓者。

日本朋友为纪念周总理在岚山立了总理的诗碑，胡耀邦同志看后感慨地说，我们也应该在一个山清水秀的地方，建立一个中日友好馆，来纪念许许多多中日友好的开拓者。

饭后在旅馆稍憩，窗明几净，我写下了如下的拙句：

岚山红叶似火照读诗碑
萧萧深秋时节含泪抚诗碑
秋空澄且明缅怀总理古琴音

和平鸽在飞翔

长崎是胡耀邦同志此行最后一天访问的城市，这是迄今为止各国领导人正式访问日本时尚未到过的一个城市。战前有两只日本邮船——“上海丸”“长崎丸”把上海、长崎、神户联系起来。长崎距中国近，市内有同中国有因缘的崇福寺、兴福寺和孔庙等。长崎市民对中国人民也显示出特别的亲近，耀邦同志车辆过处，总可以看到有列队挥舞国旗的欢迎群众。

长崎和广岛一样，是遭受原子弹轰炸过的城市。成千上万人的宝贵生命，成了第二次世界大战的牺牲品，这件事应该受到人类的永远谴责。

胡耀邦同志抵达长崎和平公园的时候，秋阳显得分外柔和，一群鸽子飞到和平祈念像的身上。耀邦同志指着飞鸽说："瞧，和平鸽在飞翔着。"

人民不需要战争，更不需要世界大战，特别是核大战。1964年和1965年，我到长崎参加反对原子弹氢弹大会时，看到几万群众为反对核战争而举行的大集会，他们再也不希望从和平神的一只手所指向的天空中落下第三颗原子弹。

胡耀邦同志在东京期间同中曾根首相再次确认了两国不再战的原则，并依据这个原则来协商和解决两国间的问题，这是完全符合两国人民的强烈愿望和根本利益的，也是完全有利于亚洲和平与稳定的。

在日本的部分舆论中，确实还存在这样的一种忧虑，由于中日两国是不同社会制度的国家，这个最根本的差异在将来是否会导致再次爆发战争呢？人们有这种疑虑是可以理解的，但是这种疑虑毕竟是缺少充分根据的。第一次世界大战时，世界上还没有社会主义国家，而战争是在相同社会制度的国家间发生的。第二次世界大战发生时，已经有了社会主义国家，但是，战争也是先在相同制度的国家间爆发的。后来才发生了苏德战争。当时，不同社会制度的国家，苏联同英美等国结为同盟。现在，事实远不足以证明在不同社会制度的国家之间一定要发生战争。人民是历史的创造者，推动世界前进的也是人民。中日两国人民坚决反对战争，用非战精神的原则来处理两国间的关系，这是两国和平的最大保障。而中日两国的和平友好，又是亚洲和平的重大保障。

胡耀邦同志看到和平公园里陈列着一些外国团体赠送的雕塑后对

我们说，我们应该选用最好的大理石，雕刻一座意味着反对核战争的塑像，赠送给长崎和平公园，象征我们中日两国人民为保卫亚洲和世界和平，为彻底禁止和销毁核武器而共同奋斗。

离开公园时，我又回首看了看那座雄伟的和平祈祷像，在心里也默默祝祷：愿友好、和平永远笼罩着长崎，笼罩着日本。

（原载《人民中国》日文版1984年2月号）

把和平友好的火炬传下去

作为中国的一个传统的伦理观念，有朋友从远方来，是一件非常高兴的事情。今年国庆期间，将有3000名日本各界青年代表，越过重洋，到中国访问，这该是一件何等令人高兴的事情呵！

邀请这样多的日本青年来中国访问，是为了什么呢？一句话，是为了使21世纪成为中日更加友好的世纪。

经过老一辈的巨大努力，在20世纪70年代初，结束了中日两国间的不正常状态，揭开了两国睦邻友好新的历史篇章。实践已经证明并将继续证明，中日友好是中日两国兴旺发达、繁荣富强所必需，也是维护亚洲和世界和平与稳定所必需。现在正需要年轻的一代继承老一辈，来继续谱写更为友好的21世纪的中日关系史。

邀请3000名日本青年代表到中国访问，可以使这些生长在战后和平环境的、对中国不了解或很少了解的青年朋友，接触到中国的实际，以便对中国有所认识，并通过同中国青年的联欢，促进中日两国青年的相互理解和相互信赖，并提高两国青年为发展中日两国睦邻友好关系所肩负的历史责任感，把中日友好的这一大业传到21世纪、22世纪、23世纪……千秋万代地传下去。

我们满腔热情欢迎3000名日本青年使者莅临中国。

（原载《中国青年报》1984年9月6日）

关于竹下登首相访华答NHK记者问

今年是缔结《中日和平友好条约》十周年的重要年份。作为新一代的首相竹下登氏，定于8月25日首次访问中国，这是中日两国关系中的一件大事。尤其是竹下氏就任首相以后，就立即表示日中关系是日本外交的一个重要支柱，已经进入第十年的《中日和平友好条约》应该延续下去，并且一再声称，要借着这次访华的机会，使中日两国友好关系得到进一步的发展。因此，我深信我国党和政府的领导人以及广大的人民群众，对竹下首相的访华都会衷心表示欢迎的。

根据邦交正常化以来两国关系发展的实际情况，并结合着对21世纪中日关系的展望，我作为长期从事中日友好活动的一个民间人对竹下首相的访华，怀有两点恳切的期望。

一、从中日恢复邦交以来，16年间，两国友好关系的发展，总的说是令人满意的。但是从1982年以后，两国间也发生了若干政治、经济问题，虽然这些问题中的有些问题已经解决，但也还有尚未解决的。如果对其中的某些重要问题处理不当，就会影响和妨碍两国的睦邻友好关系。因此，我希望竹下首相访华期间，同我国领导人举行会谈，在双方加强相互理解的基础上，根据两国政府的《中日联合声明》和《中日和平友好条约》的原则，就如何解决两国间所发生的问题充分地交换意见，以便克服困难和解决问题，使两国关系向着新的阶段发展。

二、日本已经是一个超级经济大国，目前正向着成为世界一极的政治大国前进。竹下首相表示日本应对世界作出贡献。因此，人们都关切地看着日本在世界舞台上将如何发挥它的作用。这涉及日本是做怎样的政治大国，以及会不会成为军事大国问题。对此，中国人民和亚洲各国人民是很关心的，连美国和欧洲各国最近也都在纷纷议论着这个问题。我希望竹下首相通过访华，能充分理解过去的半个世纪历史所投下的阴影使中国人民对日本抱有疑虑，同时，还通过同中国领导人的会谈和演讲，把他在国内早已表明的日本决不做军事大国，以及日本成为政治大国后，将执行为世界的和平与发展这两大课题作贡献的方针，再次加以重申。我想这对于加强我们两国的相互理解和相互信赖，消除担心，减少摩擦，使两国关系稳定地向着21世纪发展，并对维护世界和平是有益处的。

竹下首相这次访华，表明了他支持中国现代化建设，对中国实施日元借款和无偿援助，并打算进一步扩大两国的文化学术交流。我认为这表明了竹下首相确是重视中日友好的。

最后，我希望在日中关系史的新的一页上，打上竹下首相“诚实外交”的烙印。

（1988年8月）

竹下首相访华的成果与今后的中日关系

日本首相竹下登于8月25日对中国进行正式访问，受到中国政府和广大人民的热烈欢迎。

竹下首相这次访华，是有很大意义的。因为今年是《中日和平友好条约》签订十周年，竹下氏是作为新任的首相第一次访华。竹下氏就任首相后立即声明：日中关系是日本外交的一个重要支柱，日中和平友好条约在期满十年后要延续下去。竹下首相还一再声明，以他这次访华为契机，要使日中友好关系得到新的发展。因此中国政府和人民有理由期望通过竹下首相的访华，使中日关系推进到一个新的阶段。

回顾中日邦交正常化以来的中日关系，总的说，两国关系的发展是良好的，是令人满意的。但也毋需掩饰，从1982年起，在政治和经济方面，发生了一些波折。就政治方面来说，主要是关于正确地认识过去日本侵略中国的这段历史，以及在台湾问题上严守中日邦交正常化时确认的只有一个中国，台湾已归还中国。就经济方面来说，主要是贸易的严重不平衡，限制向中国转让技术，日本向中国投资不积极。这些问题，特别是政治问题，如果处理不当，就会影响和妨碍两国关系的发展。应该说，有些波折通过双方的努力，已经解决。但是，也还有一些问题仍处于未解决中。因此两国新的一代领导人共同回顾中日关系的发展历程，确认两国关系的基础和解决两国关系的准则，在此基础上，把两国关系推进到新的阶段，这是十分必要的。

竹下首相访华期间，同我国的党政领导人进行了会见和会谈。在同我国李鹏总理的会谈中，有一个明显的特点，这就是双方重申了有关中日两国关系的一系列原则：即中日友好有利于两国，有利于亚洲与世界和平；中日两国政府《联合声明》《和平友好条约》和指导两国关系四项原则，是两国关系的政治基础，也是解决两国间出现的问题的准绳。在对待过去日本侵略中国的历史和台湾问题上，竹下首相是站在中日邦交正常化时的原点上，即重申了田中首相和大平外相的表述。在这两个问题上，要做到站得更高一些，在目前还难以在自民党内通过。双方没有回避光华寮问题。竹下首相表明重视这个问题，充分认识到中国对此问题的主张，并表示日本坚持一个中国的立场，在此问题上也当然坚持同样的立场。可以认为这对今后最终妥善地解决这个问题，会起到一定的促进作用。

关于经济合作问题，中国因为继续推进开放和深化改革，当然是十分欢迎包括日本在内的国际合作。竹下首相对中国的现代化建设表示支持，也期望这种以共同发展为目标的经济合作有新的发展。为支持中国的现代化建设，日本决定从1990年起，向中国提供8100亿日元的政府贷款和输出入银行的无附加条件的贷款400亿日元。并为中国环境保护项目提供无偿援助。对两国在经济上所存在的一些问题，也采取了相应的解决措施。由于日本扩大内需，今年双方的贸易，因统计方法不同，多少有些出入，但可以说基本上已取得了平衡。日本对华投资，迄今只有20多亿美元，较之美国等都少得多。在竹下首相访华期间，两国政府签署了中日投资保护协定，这将会促进日本企业的更多投资。不用说，中国方面为引进投资也需要继续改善投资环境，这包括基础设施、税收和提高办事效率等等。在技术转让方面，前年的东芝事件使中国受到不应有的损失，不过最近已得到基本解决。由于冷战时的产物巴黎统筹委员会对中国的限制，最近有所放宽，这就使日本向中国转让技术，可以把门更打开一些。为促进技术转让，竹下首相建议召开日中技术交流会议，这当然是中国方面所欢迎的。可以清楚地看到，竹下首相在这次访华过程中，对我国的现代化建设给予高度的评价，显示了要加强合作的积极态度。

竹下首相还提出了扩大两国的文化和学术交流问题，并特意到敦煌和西安访问。扩大文化与学术交流，是加强两国相互理解的最好途径之一，中国需要全面地了解日本的历史和文化，以及第二次世界大战后日本所发生的根本性变化；而日本则不要因战后学习美国之风盛起，失去对中国古文化的向往，并同时还应该奖励和提倡科学地研究近代中国和新中国。这对于加强两国人民的理解和友好，会起到积极的作用。

竹下首相这次访华，阐述了日本的前途问题，这是极其重要的。日本已经是超级经济大国了，到下一世纪初叶，甚至在国民生产总值方面，也有可能超过美国。日本现在正在向着政治大国、成为世界的一极前进。但是，日本究竟将成为怎样的政治大国，并且是否会像极其少数的极右势力所希望的那样成为军事大国，这是中国人民和亚洲各国人民非常关心和担忧的，目前连美国和欧洲各国也都在议论这个问题。竹下首相在会谈中，特别在西安的演讲中公开地阐述了这个问题是十分适合时宜的。他说："从历史趋势中，日本人意识到和平是日本发展的唯一道路，除此之外，别无出路。日本坚持不做军事大国，而要为世界和平作出贡献。"中国人民热烈希望这个诺言能付之实践。由于政治是经济的集中表现，日本成为政治大国是有客观的物质基础的，当前美苏两个超级大国相对抗的两极世界体系，已日益被有利于世界和平的多极化体系所代替，日本作为世界一极的政治大国，如果又能对世界的和平与发展两大课题作出贡献，这当然是无可非议的。但是，即使这样，也要预见到，随着日本对世界各种问题的发言权的增多、增大，由于中日两国的社会制度、意识形态、所处条件和地位的不同，今后两国的分歧与摩擦，不能排除有增多的可能。但是这也毋需忧虑和失望。只要日本坚持不做军事大国，则这些分歧与摩擦，在相互信赖的基础上，通过坦率地、诚恳地交换意见，并且严格遵循《中日联合声明》和《中日和平友好条约》的原则，总是可以解决的。即使一时不能解决，也可以暂时保留下来，不使其影响两国睦邻友好关系的发展。

总之，通过竹下首相的访华，确实揭开了中日关系的新的一页。竹下首相是被称为“推行诚实外交”的，我们期望在中日关系新的一页上，能打上这颗诚实外交的烙印，使两国的友好关系向着新的阶段前进。

（原载《北京周报》日文版1988年9月6日）

世界反法西斯战争胜利五十周年与日本

今年是世界反法西斯战争和中国人民抗日战争胜利五十周年。这一胜利，是世界和平民主力量的胜利，也是人类进步事业的胜利，具有伟大的历史意义。

为了纪念这个重要的年份，现在世界许多国家的政府和人民都在认真地思考本世纪人类历史变迁的重大经验教训，探索如何把一个和平、繁荣、稳定的世界带入21世纪。我国的近邻，又是原法西斯轴心国家之一的日本，是怎样纪念这个重要的年份呢？

日本的国会战后决议

一年以前，日本建立以社会党委员长村山富市为首相的社会、自民、先驱新党的联合政权时，三党曾经签署了一个政策协议，其中一项内容是："以战后五十年为契机，应积极通过一个反省过去的战争、对未来和平表示决心的国会决议。"按照最先提出这项建议者所提示的内容，这个国会战后决议又被称为《反省、道歉和不战决议》。这个政策决议是广大日本人民所热烈期待的，同时也是亚洲各国人民所普遍欢迎的。

经历了将近一年的时间，并经过剧烈的争论和较量，日本本届通常国会终于在众议院通过了《以历史为教训重申和平决心的决议》。这是战后日本国会通过的第一个有关历史问题的决议。它的主要内容为：一、对全世界战死者牺牲者表示追悼；二、考虑到世界近代史上曾发生诸多殖民统治和侵略行为，认识到日本过去进行的那种行为给其他国家特别是亚洲各国国民造成了痛苦，对此表示反省；三、超越有关过去那场战争的历史观的不同，学习历史教训、建设和平的国际社会；四、决心在永久的和平观念下，与亚洲各国携手开辟人类共生的未来。

很明显，这个决议对加害者与受害者不加区别，笼统地都予以追悼；回避核心的战争性质问题——日本发动的是侵略战争；宣称别的很多国家都在搞殖民统治和侵略行为，日本也就这样做了，借此掩盖日本自身作为侵略和殖民统治的主体；根本不道歉。所以这个决议，从总体上说是措辞暧昧，内容空乏，几无反省诚意。它绝不可能满足日本人民的正当的期待，也理所当然地招来了许多亚洲国家的严厉批判。

日本的各种极右势力
反对国会通过战后决议

为什么日本国会会通过这样一个决议呢？主要是因为日本国内存在着反对国会通过《反省、道歉和不战决议》的一股强烈的逆流，如自民党内以极右势力原国务大臣奥野诚亮为首，组织了“终战五十周年国会议员联盟”，它拥有213名自民党议员，为自民党议员总数的三分之二。新进党内也组织了一个以小泽辰男为首的有40余名议员参加的“正确传播历史国会议员联盟”。这些议员向党的领导机构施加压力，并超越党派，联合举行集会，反对通过国会战后决议。又如社会上的十几个右翼政治团体“报答英灵之会”“遗族会”等联合组成了“终战五十年国民委员会”，他们举行各种会议，并在全国征集了反对国会通过战后决议的500万人的签名，向政党施加压力。

这些反对国会《战后决议》的政治势力的论点，归纳起来主要有下述三点：一、认为日本自“九一八”以来对中国发动的战争以及后来进行的太平洋战争是为了“自存、自卫”，是一场为了促进亚洲各国独立，并使之从殖民统治中解放出来的“解放战争”，而绝不是侵略、掠夺和奴役别国的战争；二、认为日本如果作出反省与道歉的决议，就会“损害日本的名誉，亵渎英灵”；三、认为在第二次世界大战中的日本责任问题，通过战后和约以及一系列的条约已得到解决，重提反省道歉“会引发有关国家对日本提出赔偿要求，强令日本国民承受极大的负担”。

由于右翼势力的极力反对，联合执政三党对国会决议草案迟迟未能达成协议，最后迫使社会党和先驱新党表示，在必要时只好退出内阁。自民党出于维护联合政权的现实考虑，最终被迫向社会、先驱两党妥协；而社会党和先驱新党因在维护执政地位上同自民党利益一致，所以对决议草案在保留有“侵略行为”“殖民统治”“反省”这三个关键性用词的情况下，在战争性质和责任等实质内容上也作了相当让步，照顾了自民党主张。可是当决议草案提交众议院开会表决时，又遇到了一场波折。自民党内极右的议员拒绝出席，新进党全体议员也拒绝出席，日本共产党因不满意决议内容，虽然出席了国会，却表示反对。所以这个决议，是在众议院刚够半数议员出席，并以多数赞成通过的。若以众议院全体议员的人数来看，它还不足半数。由于时间关系，此案亦未送参议院通过。对于国会战后决议受到如此的处理，《朝日新闻》社论开宗明义地说：“可耻，可悲，令人不能忍受。”

近日，随着“八一五”日本投降日的到来，日本政界又就今年要不要举行一个不同于往年的纪念集会，并由村山首相发表重要讲话而发生争吵。据日本舆论界揣测，即便举行这样的纪念集会，并由首相讲话，讲话内容要超出国会战后决议的底线也是不可能的。

国会战后决议未能承认侵略战争的原因

为什么时过50年之久，日本国会战后决议仍不承认日本所发动的战争是侵略战争呢？这主要有三个原因。

一、当战后冷战格局形成，中国革命又获得胜利的情况下，占领日本的美国当局从其新的全球战略出发，决定把原来的敌国日本，变成美国在远东的支柱，以遏制和反对苏联和新中国。为此美国首先改变了它在占领日本初期推行的比较彻底的“非军事化”“民主化”政策，停止了对军国主义者的彻底追究，这就使得日本军国主义思想未被彻底清除，为日本过去侵略、扩张辩护的言行仍拥有相当大的市场。

二、战后日本历届政府均未对外正式地、明确地谴责过去的这场战争为侵略战争。80年代由于发生了教科书事件和首相正式参拜靖国神社事件，迫使日本政府不能不对过去的这场战争的性质表明态度，但这也只是局限于国会质问、内部讲话或回答记者问等场合。如教科书事件时，文部大臣小川平二在回答国会的质问时说，中日战争是“侵略”。中曾根任首相时也在国会质问时承认日本有过侵略，以后竹下登首相也曾表示，他支持中曾根的这一看法。中曾根还在内部演讲时，联系靖国神社祭祀甲级战犯问题说：“我认为那场战争是侵略战争。”细川护熙任首相后，在答记者问时，一度说过“我个人认为那场战争是侵略战争，是错误的战争”。但后来因受到压力，又改变了提法。既然国家领导人对国外都从未正式地承认过那场战争是“侵略战争”，那么右翼分子和右派政治家大肆为侵略战争辩护，甚至加以美化，就不足为奇了。

三、战后出生的日本青年，没有亲身经历过那场不幸的战争，而日本学校的教育中对于培育青年正确认识历史又做得很不足，所以这些青年人中的大多数对一些美化侵略战争的谰言，缺乏足够的辨别力，不能加以抵制，这也便于右派政治家敢于肆无忌惮地散布谬论。

也可以用一句简单的话来说，日本国会通过这样的决议，正是表明日本国内否认侵略历史的右翼势力还是强大的。

国会战后决议对日本同亚洲各国关系的影响

日本国会战后决议将对中日关系、日本与亚洲邻近的国家关系产生怎样的影响呢？

中日两国恢复邦交以来的实践证明，两国关系就总体上说是好的，但有两个问题即对战争的认识问题和日台关系问题不时地干扰两国友好关系的发展。因此正确地处理好这两个问题是发展两国关系所必须的。在此文内我将只谈谈第一个问题。今年3月，作为中日两国政府咨询机构的中日友好21世纪委员会第十次全体会议，根据去年日本首相细川护熙和李鹏总理的协议，草拟了一个关于21世纪的中日关系的共同建议书，并已提呈李鹏总理和村山富市首相。这个共同建议书主要总结了推进两国关系长期稳定发展所必须遵循的六条根本原则，其中的一条是关于正确地对待历史问题。建议书指出："以史为鉴，面向未来，对建立21世纪的中日友好是极为重要的。中日两国人民之间有着数千年和平友好交往的悠久历史。但决不能忘记，在近代史上日本对中国的侵略曾经给中国人民带来深重的灾难，也使日本人民深受其害，正确对待正反两方面的历史经验，从中汲取有益的教训，是中日友好的重要基础之一，也是实现世代友好的保证。"国会战后决议未能正确地对待历史，认真地做到以史为鉴，面向未来，这就使日本丧失了一个消除曾遭受日本侵略、奴役、压迫的包括中国在内的亚洲各国对日本的不信任感的良好机会。相反的，却促使那些持有错误历史观的政客、学者感到更加有恃无恐。一遇时机，他们又会登台表演，从而引起日本同中国及其他邻国围绕历史问题而进行争论和斗争。这种局面看来将长期存在。同时，这也会造成日本在亚洲的更加孤立。

当然，我们也要清醒地看到，广大的日本人民是要求同中国友好的，有长远眼光的日本政治家和有正义感的学者、评论家为了使日本今后坚持走和平发展道路，为国际社会作出应有的贡献，他们正视历史，力求取得中国和亚洲各国的信任，以建立稳定的友好关系，而和广大日本人民一道，同那些右翼势力继续进行顽强的斗争。这种斗争是复杂的，也将是长期存在的。但真理终将战胜谬误，主流必将压倒逆流，面对未来，我们应该有此信心。

（原载《香港之窗》英文时事新闻周刊1995年第15期）

以史为鉴，面向未来

——为纪念抗日战争胜利五十周年而作

今年是世界人民反法西斯战争胜利五十周年，也是中国人民抗日战争胜利五十周年。中国的抗日战争不是仅仅局限于中日两国之间的战争，而是全世界反法西斯战争不可分割的重要组成部分。当此两个具有伟大历史意义的胜利节日来临之际，中国人民将同世界各国爱好和平、民主、进步的人民一道，举行隆重的纪念活动，通过这种纪念活动，重温历史，并进一步探索如何使即将到来的21世纪，不再发生像本世纪那样的由德意日法西斯所发动的第二次世界大战，同时也使21世纪的中日两国关系，决不再重演本世纪前半个世纪那样的对抗、敌对以至发生全面的战争，而是使中日两国成为不同社会制度国家和平共处的典范。

自从1949年中华人民共和国成立，特别是两国恢复邦交以来，经过中日有远见的政治家和各界人士以及广大人民的共同努力，中日两国关系已经有了根本的改善，取得了很大的发展。继续发展中日关系，使两国世世代代友好下去，已被确定为两国的一项基本国策。但是，要做到两国都能扎扎实实地贯彻这一基本国策，仍然需要不断地克服前进道路上的障碍和困难，并在发展关系的实践中不断地认真总结经验教训，以之来指导两国关系的继续发展。

去年3月，中国总理李鹏在与日本首相细川护熙会谈时双方确定：为推动中日关系长期稳定、相互信任、互利合作、共同发展，作为两国政府的咨询机构的中日友好21世纪委员会，应提出一份从实践中总结出来的共同建议书，供两国政府参考。

经过双方委员的共同努力，在今年这样一个值得纪念的年份，发展中日友好关系共同建议书已经制定，并呈送双方政府了。这个共同建议书主要总结出推进两国关系的发展所必须遵循的六条根本原则。在这里，我不想全面地介绍这六条原则，而只是就其中的一条原则，结合当前纪念抗日战争胜利五十周年的活动来谈一谈。这一条原则的全文是：

“以史为鉴，面向未来，对建立21世纪的中日友好极为重要。中日两国人民之间有着数千年友好交往的悠久历史，但不能忘记，在近代史上，日本对中国的侵略曾经给中国人民带来深重的灾难。正确对待正反两方面的历史经验，从中汲取有益的教训，是中日友好的重要基础之一，也是实现世世代代友好的重要保证。”

要做到以史为鉴，正如建议书所说，要正确地对待历史。这首先就要正确地认识历史，也就是要按照历史的本来面目来认识历史。这里所指的两国之间最主要的历史问题，是指在两千年友好的两国历史长河中所发生的日本军国主义对中国进行侵略战争的那段历史。它是客观存在，关键在于我们如何正确地认识和对待它。实践证明，当两国政府和人民正确妥当地对待这段历史时，两国的关系就能顺利发展，如果不能妥善地处理和对待这段历史，两国关系的发展就要遭到损害，在前进的道路上就可能出现曲折甚至倒退。23年前，正是基于日本对过去发动侵略战争的反省，以及两国人民强烈要求友好的真诚愿望，中日两国才能捐弃前嫌，化干戈为玉帛，完成了恢复邦交的历史大业。23年来，两国关系的不断发展，也是同中日双方及时地排除历史问题对两国关系的一再干扰，并且妥善地处理好历史问题密切相关的。因为当前在中日关系发展的过程中，使两国关系不时地发生摩擦和受到干扰的，归结起来，主要是历史问题和台湾问题。

在日本方面，对待那段历史有哪些错误的认识和言行呢？大致说来，主要的是：有一些政府领导人或为政者，虽然承认日本过去对中国曾经进行了侵略或者有侵略行为，但却回避承认日本军国主义所发动的对中国战争是侵略战争；更有甚者，有一些议员、学者和评论家既根本不承认本世纪上半叶日本对中国的侵略，也完全否认日本军队在中国犯下的种种暴行，甚至把日本军国主义者发动的所谓“大东亚战争”（太平洋战争）美化为从英美手中解放殖民地的战争。凡此种种，不时地通过国会的讲坛或舆论阵地而冒了出来，干扰中日关系，干扰日本同其他一些周边邻国睦邻关系的正常发展。

尤其令人感到不安的是，值此纪念世界反法西斯战争和中国抗日战争胜利五十周年之际，以自民党奥野诚亮为首的有相当多数量的一批议员，为反对国会通过《反战决议》，而组织了一个“终战五十周年议员联盟”。该联盟方针书以下述一段话开宗明义：“值兹终战五十年重要的年份，我们对于上次大战中愿为我国的自存自卫和亚洲的和平与解放而献出宝贵生命的二百余万的战死者和受到战祸的牺牲者，谨表示哀悼和感谢之忱……”显然，这段精心炮制的措辞，不但抹煞了军国主义者发动战争的侵略性质，而且还美化了这种侵略战争。此外，据日本媒介报道，从去年以来，日本已经有十七个县议会通过了纪念“终战五十周年”的决议，其中有不少决议公然肯定过去的战争，把战死者说成是“为祖国的安泰和保卫父母兄弟及故乡的平安而贡献了宝贵的生命”，按照这种逻辑，似乎是日本的国土遭受了外国军队的入侵，日本国民失去了安全，战死者是在这种情况下起来抵抗而阵亡的。此外，还发生了这样的一件事，有一个市议会通过了《侵略战争反省决议》，却受到各种压力，后来不得不加以撤销。

第二次世界大战已经结束五十年，国际社会对日本发动的战争其性质是侵略战争也早有定论，为什么在日本国内，对这场战争的性质问题，仍未得到很好的解决呢？我认为，有以下几个原因：

一、在战后冷战格局形成，中国革命获得胜利之后，占领日本的美国当局，为利用日本来遏制和反对中国和当时的苏联，急剧地改变了对日“民主化”政策，停止了对军国主义者的彻底追究，甚至使有的战犯一跃而成为战后的日本首相。这就使得日本的军国主义思潮未被彻底清除，为战前侵略扩张翻案的言行，仍拥有一定的市场。

二、对过去的这场战争，迄今为止，日本政府还未对外正式地明确地谴责它为侵略战争（只是在对内场合，中曾根首相曾在国会答辩中承认过日本有过侵略。还有一次是在共同社编辑局长会议上的演讲中，联系靖国神社祭祀甲级战犯问题时说，“我认为那场战争是侵略战争”）。政府的态度如斯，一些右翼分子和加害者意识极其稀薄的某些政治家大肆为侵略战争辩护，甚至加以美化，也就不足为奇了。

三、战后出生的日本青年，没有亲身经历过那场不幸的战争，而在日本学校的教育中，对于培育青年正确认识历史方面又做得很不足，所以这些人中的大多数对一些美化侵略战争的谎言，缺乏足够的辨别力，这也就便于一些议员敢于肆无忌惮地散布谬论。

当然，上文所指出的日本还存在着没有正确地认识历史和对待历史的一些事例，毕竟只是中日两国友好相处的大河中的一股逆流。它不是主流，只是支流。而要求正确地认识和对待历史，则是主流。例如，据日本报载，明确地表明要“反省侵略战争”的决议和意见书，目前正在日本的地方议会中被陆续地通过，这才是不可逆转的主流。

在这里，我还想强调指出的是，《共同建议书》提出的以史为鉴，面向未来，正是表明我们在历史问题上，本着前事不忘、后事之师的精神，采取向前看的态度。也就是说，我们正视历史的事实，绝不是为了算旧账或停留在历史上面止步不前，而是为了从历史中汲取有益的教训，妥善地结束那段不幸的过去，卸下那段历史的重负，面向未来，共同轻装前进。为此，在涉及那段历史的问题上，除注意克服上文提到的那股逆流外，中日双方还要注意着眼于长远，以政治家的睿智，积极引导本国的民族感情向正确的方向发展，都要尊重彼此的民族感情，并尽最大努力，避免任何有损对方民族感情的言行。

经历战后半个世纪的岁月，日本已经由一个千疮百孔的战败国变成为物质文明和科技发展走在世界前列的经济大国。这是日本人民勤奋劳动，坚持走和平发展道路的结果。随着冷战体制的崩溃，世界正处于向多极化发展的过程中。国力日益增长的日本，也正在向着形成为其中一极的方向发展。近年来，日本迫切希望对国际事务更多地发挥作用，这种作用不再限于经济上，而且也体现在政治上。显而易见，日本的这种要求，就是当前国际形势发展的必然反映。我们对此是能够理解的。当然，我们也注意到，一些曾经遭受日本侵略的周边邻近国家，对日本正在成为世界的一极，还是抱有疑惧、感到不安的。日本的政治家，对此应有清醒的认识。

我热切希望，日本的政治家要善于抓住今年纪念反法西斯胜利五十周年、各国政府和人民认真思考过去、积极探索未来的历史性机会，努力教育日本的后代正确了解和认识过去的历史，并为解决历史问题多做实事，这对于今后加强中日两国的睦邻友好关系，加强日本同亚洲各国的友好关系，以及日本自身在国际事务中作出更多的贡献，无疑会起到积极的作用。

（原载《外交季刊》英文版1995年6月号）

在原在华日本人反战同盟牺牲者纪念碑揭幕式上的讲话

今年是世界反法西斯战争胜利和中国抗日战争胜利的五十周年。在这样一个值得世界各国进步人民共同纪念的重要年份里，在中国战场上为反对日本法西斯军队而牺牲的原日本反战同盟盟员的纪念碑，在延安宝塔山上落成，于今天揭幕了。我代表中国国际交流协会，并作为一个老战友，谨对这些牺牲在中国的日本战友表示崇高的敬意。同时，也向创建此碑的原日本反战同盟同人，以及协助建碑的中国国际交流协会陕西分会和中日友好协会延安分会，表示衷心的谢意。

中国的抗日战争是进步的、正义的战争，是反对日本帝国主义侵略、奴役、掠夺中国的战争。毛泽东同志指出，得道者多助，失道者寡助，中国的抗战能够争取到世界多数国家的援助，也能激起敌国日本人民的同情。自从1931年“九一八事变”以来，日本的革命力量和进步力量虽然不断地遭到日本法西斯政府的残暴镇压，但是他们始终没有停止过抵抗的斗争。同时，被日本法西斯军队强征到军队的日本的劳苦大众，在中国战场上，一旦受到了中国共产党及其领导下的军队八路军、新四军的宣传教育，了解了这场战争的本质以后，也就掉转枪口，站在中国人民一边，而共同战斗。最初在华北战场上建立了“觉醒联盟”及其各个支部，接着又在各个抗日根据地普遍地建立了日本人反战同盟和各个支部，就是觉悟了的日本士兵们的组织。在那残酷的、困难的战争岁月中，反战同盟的成员同我们一道，奔驰在战争的各个战场上，为唤醒日本士兵的觉悟，反对日本帝国主义，进行政治攻势，以及教育被我俘虏的日本士兵。同时，还本着教育者先受教育的原则，他们利用战斗空隙，学习革命理论；有不少盟员甚至通过日军的重重封锁线，跋涉千里，到延安日本工农学校进行比较系统的学习。特别令我们永远不忘的是盟员中的一部分成员，在激烈的战斗中英勇牺牲了，有的积劳成疾，病殁在中国。他们为反对日本帝国主义的侵略、奴役和掠夺，为支持中国的解放斗争而死，是光荣的，不朽的！我们将永远地纪念他们。

世界反法西斯战争和抗日战争结束五十年了，世界形势发生了巨大变化，中日两国关系，也发生了根本变化。曾经在中国战场上携手战斗的幸存者，大都是白发苍苍的老人了。但是我们应该有“老骥伏枥，志在千里”的壮怀，应该继续发扬当年在战场上共同战斗的精神，在今天，要为发展两国的持久和平友好关系，为亚洲和世界的和平、稳定与发展而继续共同努力。

（1995年8月25日）

树木与树人

今年3月，正是江南春光烂漫之时，我应林祐一和白西绅一郎两位日本友人之约，赴南京参加为南京大屠杀受害者进行追悼的植树活动。

这个被称为“绿化赎罪”的植树活动是由菊池善隆先生倡议，并得到冈崎嘉平太先生等许多日中友好人士的支持，于1986年付之实践的。活动主旨是：“痛感日本过去由于战争给予中国人民造成重大损害的责任，表示深刻的反省；衷心地追悼在南京牺牲的中国人民；发誓中日两国人民永不再战，面向21世纪发展永久的友谊。”转瞬间，这一追悼植树活动已是第十次了，而今年又恰逢世界反法西斯战争胜利和中国人民抗日战争胜利五十周年，从而使今年的植树活动更富有意义，因此我就欣然领命，来到南京。

在植树活动中，我想起中国古人的一句名言“十年树木，百年树人”。其意义是说，植下树种或树苗，十年可成为有用之材，而造成人才则需要百年。我认为，“绿化赎罪”活动是既树木又树人，把两者密切地结合起来了。

就树木来说，每年春天植树团的日本朋友们照例都到南京浦口区珍珠泉公园植树造林。他们植下了榉树、杜仲、桃叶珊瑚、女贞、柿、梅、李、桃、葡萄、山茶花等多种树木。绝大部分的树种、树苗都是经过精选后从日本运来的。多时一次运来5000株以上，少时亦在1000株以上。我看到第一年植下的榉树现已成林；植在汇聚着珍珠泉水长约600米的池子一侧的各种梅花，则形成了两片大梅海林。各种果树种植在公园外侧的丘陵上。登坡眺望，在细雨初霁的春阳下，习习春风吹来，眼下是一片起伏不定的粉白相间的花海。原先荒芜的珍珠泉故园，经过十年的经营，现已变成为风景如画、林木成荫的休养地。日本追悼植树团的男女老少，每年在这里同中国朋友以及珍珠泉公园的园工一起劳动植树，改造园林，美化环境，使人们充分地享受了和平劳动的果实。

当然，更加值得称赞的是“树人”。这里所说的“树人”，不是泛指的造就人才，而是如追悼植树活动的主旨中所说的，是教育植树参加者正确地了解日本军国主义者侵略中国的历史，并以史为鉴，面向未来，永远地保持中日友好。参加“绿化赎罪”活动的日本友人，在南京期间，都到“侵华日军南京大屠杀遇难同胞纪念馆”举行追悼仪式，参观馆内陈列的图片、资料和有关展品，听取馆员的讲解，观看历史文献纪录片。所有这些展览品是他们在日本很难看到或根本看不到的。通过对纪念馆的参观，日本友人加深了对历史的正确认识。我认为像这样的“树人”活动，对日本人民来说，是极其需要的。特别是看到今年日本国会通过纪念战后五十周年决议的那种令人痛心的情况，更深深地感到这一活动之可贵。

去年，日本的执政三党（自民党、社会党、新党魁党）首脑曾商定要由国会通过一个纪念战后五十周年的决议，对此，自民党、新进党内的众多右派议员联合社会上右翼团体发动了一场声势汹涌的反对运动。他们大肆美化侵略战争，并竭力为侵略战争和殖民统治翻案。最后，在这些右派势力的强大压力下，国会通过的决议成为一纸措辞暧昧、内容空乏、毫无反省诚意的文件。它对加害者与被害者不加区别，都笼统地予以追悼；它回避日本发动的战争是侵略战争这个核心问题；它宣称当时很多国家都在搞殖民统治和侵略行为，日本也就这样做了，借以掩盖日本自身作为侵略和殖民统治的主体性；它根本未向受害国表示道歉。这个决议是在众议院刚够半数议员出席的情况下以多数赞成通过的。实际赞成人数就不足全体众议员之半数。此外，这个决议并未送参议院通过。对于国会的战后决议受到如此处理，正如日本《朝日新闻》的一篇社论所说，是“可悲的、可耻的，令人不能容忍”。但是，这也清楚地表明，日本国内否认侵略战争历史的右派和右翼势力虽然人数不多，但能量还是相当强大的，他们作为历史的逆流，仍能不时地掀起波浪。对此决不应轻视。由此来看，追悼植树中的百年树人活动，亦即培育日本人民，特别是一代代的日本青年人正确地认识历史，使他们对右翼势力所散布的毒素具有强大的免疫力，并能战而胜之。这对于增强日本的和平力量，坚持走和平发展的道路，对于中日两国世代和平友好相处，具有重大的现实意义和长远意义。

我热切希望日本的追悼植树活动能年复一年地坚持下去，并且不断获得新的发展。

（原载《以绿化赎罪》第10辑，1996年版）

衷心的期待

为纪念第二次世界大战结束五十周年，日本平多武於舞蹈团将到中国公演。对此，中国人民表示热烈的欢迎。

回顾20世纪，人类遭遇到两次世界大战。战火所及，使广袤千万里土地上的许多城市、乡村化为废墟，使千千万万人丧失了生命，使千千万万家庭罹遭战祸，使千千万万人蒙受奴役、屈辱和饥饿。这是浩劫，是人类最大的悲剧。

在即将来临的新的21世纪里，人类决不应该重蹈覆辙。怎么办呢？这主要有赖于掌握新世纪命运的新的几代人为此而共同努力。这些新人应该有宽阔眼界，面向未来而要尊重历史，并且具有热爱和平、自由与劳动，憎恶战争、掠夺和奴役的优秀品质和高尚情操。我们殷切期望，在塑造和培养新一代的方面，新时代的文学艺术能付出极大的努力，取得丰硕的成果。相信平多武於舞蹈团的中国公演，将在这个方面并在加强中日友好方面作出贡献。

（1995年）

中国对外关系中的几个问题

——在日中俱乐部的演讲

承蒙日中协会的好意安排，有机会能同各位见面，谈谈有关中国的对外关系问题，感到十分高兴和荣幸。

在今天的演讲中，我毋需也不宜全面地来介绍和谈论我国对外关系，只打算就我国对外关系中若干在日本引起议论的问题发表一些意见，这可能对各位研究和理解中国的对外关系和对外政策多少有些参考作用。

我要讲的第一个问题是，中苏磋商的前途如何？今后中苏关系有无这样的可能，又恢复到50年代“一边倒”的情况？中苏副外长级的磋商从1982年10月开始到目前已近一年半，经过了四轮。中国对于改善同苏联的关系是抱着真诚的态度的，因为两国关系的正常化，不仅对中苏两国人民的根本利益有利，而且对于维护亚洲和平与稳定，以及维护世界和平也是有利的。中国方面认为，要实现两国关系的正常化，必须排除实现正常化的三个障碍。这就要求苏联促成越南从柬埔寨撤军，苏联自身从阿富汗撤军，以及把派驻在中苏和中蒙边境的百万大军，减少到赫鲁晓夫时期的驻军数量；也就是使中国免除南边、西边、北边三面所受到的直接威胁。苏联藉口磋商不能涉及第三国或不能损害第三国利益，而加以拒绝。他们只是提出要求缔结一些空洞的诸如两国互不侵犯条约、两国关系基础协定等文件。最近结束的在莫斯科举行的第四次磋商，双方争论的问题仍然集中在能否除去实现正常化的障碍问题。像前三次磋商一样，在这个问题上苏联是顽固地加以拒绝的。所以中苏磋商如果有一点成果的话，那只是两国的贸易数量有了增加（今年可望达到12亿美元），两国人员、留学生的交流也有一定的增加，两国官员间访问的级别有所提高（苏联部长会议第一副主席阿尔希波夫将在今年访华）。我们认为，如果苏联对排除正常化的三个障碍不采取切实的行动，那么中苏两国关系就不会发生戏剧性的变化。在这里，我想进一步指出的是，会不会出现像日本某些舆论界所猜测的，说不定一觉醒来，中苏两国已经握手言欢，甚至恢复到50年代那样，中国执行对苏联“一边倒”政策。像这样的猜测，可以供作谈笑的资料，但在现实的国际政治中是不可能出现的。因为今天的国际关系，今天的世界格局，今天的中国和苏联的情况，同30年前相比已不可同日而语，它们已经发生了巨大的变化。当新中国刚刚诞生的时候，世界正处于严峻的冷战时代。中国革命是以俄国十月革命送来的马列主义为指导思想的，在28年的革命斗争中，苏联是支持和援助我们的，中国人民对列宁和苏联革命怀有深厚的感情，把苏联当作自己的楷模。第二次世界大战后，美国成为资本主义世界最强的国家，出钱出枪帮助蒋介石打内战，镇压中国革命。当新中国诞生后，美国又在国际外交方面孤立中国，在经济上对我国实行全面封锁。正是在这样的情况下，我们要巩固胜利和独立，要进行社会主义建设，就只能选择参加以苏联为首的社会主义阵营，实行“一边倒”，而不能有其他的抉择。但是，当前的世界情况，同四五十年代相比已大不一样了。首先，由于苏联推行霸权主义，导致社会主义阵营解体并不复存在，尽管苏联还在呼吁“社会主义大家庭”，但毕竟只是装装样子，有关国家之间仍是矛盾重重的。其次，战后时期，有近百个前殖民地、半殖民地国家已经获得了政治地位，他们已成为当前世界政治舞台上的一支重要力量，资本主义阵营的殖民体系已经分崩瓦解，世界已由“两极”变为“多极”了。再次，就中国本身来说，经过35年的岁月，我们早已恢复了在联合国的合法席位，同全世界的120多个国家建立了外交关系，而且同新中国成立初期处于完全敌对状态的美国也建立了外交关系。至于同贵国，我们之间不但恢复了外交关系，而且已经成为有着深厚友谊的邻邦。像上述这样的国际关系和世界格局，显然，是同新中国刚成立时的国际关系和世界格局有着根本性的区别的。那么形势既已大变，国际关系既已发生变化，中国怎么会走回头路，会再一次向苏联一边倒呢？说到底，我们所说的中苏关系的改善，只能是在和平共处五项原则基础上建立正常的国家关系。

在这里，还需要讲一讲的是，中国在同苏联几十年的交往中有过沉痛的教训。我们对于苏联的大国主义、霸权主义确实领教够了。中苏关系之所以破裂，其中最主要的一个原因是：苏联要控制中国，而我们为维护自己的独立和主权，不听从他们的那一套，加以坚决拒绝，于是他们就撤退专家，撕毁合同，进行颠覆，以及纠合各国共产党围攻中共，等等。后来斗争一直发展到中苏友好互助同盟条约失去实际存在的意义并于到期后废弃。几十年的实际生活经验切实教会了我们许多东西。我们党的第十二次代表大会以及去年举行的全国人民代表大会第六届一次会议向全世界申明：我国奉行独立自主的外交政策，不依附任何一个大国或大国集团，也反对任何国家称王称霸。中国人民根据经验一致拥护这个政策，并且认为，这是我国坚定不移的政策。

现在谈第二个问题，即中日关系的问题。四个月之前中国共产党总书记胡耀邦曾经到日本进行友好访问，取得了圆满的成果。几天之前中曾根首相访华，受到了我国政府和人民的热烈欢迎。通过两国领导人会谈，使我们两国的友好合作关系更推进了一步。所以我们把中曾根首相的访华看作是中日友好历史上的新的一页。中国人民对于我们两国友好关系的发展是非常满意的。但是在日本也确实有着这样一种议论：中日两国是不同社会制度、不同意识形态的国家，那么两国的这种睦邻友好关系是否能够长期稳定地发展下去呢？我认为，对于这样的担心，我们从事中日友好运动的人士应该作出明确的回答，即中日两国是能够做到世世代代友好下去的。有什么根据呢？

第一，我们两国在恢复邦交时发表了《中日联合声明》，后来又签署了《中日和平友好条约》。这两个文件都明确规定两国政府愿意在和平共处五项原则的基础上建立两国间的持久的和平友好关系。当第一次世界大战以后，地球上出现了第一个社会主义国家时，列宁认为社会主义国家同资本主义国家和前资本主义国家将在一个时期同时并存，因而提出了不同社会制度国家的和平共处问题。30年前，我们中华人民共和国刚刚成立五年，就同亚洲的印度和缅甸共同提出了不同社会制度国家和平共处的五项原则，即互相尊重主权和领土完整、互不侵犯、互不干涉内政、平等互利、和平共处。这样就使得实行和平共处有了可依赖的准则。实践已经证明，只要严格地遵守这五项原则，不同制度的国家是能够和平共处的；相反，如果违反这些原则，社会制度相同的国家也会交恶，甚至打起仗来。现在中日两国都一再表明，同意这五项原则是我们两国关系的基础，因此两国的友好相处是有充分保障的。

第二，《中日联合声明》和《中日和平友好条约》申明，我们两国都不谋求霸权，同时也反对其他国家或国家集团在世界各地建立这种霸权的努力。这就约束了我们两国不得破坏和践踏和平共处五项原则，而是要切实地遵守五项原则。日本人民尽可以相信，饱受外国侵略、压迫、掠夺将近一个世纪的中国，是坚决反对霸权主义的。目前的中国还是个发展中国家，谈不上搞什么霸权，即使将来建设成为社会主义强国，也绝不会称霸，自寻绝路。

第三，中日两国有两千多年友好交往的历史，有共同的文化渊源和不少共同的东方文化传统，这是任何其他国家所少有的。这种长期友好交流的历史是我们两国极为宝贵的共同财富，也是使我们两国人民比较易于相互理解和发展友好的精神基础。

第四，我们两国之间也有过半个世纪的不幸历史，特别是日本军国主义者发动的侵略战争，使我们两国人民都遭受到深重的灾难。这个历史教训，使两国人民深深地体会到“和则俱荣，斗则俱伤”这个简单而又深刻的道理，也就使得两国人民对于两国的友好相处看得弥足珍贵。

第五，《中日联合声明》和《中日和平友好条约》都明确申明解决两国的争端，决不诉诸武力和武力威胁。在胡耀邦总书记去年访日，以及中曾根首相最近访华时，又再次确认用不再战的原则，来处理中日两国间的问题。这是我们两国之间排除战争、实现和平友好相处的又一个重大保障。

第六，我们两国政府确认，指导我们两国关系的原则是“和平友好、平等互利、长期稳定”，去年又增加了“相互信赖”这一项，这就更加充实和适合需要了。今天我们两国之间不存在悬而未决的重大的迫切问题，这也是世界上两个相邻大国所罕见的。这对大踏步地发展我们两国友好相处的关系是极为有利的客观条件。但由于我们两国社会制度不同，恢复外交关系的时间还不长，两国间有关各方在共事过程中难免会发生某种疑虑、分歧和步调不协调，但是只要我们本着《联合声明》和《和平友好条约》的精神，以及上述四条原则来处理，那么这些分歧或矛盾就能够在互相谅解、以诚相见和求同存异的气氛中得到及时的解决。

第七，我们两国间设置的一些会议，对加强双方的理解、交流和友好合作，以及协调两国有关方面的步调，都会起到积极作用。例如两国政府间设有中日政府成员会议，在民间也设有中日民间人士会议。最近经中曾根首相的创议和胡耀邦总书记的同意，我们两国又设置了中日友好21世纪委员会。它瞩目于未来的21世纪，可定期地就加强两国的友好合作问题进行研究讨论，提出共同的可行建议，供双方政府选择，以促使我们两国的睦邻友好关系扎实地向着21世纪迈进。

第八，日本是西方世界中第二经济大国，在科学技术、人才、资金等方面具有很大优势，这是中国现代化建设所需要的。中国在资源、劳动力、市场等方面具有优越条件，这是日本经济发展所需要的。我们两国地理位置较近，这也是发展我们两国经济交流的有利条件。在我国的对外贸易中，日本已居于首位，这是合乎事理的。随着我国经济的发展，我们两国间的经济合作，也将得到更大的发展。这种在经济上的友好密切合作，也必然会集中地反映到政治上的友好合作方面来。

第九，我们两国之间已经展开广泛的友好交流。两国之间成立了相应的中日友好团体；日本有61个都县市同我国相应的省市结成了友好城市，我们两国人员的来往也在与年俱增，双方交换的留学生也在不断增加，这样就使两国的友好活动深入到两国的各个领域、各个角落，使我们两国朝野上下间充满着发展中日两国和人民长期友好和平的强烈愿望。

第十，今年有3000名日本青年将应邀访问中国，参加中国国庆活动，并同中国青年结成朋友，这是一个具有重大意义的活动，是使中日友好一代传向一代的切实步骤。

从上面我不厌其烦地列举的十条中可以看到，我们两国之间已经确立了能够切实保障我们两国友好共处的种种原则，同时由于奉行这些原则而积累了丰硕的友好成果，因此我们怀有充分的信心说，尽管我们两国社会制度不同，但我们两国是完全能够长期地友好相处的。而且我们还可以毫不夸张地说，就中国来讲，我们两国之间的友好关系甚至超过了同某些有相同社会制度的社会主义国家关系，对于日本说来，恐怕也有这样的情况。当然，我们两国不是生活在世界的真空，我们都是国际社会的成员，同其他国家发生着这样那样的错综复杂的不同关系。有时，国际上的风云变幻，对我们两国的关系也会发生这样或那样的影响，但是我们可以断言，这种影响只能使我们之间的友好关系发展得慢一些或快一些，有时还可能发生一些波折，但绝不可能逆转我们和平友好相处的关系。对于这一点，我们是应该深信不疑的。

第三个问题是关于中国共产党同外国共产党以及其他工人政党和进步政党之间的关系问题。各位可能已经知道，现在中国共产党不仅同外国的共产党建立了联系，而且也同外国的社会党和第三世界的民族主义政党建立了联系。这是贯彻执行中国共产党第十二次代表大会有关这个问题决定的结果。自从中国革命胜利以后，中国共产党曾经同外国共产党普遍地建立了联系。60年代由于苏共同中共发生了大论战，紧接着中国发生了十年动乱，致使我们同大多数共产党断绝了往来。最近几年，我们纠正了“文革”以来在国际交往中的一些错误做法，并根据第十二次代表大会所总结的共产党之间的关系准则，即在马克思主义基础上，按照独立自主、完全平等、互相尊重、互不干涉内部事务的原则，陆续同一些外国共产党和工人党恢复了关系。这是一种正常的现象。因为所有共产党和工人党都是宣称信仰马克思主义和共产主义的，都是主张全世界工人阶级和被压迫民族联合起来的，所以他们之间不能没有联系，当然，保持联系并不意味着两党之间对各种问题的看法都完全一致，没有任何分歧。实践证明，这样的事情是不可能的。重要的问题是如何正确地对待分歧。我也可以坦率地告诉各位，直到现在为止，我们还同不少外国共产党尚未恢复关系，因为这不能够强求。的确有一些国家对于我们党同他们国家的共产党保持或恢复了关系，抱着一种疑惧和不安心理。其实，这是没有必要的。因为革命不能输出，每一个国家的革命问题只能由这个国家的人民自己来决定，外国党是无权说三道四、指手画脚的。即使我们同这个国家的共产党有了联系，我们也绝不干涉这些党的内部事务，同时对于这个国家，我们仍然是严格遵守和平共处五项原则。

自1981年中共同法国社会党建立了党的关系以来，我们现在已经同贵国的社会党，以及西欧和大洋洲的一些社会党或工党，建立了不同形式的联系。这种关系是建立在上面谈过的四个准则之上的。我们认为建立这样的关系，有利于同这些党的领导人交流意见，有利于增进我们同这些党所在国家的人民群众的友谊和了解，也有利于反对霸权主义、保卫世界和平。此外，我们现在还同亚洲、非洲和拉丁美洲的60多个民族主义政党建立了不同形式的关系或联系。许许多多第三世界国家，原来都是殖民地和半殖民地国家，他们同我们中国有过共同的命运。这些国家中的民族主义政党正是在反帝反殖和争取民族独立的斗争中建立和发展起来的，并在这一斗争中起了重要作用。今天他们中的许多党已成为这些新独立国家的执政党，仍在继续为维护民族独立、国家主权和发展民族经济，为打破旧的世界政治、经济秩序，建立新的世界政治、经济秩序和保卫世界和平而斗争。中国是发展中国家，我们把坚定地同第三世界国家站在一起看作是自己的神圣义务。现在我们不但同这些国家有着良好的国家关系，同时也同这些国家中的一些民族主义政党建立了各种形式的联系和关系，这就更加巩固了我们同新独立国家的友好的团结关系。这对于进一步增强反帝、反殖、反霸斗争的团结也是有利的。

我要讲的最后一个问题是关于我国的开放政策。去年中国共产党第十二届二中全会决定进行整党和清除精神污染以后，曾经引起日本舆论界和财经界人士的一些疑虑和议论。他们担心中国的经济开放政策，是否因此而要加以收缩，甚至会发生根本的改变。胡耀邦总书记访日时，曾经对此作了明确的解答。他说，清除精神污染是指我们的脸上沾染了一些灰尘，要洗洗脸，并不是责怪别人。对外开放政策是长期不变的。各位可能已经知道，最近中国作出决定，作为经济开放政策中的重要一环的经济特区，还要更加扩大，不限于广东、福建四个点，而要扩大到辽宁等其他省的若干沿海城市。这一事实，就足以证明我国的经济开放政策是不会收缩和改变，而是要更加扩大和更加充实。因为这种政策是顺应国际经济和国际市场的形势和规律的，是有利于我国的社会主义四个现代化建设的。的确，中国正有许多新的事物在不断地发生，值得注目和探讨研究。例如，我们已经讲过中国通过外交交涉收回香港以后，香港仍然可以保持资本主义制度至少50年不变；台湾归回祖国，虽是内政问题，但它归回祖国后，台湾的社会经济制度也可以不变。这样，一个国家两种社会制度并存，即社会主义和资本主义并存，这将是历史上很罕见的现象。马克思主义的经典作家也没有讲过这样的问题。这是需要我们从实际出发、实事求是来加以解决的新问题。我想这也可能是研究中国的专家们有兴趣的问题。我们欢迎贵国的财经界人士到我们的特区去考察和投资，我们也欢迎贵国的专家到我们特区去观察和研究。

我的讲话就到这里结束。谢谢各位。

（原载日本《日本与中国》旬刊1984年4月25日）

展望21世纪的中日关系

——在日本北九州市的演讲

有机会应邀到美丽的北九州访问，并就21世纪的中日关系谈几点个人看法，深感荣幸。需要一开头就说明的是，我的演讲只能涉及可以预见的未来，而无法包罗整个21世纪。这一点请各位予以谅解。

一、对中日邦交正常化二十年来的回顾

时光易逝，转眼间中日复交已经二十年了。现在两国政府和民间团体正在展开各种庆祝活动。这决不是为庆祝而庆祝的例行公事，而是因为两国复交本身，以及复交以后的二十年间两国的友好合作关系在各个领域都获得巨大的发展，确实是值得庆祝的；同时这种庆祝活动也表达了两国人民在新的历史条件下，进一步推进双方友好关系发展的共同愿望。日前江泽民主席访问日本，受到日本政府和人民的热烈欢迎，也充分反映了这个共同愿望。

回顾过去，首先感到的是，两国复交的确来之不易。中日两国新的正常关系，是经过了长达半个世纪的对抗、敌对乃至战争之后才取得的。1949年中华人民共和国成立之后，整整23年，由于美国从中阻挠，日本为政者执行了一条追随美国的路线，使两国关系一直处于不正常状态。但是两国人民都希望早日恢复邦交，友好相处，日本政界、经济界、文化界等各界的许多有识之士为此进行了艰苦卓绝的努力，甚至有人为此献出了宝贵的生命。1972年9月，田中首相为实现中日邦交正常

化，采取了果断的决策。两国政府经过认真的谈判，终于发表了作为中日关系政治基础的《中日联合声明》，从此揭开了中日友好关系的新篇章，并对和缓亚洲的紧张局势与维持世界和平作出了重要贡献。由此可见，两国恢复邦交这件事具有划时代的意义，是理应加以庆祝的。

回顾过去，其次感到的是，今天的中日关系，与正常化初期相比，简直有隔世之感。从总体上看，两国关系的发展是顺利的，是很好的，并为体制相异的国家和平相处提供了宝贵经验。

首先，就政治方面而言，两国于1978年缔结了《中日和平友好条约》，用法律形式把《中日联合声明》的原则固定下来，该条约和声明都成了发展两国友好合作关系的政治基础，也是规范两国关系的基本准则，同时又是判断两国关系是非曲直的原则。双方还确立了指导两国关系的四项原则，签订了许多行之有效的协定，设立了两国政府成员定期会议制度，执政党之间也建立了一定的联系，从而增进了相互理解和信任。

在国际事务中，两国都反对霸权主义，也都不称霸。在和平共处五项原则的基础上，为维护世界和亚洲的和平与安全，互相配合并取得了积极的成就。

从经贸方面来看，在平等互利的基础上，双方进出口贸易额从1972年的10.3亿美元增加到1991年年底的202.8亿美元，20年间增长了近20倍，日本还向我国提供了三笔低息日元贷款，总计16149亿日元。提供了两笔能源贷款，共10000亿日元。“黑字还流”计划中的总额为1400亿日元贷款。这些都是优惠贷款，对中国的基础产业和交通建设、城市与农村的发展发挥着重要作用。在中国改革开放过程中，日本企业还向我国进行直接投资，截至1991年6月底，实际投入额为26亿美元。迅速发展的中日经贸合作，现今已成了强化两国关系的重要纽带。从结果上看，它不仅推动了我国的社会主义现代化建设，而且也有利于日本的繁荣。

两国的文化交流也取得了巨大的进展。仅就我国派赴日本的留学生来说，截至1990年就达2632人，此外还有就读学生10387人，研修人员7624人，1991年又有所增加。双方的民间往来亦很频繁，1972年时，日方来华人员仅有3052人，到了1990年则跃至366550人。中方赴日人员也从1972年的994人迅速上升到1990年的117814人。中日间极为活跃的人员来往和丰富多彩的民间友好活动，对推动两国关系的发展发挥了重要作用。

当然，在这20年中，两国间也发生过一些摩擦、纠葛和争吵。问题主要出在1982年及其以后，有政治方面的，也有经济方面的。政治方面的问题主要有四个。一、有因为日方对日本侵略中国的历史认识不同而产生的问题，如“教科书问题”、首相正式参拜祀有甲级战犯的靖国神社、藤尾和奥野两大臣放言等。二、有关于台湾的问题，即日台关系问题，如“光华寮问题”、所谓“蒋介石遗德显彰会”等。这类事牵涉到“一个中国”还是“两个中国”的原则问题。上述问题虽曾一度上升成外交问题，但是通过两国政府的交涉、友好协商以及耐心地交换意见，本着《联合声明》与《和平友好条约》的精神与原则，最后大抵得到了妥善处理。三、对钓鱼岛这样的历史上遗留下来而一时又难于解决的问题，采取了挂起来留待以后时机成熟时解决的办法，避免因此而影响中日友好的大局。四、还有对中国的制裁问题。1989年春夏之交，中国发生了政治风波，日本参与的“西方七国”对中国进行了制裁，使两国关系一度出现严重的挫折。这次政治风波是中国的内政，西方七国根据大量不符合事实的报道而对中国实施制裁，理所当然地遭到中国人民的坚决反对。日本毕竟是中国近邻的亚洲国家，比较了解亚洲和中国的情况，率先打破制裁，恢复了两国的正常关系。对此，我们表示赞赏。

经济合作中的问题与摩擦，虽然也涉及平等互利原则，但基本上都属于实际业务问题。例如，80年代出现的中国大量入超问题；由于中国基础建设和投资法规的不健全以及经验不足，导致日本一些企业对华投资一度徘徊不前；日本企业在新技术转让方面比较保守，等等。这些经济贸易方面的问题，经过双方多渠道的及时磋商和交换意见，进行必要的调整等措施，以及中国努力改善投资基础和软条件等，一些问题逐步得到解决。

综上所述，虽然80年代以后两国关系不时地出现过一些摩擦和纠纷，但是同两国友好合作关系这个主流相比较，这种消极因素毕竟是局部的、次要的，并未成为发展两国关系的障碍。

二、对今后的展望

在可预见的将来，中日关系将怎样发展呢？

对这个问题的回答，需要从下述三个方面，即今后世界的走向、中国的发展前景以及日本的发展前景进行分析，方可得出比较切合实际的答案。

世界正处于新旧格局交替时期

最近几年，世界形势发生了巨大的变化。东欧剧变，苏联解体，使得战后美苏两个超级大国对峙的争霸格局已不复存在，各种力量正在进行新的分化组合，新的格局即多极格局正在形成过程中，而且呈现出这一过程正在加速。我们现在正处于这个过渡时期。

这个过渡时期具有怎样的特点呢？

由于“独联体”中的任何一国都已不再是超级大国，而且美国的实力也相对削弱，在可预见的未来，世界大战是打不起来了，一些原有的“热点”正在或将会降温，核裁军和常规武器的裁军也将继续进行。但是也必须看到，危及世界和平、导致形势紧张的因素并未根本消除，霸权主义和强权政治并未收敛。由于旧的国际均势被打破而造成力量对比上的某种失衡，使得那些曾被掩盖、制约的政治、经济、宗教和民族矛盾开始凸现出来，有的已经酿成局部冲突。独立国家联合体本身矛盾重重，前景极不确定，使西方国家极为困惑，显示出不安和担心。在一些地区，军备竞赛正在加剧，高质量武器的升级换代速度亦在加快。

所以说我们所处的世界并不太平、安宁，具有更趋复杂和更难预测的特点。目前与欧洲的动荡形成鲜明的对比，亚太地区则相对稳定。

还要指出的一点是，发展经济、提高综合国力已成为世界大多数国家最为关心的问题，经济领域内的国际竞争因此日益激烈，区域化和一体化的势头都在迅速发展。目前，国际经济竞争既在发达国家之间进行，也在发展中国家之间进行。亚洲地区主要国家的经济增长一直保持着良好的势头，这是令人高兴的。但从全球范围内来看，南北之间的贫富差距仍在扩大，已成为一个影响当前世界发展的严重问题。

在过渡时期，还可以看到这样一种趋势，即美国已成为世界上唯一的超级大国，它试图建立以它或者几个西方强国参与主宰世界事务的国际新秩序。与此相反，广大的第三世界国家则要求建立以和平共处五项原则为基础的世界新秩序。这两种不同要求之间的斗争也将会长期存在。在这个过渡时期中，一些大国或强国终将发展成为独立的一极，美国独自主导世界的企图终究难以实现。

由于世界两大主题和平与发展远未解决，因此在过渡时期内，甚至在以后的相当长的时间内，和平与发展仍将是世界的主题。

作为“世界中的中日两国”在这个过渡时期内及其结束后的一段时间内，是顺应和平与发展的总趋势前进呢，还是逆这个趋势而行呢？这将是决定和制约今后中日关系如何发展的一个重要方面。

中国的前景——沿着中国特色的社会主义道路继续前进

中国共产党从1978年年底的十一届三中全会以来，确立了以“一个中心、两个基本点”为主要内容的基本路线。所谓“一个中心”，就是以经济建设为中心。“两个基本点”，其一是坚持四项基本原则，主要是坚持社会主义道路和党的领导，其二是坚持改革、开放。与此同时，还确立了三步走的战略部署。力求在1990年人均国民生产总值比1980年翻一番，即人均国民生产总值水平由200美元增加到400美元，这个目标现已达到；第二步，到2000年时人均国民生产总值再比1980年翻两番，达到800美元或1000美元；第三步，到21世纪50年代，使中国的人均国民生产总值达到中等发达国家的水平。我们就是要在社会主义制度下，通过改革开放解放和发展生产力，提高人民的生活水平。最近中国共产党明确指出，要牢牢把握党的“一个中心、两个基本点”的基本路线，一百年不动摇，国家就能长治久安，中国就大有希望。

近年来由于东欧、苏联等国家的社会主义制度的消失，西方一些政治家便断言共产主义和社会主义已经彻底失败，并且预测中国的社会主义也难以摆脱这个命运。我们并不讳言，东欧、苏联的变化确实使中国面临着严峻的考验。但是，从历史唯物主义的观点来看，一个新的社会制度取代旧的社会制度，是不以人的意志为转移，而有其自身的客观规律的。但是新社会取代旧社会从来都不是一帆风顺的，都经历了无数次反复的斗争。资本主义社会取代封建社会用了几百年，其中就经历了复辟与反复辟的曲折斗争。社会主义国家从诞生到现在不过70年，其中某些国家因出现资本主义复辟而受到挫折，这是不足为奇的。抓住这个暂时现象就断定所有社会主义国家统统都要完蛋，这是极其武断的。

东欧和苏联的蜕变有外因也有内因，而主要是由于内因引起的。就苏联而言，我个人认为，可以举出以下几个重要的内部原因：

一、戈尔巴乔夫在理论上和实践上都背离了马克思主义和科学社会主义。

二、戈尔巴乔夫的经济改革遭到彻底失败，增加了人民群众的生活困难；他的政治改革，其结果是导致了人民群众的思想混乱，引起人民的强烈不满，最后戈尔巴乔夫也只好被迫下台了。

三、苏联长期推行大国主义和霸权主义。这既违背了社会主义国家的外交原则，同时亦为此耗尽了国力。

四、苏共长期执政，官僚主义盛行，严重地脱离群众。当党面临困难的时候，得不到人民的信任和支持。

以上所举四点主要是苏联出现重大变化的内因，当然不限于这些。但仅从以上四点也可以看出，中国和苏联是大不相同的。

首先，中国党始终坚持马克思主义和毛泽东思想的指导地位，把马克思主义的基本原理与中国的具体实践相结合，制定出一条正确的政治路线，引导中国人民赢得了新民主主义革命的胜利并走上了社会主义道路。社会主义使中国实现了历史上空前的独立和统一、民主和富强，使中国在国际舞台上赢得了应有的地位和尊严。但是我们也毫不隐晦，无论是在新民主主义革命时期，还是社会主义建设时期，中国共产党确实犯过大大小小许多错误，有些错误甚至使革命和建设蒙受了极大的损失。但重要的是，我们党是一个既能坚持真理又能随时修正错误的党。凡是正确的思想、好的经验，必须坚持，而且要继承下来，加以发扬光大。对错误则以实事求是的态度进行分析，从中吸取教训，成为正确的先导。我们绝不允许以修正错误为借口，而把真理当成谬误来修正；绝不允许为纠正社会主义建设中出现的某些错误，而把科学社会主义的学说当作谬误来修正。正因为对待自身的错误，我们能采取上述认真的科学的态度，所以在修正错误之后就能轻装前进。在这方面，我们同苏共是有着根本区别的。

其次，就改革来说，新中国成立初期，曾经学习过苏联的建设经验，收到了一些好的效果。但是到了50年代中期，就感觉到苏联的经验并非都是成功的，而且成功的经验也不一定完全适合中国的情况，因此开始探索一条适合中国国情的、有中国特点的社会主义道路。在探索的过程中，由于没有经验，犯过一些错误，直到1978年年底的十一届三中全会，结束了“文化大革命”，把工作重点转移到社会主义现代化建设上来，同时迈出了经济改革的步伐。这个改革始于农村，主要措施是废除人民公社制度，在农村实行家庭联产承包责任制，相应提高农产品价格等，从而大大地提高了农民的生产积极性，发展了农业生产力，普遍改善和提高了农民的生产水平。在此基础上，1984年又转向了城市改革，涉及经济成分、经济管理体制、企业经营，以及财政、税收、价格、金融、商业诸领域。与经济改革相适应，我们还进行了政治改革和教育改革。同时又实行了对外开放政策。改革和开放的结果，使中国在各个方面的建设取得了巨大的成就，人民享受到了实际利益。人民从心里支持党和政府的改革、开放政策。由此可见，中国在改革、开放中所取得的成果与苏联改革的结果是截然不同的。

再次，就中国的外交政策来说，我们实行独立自主的和平外交政策，我们期望赢得一个和平的国际环境来建设自己的国家。因此，我们争取在和平共处五项原则的基础上发展同一切国家的友好关系，反对霸权主义和强权政治，支持被压迫人民和民族的正义斗争，维护世界和平，促进人类进步。中国在反对外国霸权主义的同时，还明确宣布中国不称霸。我们没有一兵一卒驻扎在外国，也没有在外国搞军事基地。新中国成立初期，为了支援朝鲜的抗美斗争，曾派出志愿军，停战后已全部撤回中国。我们反对扩军备战，赞成裁军。看到国际形势缓和下来后，便于1986年起主动率先裁军100万，并使一部分军工产业转向民用。中国没有美苏那样庞大的军事与工业的复合体。中国虽然也拥有核武器，但数量极少，完全是用来防御的，并且一再申明中国绝不首先使用核武器，也不对无核国家使用核武器。中国赞成核裁军，不久前还加入了《核不扩散条约》。我们希望通过各国人民的共同努力，最终达到全面禁止和彻底消除核武器。中国坚定地维护和平、反对霸权主义，同苏联，特别是勃列日涅夫时代的霸权主义和扩张主义政策是截然不同的。

又次，中国共产党和人民群众有着血肉的联系。中国共产党的领导核心虽然已是第三代了，老一辈的无产阶级革命家还有不少人仍然健在，参加过新中国成立前的革命斗争的党员还有200多万人，参加过这些斗争至今还在世的群众就更多了。他们对共产党、对社会主义制度有着深厚的感情。新中国成立以后，党领导人民实现了社会主义革命和进行社会主义建设，人民群众对此是拥护和支持的。但也不能否认，近几年来，党组织和党员干部中滋长了官僚主义、主观主义、形式主义、消极腐败和严重脱离群众的现象。这正证明了中国共产党的党群关系、干群关系总体上是好的，与苏共丧失了与工农的密切联系是大不相同的。

据我了解，日本研究中国问题的专家中有一种比较“流行”的看法，认为老一辈革命家邓小平同志等健在时，中国不会出现大的动乱，但他们过世以后，中国将会重蹈苏联的覆辙。这种看法前一半是对的，即在邓小平等那样的革命家健在时，中国是经得起风浪的，但是对邓以后的中国就过于悲观了。我认为，对邓以后出现混乱，而且这种混乱首先将发生在党内的担心是可以理解的。但是应该清楚地看到，为了使中国的社会主义事业后继有人，我们已经进行了十年以上的准备。邓小平同志于“文化大革命”结束后复出，不担任党和政府的第一把手，就是为了让比较年轻的同志在领导岗位上得到实际锻炼。与此同时，又注意按照“革命化、年轻化、知识化、专业化”的标准大量选拔德才兼备的人进领导班子。换句话说，就是要选派那些人民公认是坚持改革、开放路线并且有政绩的人进入各级领导岗位，使人民增强对改革、开放的信心。加之社会主义制度已经在中国大地深深扎根，特别是十一届三中全会以来提出的建设有中国特色的社会主义路线已深入到党员之心、人民之心，成为大家共同争取实现的目标。所以，无论国际风云如何变幻，中国将坚定不移地走自己的路。

日本的前景

应该说，关于这个问题，各位比我看得更清楚、更准确，因为人们最了解的还是自己的国家。所以，关于日本的前景，我在这里只能粗略地谈几点中国人，主要是我个人对这个问题的看法。

一、日本的一个基本趋势，是谋求成为“政治大国”。日本早已是经济大国，甚至可以说是个超级经济大国。1990年日本的实际国民生产总值虽然还低于美国，但人均国民生产总值早从1987年起就超过美国，日本目前是世界上最大的贸易收支和经常收支的盈余国之一，也是世界最大的资本输出国和债权国，工业技术装备水平和生产能力居世界前列。一个既无资源又无殖民地的国家，竟然成为经济大国，可以说是一种奇迹。正因为日本拥有这样的经济实力，日本的执政者从80年代后期起，就不再甘心于“经济巨人、政治侏儒”的地位，他们确立了以做政治大国为主要目标的称做“21世纪的日本”的新的国家战略。它的基本标志是，争取到21世纪初期，以强大的经济实力和发挥贸易作用为后盾，向全球扩散日本的政治影响，建立与其经济地位相称的政治地位。在亚洲乃至亚太地区发挥主导作用，即所谓承担“特殊责任”。军事方面，在维持日美安全条约框架的前提下，逐步增强军事力量，在安全保障方面“承担起更多的国际责任”，从而使日本与美欧形成鼎足而立之势并成为可与之抗衡的世界一极。

政治是经济的集中表现，现已发展成超级经济大国的日本，无疑是要成为政治大国的。这个过程可能很迅速。

二、在经济方面，为了维持本国的经济繁荣，并巩固和提高自己在世界经济中所占据的突出地位，日本以其高技术、深加工、广投资、多盈余的经济战略，力求到21世纪初期在实际国民生产总值方面进一步接近或超过美国。这一点看来是可能的。据一些专家预测，到了2000年，日本的GNP将相当于美国的78%，也有专家估计可能达到98%。不论怎样，超过美国也就不远了。当然，在经济发展过程中会遇到这样那样的问题和困难，但在世界保持和平的条件下，许多国家都把发展经济作为首要任务，而亚太地区充满了经济活力，并正在形成可能以日本为雁首的经济区域。上述情况，对日本实现赶超美国的经济战略是极为有利的。

三、在外交方面，日本一直把与美国的同盟关系看作是日本外交的基轴。但由于苏联解体，日美共同面临的军事威胁消失，使日美同盟的基础出现了变化，加上日美经济实力对比的变化，双方经济摩擦的增多，以及日本为要成为政治大国而谋求在亚太地区发挥更大的作用，所以就有可能在日美之间产生一些过去所没有的矛盾。但是从总体上来看，协调与合作在今后相当长一段时间内仍将是日美关系的主要方面。因为日美密切的经济关系，使双方相互依赖程度极深。在政治上，美国可以靠日美同盟关系继续让日本承担部分“责任”，以弥补自己力量的不足。而日本则可从同美国的合作中达到逐步提高自己地位的目的。在安全保障上，亚太局势虽从总体上来说走向缓和，但不稳定因素依然存在。日本无需急于摆脱美国的保护，而美国则以同盟关系继续在日驻军，保持对日控制。此外，在某些全球性问题上，日美存在着共同利益，所以美日同盟将在协调双方矛盾中继续发挥作用。关于日本外交，我还想指出两点：其一，日本今后将大力推进以亚洲为立脚点的基本方针，谋求在该地区发挥核心作用；其二，把中日关系看作是日本外交的一个重要支柱的立场没有发生变化。

以上三点，是关于日本今后走向问题中的主要内容。可以听到，亚洲国家对日本争做“政治大国”一事议论颇多，之所以这样，主要是担心日本成为政治大国后会不会向军事大国发展。日本的执政者曾一再申明日本不做军事大国，日本对国际社会的贡献应限定在非军事领域。但是海湾战争以后，有些日本政治家围绕国际贡献问题，明确提出向海外派遣自卫队，说什么“闲坐家中空唱高调无法维持和平”，主张出人、出力甚至出血，要求通过参加联合国维持和平部队的方式参与西方的军事行动；有的政治家直接要求修改和平宪法，说宪法在国际事务中束缚住了日本的手脚。根据去年日本国内的舆论调查，赞成修宪的达33%，比上一年增长了11个百分点，而认为现行宪法不适应当前国际形势的高达45%。看来这种趋势还可能增强。这不能不引起第二次世界大战期间遭受日本侵略的亚洲国家的不安。当然，我们也看到，由于日本国内外种种牵制因素的存在和广大国民的反对，在可预见的一段时间内，日本尚不会走上军事大国道路。但在更长远的时期中，这种危险则不能完全排除。

对未来中日关系的三种估计

根据以上对国际格局的变化、对中国前途和日本前途的大致分析，我认为今后的中日关系有以下三种前景。

第一种，两国关系在和平共处五项原则的基础上长期稳定地发展下去。由于世界总的趋势是和平与发展，特别是中日两国所处的亚太地区相对稳定，经济形势呈良好势头。在这样的外部条件下，中国坚定地沿着有中国特色的社会主义道路继续前进，国力逐步增强，社会主义民主与法制也日益完善；在外交方面，坚持独立自主的和平外交政策，坚持绝不称霸，坚持把中日友好作为长期国策。而日本方面在实现了“政治大国”的目标后，确实不做军事大国，或者不急于走向军事大国，继续把中日关系看作是亚洲外交政策的基石。在这样的大前提下，中日两国政治、经济贸易、文化、科技诸方面的合作交流就会有广阔的前景，就大有可为，同时对亚洲与世界的和平与发展也能作出更多的贡献，两国人民的友好也将更加巩固和发展。实践证明，由于两国社会制度不同、意识形态和价值观念各异，同美国的关系也互有差别，从而产生一些纠葛、摩擦和争吵也是难免的。但只要双方遵循《联合声明》和《和平友好条约》的精神以及两国关系的四原则来加以处理，这些问题是能得到妥善解决的。以上是今后两国关系的第一种可能，我们两国人民应该共同努力，使这种现实可能性变为现实。

第二种可能，是中国按照既定方针，坚持走社会主义道路，并继续要求保持同日本的友好关系。但日本因为力量壮大起来了，于是右翼势力、要求修改和平宪法的势力、保守的民族主义者等忘乎所以，迫使日本执政者违背自己的诺言而走上军事大国的道路。一旦日本出现了这样的变化，就势必损害和破坏中日友好合作的大局，两国之间的矛盾、摩擦甚至争斗自然会增多起来。这种局面对两国人民不利，对亚太地区的安全和稳定也不利，所以我们要努力避免和防止这样的情况的出现。当然这主要有赖于日本国民自身的努力。

第三种可能，是中国共产党没有搞好，脱离了中国特色的社会主义道路，结果中国发生大乱，这也正是日本一小部分中国问题研究者唯恐中国不乱而天天鼓吹的观点。其实，真的这样乱了起来，中国人民要遭殃，而与中国邻近的地区和国家恐怕也难得安定了。那时，成千上万的武装难民涌向这些国家和地区，包括日本在内。在这样的动乱下，还有什么中日友好、中日合作可言呢？应该指出，日本有远见而又负责的政治家对这个问题是看得比较深的，他们理解混乱不安的中国是不利于日本稳定和亚洲稳定的，他们不愿意看到中国发生动乱。当然，第三种的可能性是很小的，但是我们对此也绝不能掉以轻心。要防止这种可能的发生，主要靠中国自己的努力。

总之，我们两国人民要努力防止第二、三种可能的出现，争取第一种可能的实现。中华民族和日本民族都是伟大的民族，在两千年的历史长河中，我们两国人民互相学习，互相帮助，为光辉灿烂的东方文明作出了各自的贡献。我们在今后应该比前人作出更加光辉的贡献。

（1992年4月13日）

中日关系的回顾与展望

——在北京长富宫饭店的演讲

今年是中日邦交正常化二十五周年，请允许我对中日关系作一回顾与展望。

去年一年中，中日两国之间发生了不少问题、困难和纠葛，这引起了关心中日友好的广大人士的疑虑和不安。他们担心中日两国的关系是否发生了转折，中日友好关系是否对两国不再重要了，两国关系是否不再向着世代友好方向发展，而是向着非友好，甚至可能是向着对抗的方向发展。

要正确地认清当前的中日关系究竟怎样，我认为，我们需要根据两国二十五年以来关系发展的全过程及对各个方面的综合考虑，才能作出准确的、恰如其分的判断。

我认为，如果从全过程和全方面的角度观察二十五年来的中日关系，应该说，自两国复交以来，两国关系的发展是比较顺利的，取得了令人瞩目的成果。当然，中间有问题、有困难，也有摩擦，即便像去年发生了那么多我们必须排除的问题和摩擦，但总体来说，中日关系也还是好的。

为了便于说明我的上述看法，我把二十五年来的中日关系，先就复交到1995年年底的一段，作一概括说明，之后再对去年这一年的两国关系作些分析。

在复交到1995年年底这个期间，就政治方面来说，在两国政府的《中日联合声明》发表后，根据声明的规定，两国于1978年缔结了《中日和平友好条约》，用法的形式把《中日联合声明》的原则固定下来。该声明和条约以及1983年两国领导人确定的指导中日关系四原则，即“和平友好、平等互利、互相信赖、长期稳定”，都是中日关系的政治基础，是双方发展国家关系时应共同遵循的基本原则，也是使我们两国关系得以发展的重大保障。我们两国开展了频繁的高层往来，特别是为纪念复交二十周年，日本天皇陛下和皇后陛下访问了中国。这是我们两国历史上从未有过的事情。我们两国政府部门还建立了多层次多渠道的对话机制，定期地进行交换意见和协商，中国执政党同日本的执政党和一些在野党也建立了一定的联系。此外，还建立了两国政府的咨询机构中日友好21世纪委员会，以及民间人士会议，从而大大增进了双方的相互理解和相互信任。

从经济方面来看，在平等互利的基础上，两国的合作取得了飞跃的发展。双方进出口贸易，从1972年的10.3亿美元发展到1995年的574.6亿美元，在23年时间内增加了50倍以上。对日贸易已占中国外贸的第一位，对华贸易也已占日本外贸的第二位。从1979年到1995年，日本向中国提供了三笔低息日元贷款，共计10869亿日元，能源贷款三笔，计17000亿日元，“黑字还流”计划资金1400亿日元，从1981年到1994年年底给予中国无偿援助900多亿日元。在中国改革开放过程中，从1979年到1995年，日本企业向中国投资项目13249个，协议金额212.51亿美元，实际投入金额105.06亿美元。迅速发展的中日经贸合作，已成了发展和巩固两国关系的主要纽带，不仅推动了中国社会主义现代化建设，同时也有利于日本经济繁荣。

两国文化、教育、艺术、科学、技术、新闻、体育、卫生，以及民间组织和群众团体的交流，丰富多彩，形式多样，逐年扩大。就两国人员的来往来说，1972年约9000人，1995年已达110万人，中国在日留学生1978年时仅有23人，1995年已达24026人，占外国在日留学生的44.6%。两国之间的友好都市、友好省县计224个。这些交流活动进一步加深了两国人民之间的理解和友谊，对推动两国的睦邻友好关系起到了积极的作用。

但是也应该指出，在两国睦邻友好关系得到很大发展，取得丰硕成果的过程中，并不是一帆风顺的，也发生过摩擦、纠葛，甚至出现过曲折。这既有政治方面的因素，也有经济方面的因素，这里可以举出一些事例来。

从1975年起，为缔结《和平友好条约》，在要不要把《联合声明》中的反霸条款列入条约的问题上，双方发生争执，几乎用了三年半时间，才达成协议，签署了条约。

在对待日本侵略中国那段历史的态度上，因日方的言行而发生争论和外交交涉，如1982年日本文部省审定的历史教科书篡改侵华的历史，1985年日本首相正式参拜祀有甲级战犯的靖国神社，以后又发生日本阁僚成员的暴言妄语事件。

涉及搞“两个中国”“一中一台”的日台关系问题也引起了强烈的争执。1987年，日本成立“蒋介石遗德显彰会”。同年又发生中国留学生居住的京都光华寮裁决问题。大阪高等法院违背“一个中国”的原则，作出了损害中国主权的判决，中国外交部进行了多次严正的交涉。此外，还有台湾高官不断访问日本，等等。

对历史上遗留下来的钓鱼岛的主权归属问题，双方具有不同的立场。1978年以来，也不时地引起这样或那样的外交交涉。

1989年北京政治风波之后，日本同西方其他六国一起对中国实施制裁，使两国关系一度发生曲折。

至于在经济贸易方面，主要有1979年中国纠正“洋跃进”后，中国的经济官员赴日要求解除“洋跃进”的订货契约问题，引起了日本经济界的强烈反响和不满；此外，双方在某一时期因发生贸易的不平衡问题或商品的限额问题都有过争议。

以上所举的一些矛盾、摩擦或纠葛，一般来说，政治问题多是由日方引发的，而经济问题，由于中国缺乏市场经济的经验，以及对日本经济政策和企业经营管理情况的认识不足而引起的也不少。

还需要指出的是，当两国关系中发生上述所举的一些矛盾、摩擦或纠葛时，有的争议很尖锐，也很激烈，但总的看，由于两国领导人和两国政府从中日友好的大局出发，根据《联合声明》及《和平友好条约》的精神，有的问题得到圆满的解决，如条约里的反霸条款等；有的问题通过外交交涉，就事论事地告一段落（如教科书问题，日政府表示改正；中曾根首相决定以后不再去参拜靖国神社；在历史问题上发表谬论的大臣只好引咎辞职）。但是，在一定条件下，这些问题又有反复。对于一时很难解决的问题，实际上只好搁置起来，如钓鱼岛问题，中国就向日本提出过以后再谈；后来又提出，这一代人达不成协议，下一代人会比我们聪明，总可以解决；后又提出搁置争议，共同开发，当前要做到不要在这个问题上做引起纠纷的事。正因为双方对两国关系上出现的矛盾、纠葛，予以比较妥善的解决，有的采取了一些必要的举措，所以这些争吵、摩擦未成为两国睦邻友好关系发展的重大障碍，毕竟只是两国友好关系发展长河中的一些逆流或支流，而友好合作始终是中日关系中的滚滚向前的主流。这是两国政府和人民都感到高兴的。

在这里我要高兴地谈到的是，当两国发生问题、困难和纠葛的时候，有远见的、对中日友好有坚定信念的日本政治家，为妥善地解决这些问题发挥了重要的作用。举个重要的例子来说，1989年西方七国首脑会议决定对中国实行制裁时，日本伊东正义先生不仅对日本政府做了许多工作，还亲自率领超党派国会议员联盟代表团访华，这对日本首先打破西方七国对中国制裁的决定，起到重大的作用。还有许多日本经济界和社会各界知名人士、日中友好六团体为发展中日友好关系，排除中日关系中的障碍，也做了许多努力。

以上是关于中日复交以后到1995年两国关系的概括状况。

下面，我要进一步来谈谈去年中日关系上所发生的风波。

去年涉及两国关系的风波的确是强烈的，使中日关系的健康发展受到了严重干扰。主要是发生了下列几件大事。

第一件事，是中国在去年进行了两次核试验，日本政府向中国提出了抗议。过去，中国进行核试验后，日本政府也是向中国政府进行抗议的，对此，中国政府总是诚恳地表示：中国对受过核武器灾难的日本人民的心情是理解的，但中国核武器完全是为防御的，我们决不首先使用核武器，决不向无核国家使用核武器。我们主张全面禁止核武器，最后达到彻底销毁核武器。这样，事情也就暂告一段落。但去年则不然，日方除向中国提出抗议外，并借此冻结了无偿援助，也拖延了第四次日元贷款的谈判。这就是把经济援助附加了政治条件，作为向中国施加政治压力的手段。特别是在日方了解中国将于去年内签署全面禁止核武器条约的情况下发生的，这不能不引起中方的强烈不满。

第二件事，去年4月，日美两国发表了《日美安全共同宣言》。日美安全同盟是由于历史原因形成的一种双边安排。但如果这种安全超出双边范畴，就势必引起包括中国在内的亚洲邻国的不安，也会给地区安全带来复杂的因素。不难看到，《日美安全共同宣言》的发表，显示着日美安全合作的范围和内涵都扩大了，范围上从远东地区扩大到亚太地区，防范对象也从过去重点应付对日本本土的威胁向着对付日本周围不确定因素的潜在威胁和突发事态转移。这一变化不仅超出了日美双边范畴，而且涉及地区直接关系到中国的安全利益，我们不能不对此感到不安并引起高度警惕。

第三件事，对于日本过去侵略中国的那段不幸的历史，掀起了新的翻案风。在前年纪念第二次世界大战结束五十周年之际，日本以经内阁全体同意的村山首相谈话的方式，承认日本过去对外实行殖民统治和侵略，并表示深刻反省和抱歉，但到去年，日本首相突破日方十一年的自我约束，又去参拜供奉着甲级战犯东条英机等亡灵的靖国神社。在去年大选中，主要的执政党自民党，又再次把首相和政府负责人正式参拜靖国神社列入选举公约中。日本的一些政客在历史问题上多次发表谬论，否认日本对中国、朝鲜等国的侵略，否认南京大屠杀，把强迫包括中国在内的亚洲国家妇女充当随军慰安妇一事竟胡说是“商业行为”等，并说将这一史实写入教科书是对日本青少年的误导等等。这些胡言乱语，理所当然地引起人们极大的愤慨。

第四件事，是钓鱼岛的问题。如前面讲到的关于该岛主权，两国的立场是根本不同的，决不是一时所能解决的。但自去年7月以来，日本右翼团体在钓鱼岛问题上制造严重事端，竟然在短短时间内接连四次登上钓鱼岛，修建非法标记和设施，中方曾数次向日本政府提出严正交涉，要求日方从两国关系大局出发，采取措施纠正错误，但日方却置之于不顾，未采取必要措施加以约束和制止，这就引起中国政府和包括港澳台同胞在内的全体中国人民的极大愤慨，也使这个问题更加复杂起来，以至成为当前中日关系受到严重干扰的主要因素。

第五件事，是关于日本对台关系问题。去年，中国在东海等地区进行导弹演习，这不是针对台湾人民，而是针对台独势力的，这是中国内政，然而美国竟出动航空母舰向中国进行威胁，在亚洲国家中，唯独日本对我们的演习向中国表示遗憾。再看近年来，李登辉搞台独，搞“两个中国”“一中一台”的时候，日本的亲台势力也不满足于日台关系的现状，图谋突破现有框架，同台发展实质关系。去年以来，日本政界人士频繁访台，并为李登辉访日进行各种策划。这不得不引起我们的严重关切。

去年一年内，在中日关系上一下子发生了如此多的干扰和损害两国友好关系的大事，这是过去所没有的。过去大体是数年一件。同时，这些问题除个别问题外几乎都是老问题，或是曾经解决过的问题，现在又重新冒了出来。人们因而感到忧虑、疑惧，甚至怀疑中日友好关系是否开始发生了转折，这是不足为怪的。

不过，我们也不能因去年发生这样五件事就遽尔认为两国关系发生了转折。因为这些问题发生以后，引起了两国领导人和两国外交当局的严重注意，并为此举行了会谈和磋商等等。而且这些会谈和磋商已产生了积极的效果。这表现在：

一、桥本首相在几次谈话中，一再表示说，日中关系同日美关系一样是日本最重要的对外关系，保持日中关系的稳定与发展不仅对日中两国，而且对整个亚太的繁荣与和平乃至国际社会都有最重要的意义。日中两国应诚实解决好两国存在的各种问题，迎接邦交正常化25周年，日方将为进一步稳定和加强日中关系竭尽全力。对于这些讲话，江泽民主席认为值得欢迎，并指出，中国政府始终把同日本发展长期、稳定的睦邻友好关系当作重要的国策。对当前两国关系出现的一些困难，希望通过坦诚交换意见，达成共识，从而使两国关系尽快地回到健康、稳定发展的道路上来。

二、关于历史问题，日方强调继承和坚持1995年8月15日村山首相关于承认侵略和表示反省的正式谈话，再次对侵华历史表示诚恳的道歉和谢罪，对参拜靖国神社问题，承诺继续执行1985年靖国神社事件后的方针，即回到首相不再参拜的立场上来。

三、在钓鱼岛问题上，日方承认该岛的归属问题双方立场不同，但表示无意突出这一分歧，重申不参与、更不支持右翼团体的行为，不会批准右翼团体建立的灯塔，要防止再发生这样的事情，以免影响两国的关系。

四、对日台关系问题，日方重申坚持只同台湾维持非官方的关系，不会支持台湾独立。台湾问题应由海峡两岸通过和平方式协商解决，外国不应对此指手画脚，并表示对李登辉访美所造成中美关系紧张的严重恶果是清楚的，日方将慎重处理日台关系。

五、关于《日美安全共同宣言》问题，日方一再解释说：此宣言并未改变60年代《日美安全条约》的性质和内容，也未扩大合作范围。日美双方正在研究修改的《日美防卫合作指针》也将限制在“专守防御”的框架内。

六、两国首脑还互相邀请访问对方国家，双方都接受了邀请。

上述的会谈、会晤的结果，无疑有利于遏制日本国内的右派势力的气焰，也表示着两国在去年被损害的关系开始得到修复，使中日关系能回到正常发展的道路上来。

此外，还必须看到的是，去年两国关系在其他领域中，一直是处于发展的状态中，特别是经济领域。去年两国贸易可能突破600亿美元，日本向中国的投资也在继续增长中。去年日本财界曾两次派大型经济代表团访华，希望促进良好的经济合作关系。日本在西方七国首脑会议等有关国际场合为中国加入世贸组织做了推动工作。一度停顿的日元贷款谈判已经恢复并结束，日方将向中方提供1705.1105亿日元，不过无偿援助还未恢复。至于两国的文化科技交流以及人员来往一直处于发展的态势中。

由此可见，1996年两国关系虽然受到严重干扰，但总体上还是保持了发展。出现的一些问题虽然使两国关系出现了较大波折，但不是发生了转折。我在开头时讲的，从复交到现在的25年间两国关系的发展，是比较顺利的，取得了令人瞩目的成就，是有根据的。

朋友们可能还有这样的一个问题，即两国关系为什么在去年一年中出现那样的严重干扰呢？我想不外乎有下述三个主要原因：第一，日本国会内右的保守势力总体膨胀，革新势力下降，牵制对华消极因素的力量减弱了；第二，受到美国对华采取接触与遏制政策的影响，在遏制中国方面，美国力图使日本也发挥这方面作用；第三，中国近几年国力增强，历来敌视中国和亲台的日本右翼势力也就加紧反华，被美国制造的“中国威胁论”所迷惑的一部分人，也对中国产生疑惧，这就便于右翼力量破坏和干扰中日关系的发展。关于这个问题我就不展开讲了。

现在，就来讲对今后中日关系的展望问题。但这只能大体上提出些我们努力的方向。

1991年世界冷战体制崩溃以来，国际形势发生了巨大的变化。当前国际形势总体是趋向缓和，和平力量在增长，通过谈判解决争端的趋势在增长，发展中国家的地位进一步提高，世界向着多极化发展。经济因素在国际关系中的地位和作用上升。世界要和平，国家要稳定，经济要发展，已成了当前世界的主潮。但是世界还充满着矛盾和冲突，并不太平。

在当前世界上，中国是亚洲和世界上最大的发展中国家，日本是亚洲和世界上的重要的发达国家，而且双方在今后的发展中，都有可能成为多极化世界的一极。在这样的新的国际形势下，确保中日关系长期、稳定、健康地发展下去，以造福于中日两国、造福于全世界方面，将比过去的年代起到更重大的作用。

我们现在应站在世界中的中国与日本的关系上，力求做好以下各点：

一、作为当务之急，中日双方尤其是日方要多采取主动，努力修复和改善两国关系。使得我们两国能在新的友好气氛下，来纪念今年复交二十五周年和明年签订《中日和平友好条约》二十周年。

二、使两国首脑互访落实下来，做好接待对方首脑的来访。两国首脑的会晤、会谈能起到其他层次的会谈、会晤所不能替代的作用。

三、吸取经验教训，切望日本政府大力防止过去经常发生的损害和恶化两国关系问题的再度发生，并且在再度发生后又能及时地加以消除。这些问题中最主要的是历史问题和日台关系问题。为此，在对待过去那段历史问题上，要切实做到以史为鉴，面向未来；严格约束阁僚不得为日本侵略历史翻案。对于一般的右翼团体、右翼学者为侵略历史翻案，因为日本与德国不同，日本没有制裁这项活动的法律，所以主要要依赖有良识的政治家、学者和舆论来进行批判和消毒。最近以东大教育学部藤冈信胜教授为首的学者和一些流行作家，以自由主义史观为幌子，积极为过去的侵略战争翻案。日本有良识的学者和活动家对此已开始进行批判，这是极为必要的。再一个经常干扰中日关系的大问题是日台关系。要求日方务必信守《联合声明》和《和平友好条约》的原则和精神，遵守复交时两国首脑的口头协定，不同台发展官方关系。由于历史原因，如果一旦出现李登辉访日，其恶果将远远超过李登辉访美，这是不言自明的。

四、要不断地增进相互信任。为此，双方都必须言必信，行必果，也就是讲信义，言行一致。对已经产生的一些重大的疑虑问题，要设法加以消除。当前，中国对日本的最大疑虑就是日本是否能够坚持走和平发展的道路，而不做军事大国。为消除这一疑虑，日本需要做许多工作，绝不是简单地申明一下不做军事大国就能解决的。关于日本当前对中国的最大疑虑，我想可能是关于中国将来成为现代化国家以后，会不会称霸世界。为消除日本的这个疑虑，也不是简单地申明永不称霸就能解决的。我们要认真地做许多工作，我们要不断地以自己的言行来证实，中国坚持走有中国特色的社会主义道路，绝不称霸。

五、继续加强和扩大两国的经济关系。目前两国的经济关系已成为加强两国关系的极为重要的纽带，今后随着两国经济的新的发展，以及两国间存在着很大的经济互补性，无疑两国的经济合作与交流关系还将得到更大的发展。我们应该重视这个情况，并且要善于以经促政，即以经济关系的发展促进政治关系的发展。我们希望在座的各位朋友，能像故去的松村谦三先生、冈崎嘉平太先生那样，在这方面发挥卓越的作用。

六、两国报刊舆论要实事求是地报道两国的情况。在报道有关两国关系的有关问题上，要有正确的导向，而不应误导，特别要力戒伤害对方国家人民的正当的民族感情。

七、继续加强和扩大两国民间团体的交流，发扬官民并举、以民促官的好传统。最近后藤田正晴、向坊隆、中江要介、真枝元文等先生为改善两国关系所作出的努力，我深表敬意。鉴于目前正处于世纪之交，又正是新老交接的重要时期，中日双方更需要大力开展多层次的中日青年的交流，特别是加大中日两国青年政治家交流的力度，使许许多多优秀接班人脱颖而出，承担起继承和发展中日友好的大业。

以上举出的几点是为着改善和发展中日两国友好关系的比较重要的几点，当然还有许多要做的事，我就不一一述及了。

总起来说一句话，我们一定要使中日两国世世代代友好下去。

我的讲话就此结束。应该说，我所讲的仅供各位参考。讲得不妥之处，请予指教。

谢谢。

（1997年1月17日）

跨入新世纪的中日关系

——为纪念中日邦交正常化二十五周年而作

中日两国恢复邦交，随着时间的流逝，已经过了四分之一世纪，但是恢复邦交当时的情景，我仍记忆犹新。当时由外长会议主持的《中日联合声明》的起草工作，经过六次会议和两外长磋商，终于在1972年9月28日凌晨3时半达成了协议。当时在场的我有释下千钧重担之感，其余在场人员恐怕都有同感吧。29日上午，周恩来总理、田中角荣首相，以及姬鹏飞、大平正芳两外长在人民大会堂签署《中日联合声明》。这是两国历史中永不消失的一瞬，从此不仅结束了中华人民共和国同日本国之间存在的不正常状态，同时也结束了半个多世纪以来中日两国之间的对立、敌对和战争的历史，揭开了将充满睦邻友好历史的新篇章。我目击了这个历史性场面，感到无限激动和欢欣鼓舞。

在这里，请允许我对为中日邦交正常化作出贡献的日本已故的和健在的各位“掘井人”表示崇高的敬意！

从那时以来的25年间，中日两国的睦邻友好关系有了很大的发展，举其荦荦大者有：

一、在政治方面，继两国政府发表《中日联合声明》之后，双方于1978年缔结了《中日和平友好条约》。该声明和条约是中日关系的政治基础，是双方发展国家关系时应共同遵循的基本原则，也是使我们两国关系得以发展的重大保障。25年间，我们两国间开展了频繁的领导人互访，1992年日本天皇和皇后陛下访华，这在两国历史上是空前的。两国议会、政党间的交流也源源不断，政府间设置了多层次多渠道的对话和交流机制，定期或不定期地举行会议、磋商和会晤。所有这些访问或交流，表明双方对两国关系的高度重视，增进了相互理解，推动了平等合作。

二、从经济方面来看，在平等互利的基础上，两国的合作取得了飞跃的发展。两国贸易额从1972年的10.3亿美元发展到1996年的600.58亿美元。预计到20世纪末有可能达到1000亿美元。日本对中国的投资，到1996年末，合同项目累计1.5万个，合同金额为250亿美元，实际到位120亿美元，日本政府向中国政府提供的日元贷款累计达到16808.73亿日元。日本进出口银行对中国融资大致也有这个数目。迅速发展的中日间良好的经贸合作，已成为发展和巩固两国关系的主要纽带。

三、从政治、经济以外的领域来看，两国文化、教育、艺术、科学、新闻、体育、卫生等方面，以及民间组织和群众团体的交流，丰富多彩，形式多样，逐年增多。1972年两国往来人数约9000人，到1996年已达178万人；中国在日留学生，在中国实行改革开放之前的1978年仅23人，现在已增加到将近3.2万人；两国之间友好都市、友好省、友好县到今年已达226个。这些交流活动进一步加深了两国人民的相互理解，增进了友谊和合作，对推动两国的睦邻友好关系的发展起到了十分积极的作用。

两国关系的发展取得以上令人瞩目的成就，是两国政府和人民都感到高兴的，也表明25年来两国关系的发展总的来说是比较顺利的，两国关系的基本情况是好的。我认为，我们如实地向两国人民介绍我们两国关系发展的正面情况，充分肯定25年来取得的成就，是十分必要的。

当然，也不应讳言，由于两国国情、社会制度、意识形态以及某些具体利益的不同等原因，25年来在两国关系的发展过程中也确有矛盾、困难，以及种种摩擦和纠葛。这些问题主要是在80年代初期以后发生的，既有政治方面的问题，也有经济方面的问题。但是，在1996年以前，往往是几年才发生一两起事件而引起外交交涉。但在1996年一年中，却集中地发生了六七起，使中日关系的健康发展一度受到了严重干扰，这主要有日本首相参拜靖国神社，以及一些政治家和议员美化过去的侵略战争问题、台湾问题、钓鱼岛问题、日美确定修改防卫合作指针问题，还有因中国核试验而日方采取停止无偿援助问题，等等。这六个问题，特别是对历史的认识问题和台湾问题，是80年代以来两国间反反复复出现的问题。它们的起因，主要是因为日本方面没有严格遵守或者是违背了《联合声明》和《和平友好条约》中所规定的基本原则。日本方面在一年中集中地挑起那么多的摩擦和纠葛，不能不引起中国方面的严重关注。联系到近年来日本政局的发展，特别是国会内右的保守势力以及历来敌视中国、死抱着台湾不放的势力的膨胀，而革新势力下降，牵制对华消极因素的力量削弱，这确实是令人担忧的。

当然，我们也清醒地看到，在日本，反对中日友好，逆时代的潮流而行的势力，毕竟是极少数。而要求坚持中日友好，顺时代潮流前进的力量则是绝大多数。也正因为这样，虽然去年中日关系中发生了这么多的严重问题，但经过两国领导人以及两国外交当局的会晤和磋商，在采取了一些必要的措施后，较快地制止了不良事态的发展，使两国关系又朝着修复和改善的方向发展。其中最重要的措施是，双方决定在纪念中日邦交正常化二十五周年和缔结《中日和平友好条约》二十周年的今明两年内，实现两国首脑的互访。

本月4日到7日，桥本首相已经正式访问了中国，两国领导人举行了富有成果的会谈。双方重申继续严格遵循两国政府《联合声明》和《和平友好条约》，并一致同意加强面向21世纪的中日友好关系。在会谈中，桥本首相表示，他坚持村山内阁有关历史问题正式谈话的立场，正视历史，面向未来，并强调日本坚决不走军国主义道路。在谈到台湾问题时，桥本首相表示，日本坚持遵循《联合声明》和《和平友好条约》的立场，同台湾只发展非官方关系，不支持“两个中国”和台湾独立。在谈到日美修改防卫合作指针时，中国李鹏总理对此表示严重关注，桥本首相表示日方重视中方的关注。双方还就今后中日两国的对话与合作，提出了许多建议。通过双方领导人的会见和会谈，扩大了共识，加深了理解。6日，桥本首相离开北京，他作为战后访问中国东北的第一位日本首相参观了沈阳“九一八事变”展览馆。

总的说来，桥本首相的这次访华，双方都认为是成功的。

我们还高兴地期待着今年11月间李鹏总理的访日，以及明年江泽民主席的访日，这也将为进一步推进和发展两国的睦邻友好关系作出贡献。

在这里，我认为还必须提到的是，在两国发生问题和困难时，日本有远见的、对中日友好有坚定信心的各界领导人士及日中友好团体等组织，曾为妥善地解决这些问题，发挥了重要的作用。例如去年年底，日本各界八位领导人目睹当时两国之间出现的风波，为打开日中关系的道路，发动和组织有识者共商对策，这对消除日本人民的疑虑，坚持走中日友好道路是有积极作用的。我借今天的机会向这些不畏艰辛、克服困难、坚持中日友好的朋友们，表示深深的敬意。

自从冷战体制结束以来，国际形势发生了巨大变化，总体上继续趋向缓和，多极化趋势明显发展，世界上各种力量出现新的分化和组合。在这种新的形势下，作为国际社会的重要成员，且都有可能成为世界一极的中日两国，把一个什么样的中日关系带入新的世纪，不仅预示着我们两个民族的未来，而且将对亚洲与世界产生重大而深远的影响。我们认为，作为面向着21世纪的中日友好关系，其标志应是：两国在政治上成为不同社会制度国家和平共处的典范，经济上成为平等互利、共同繁荣的伙伴，文化科技上成为互相学习、相互借鉴的朋友，国际事务上成为维护和平、促进发展的积极力量。这样的中日友好关系是我们长期以来所追求的目标。

我要强调指出的是，虽然去年在两国的关系上出现了乌云，但是，我们决不应该对我们所追求的中日友好关系产生动摇或失去信心，因为决定我们能够实现上述这种友好合作关系的客观根据及其需要，也就是它的可能性与必要性，均未发生根本的变化。这些客观根据及其需要有以下五方面：一、中日两国都是亚洲国家，而且是一衣带水的永远邻国，中日两个民族都是伟大的勤劳的民族。两国拥有两千余年友好交往的历史，有着相同和相近的文化传统渊源。二、19世纪末叶以后的半个多世纪，由于日本军国主义者对中国进行侵略和发动战争，使两国人民都蒙受深重灾难。实践表明，中日两个邻国，和则共荣，斗则俱伤。日本人民首先提出“日中友好”，我国立即响应，于是要求中日世代友好就成为两国人民的共同呼声。三、中日两国恢复邦交，签署了《中日联合声明》和《中日和平友好条约》。这两个文件是使我们两国友好关系得以发展的重大保障。四、中日两国恢复邦交后的实践表明，两国经济具有很大的互补性，两国经济合作潜力很大，特别是中国的改革开放和社会主义市场经济的建立，使中国经济得到高速增长，这就为中日经济在更大范围内实行良好合作提供了重要的条件。五、中日两个大国发展和平友好关系，有利于亚洲与世界的和平、稳定与发展，因此世界各国人民特别是亚洲各国人民，热切要求中日两国友好关系的发展。

以上所举五点，就是我们实现面向21世纪的中日友好目标的可能性和必要性。

但我还必须进一步指出的是，仅仅有了实现目标的可能性与必要性，还不足以使这个目标实现。要使这个目标成为现实，还需通过我们两国政府和人民的共同努力。为此，我们在当前应该做好以下各项：

一、坚持《中日联合声明》和《中日和平友好条约》，既是发展中日友好关系的政治基础，也是妥善处理两国间存在的问题的准绳，双方应该继续严格遵守。因此，在对待历史问题时，我们切盼日方贯彻《中日联合声明》的原则与精神，以及1995年村山首相的谈话内容，正视历史，做到以史为鉴。同时严格地约束阁僚不发生违背《中日联合声明》精神的言行。在台湾问题上，也切望贯彻《中日联合声明》的原则，并以实际行动信守日政府和领导人关于不与台湾发生官方关系，不搞“两个中国”，反对台湾独立的承诺。这两个问题搞好搞对，也就清除了中日关系前进道路上的最大障碍，两国关系就能更顺畅地、健康地发展。

二、要不断地增进相互信赖。这种信赖是建立在“言必信，行必果”的基础之上的。对于已经发生的对对方的重大疑虑而影响相互信赖时，要设法加以消除。目前中方对日方的最大疑虑，是日本成为政治大国以后能否还坚持走和平发展道路，而不做军事大国，不出现新形式的军国主义。换言之，就是不称霸问题。而日本对中国的最大疑虑，是中国实现四个现代化以后，是否也不称霸。这个疑虑不是近年来才有的。我记得1975年原自民党干事长保利茂先生访华时就向当时的副总理邓小平提出过这个问题。邓小平副总理对他作了我们永远不称霸的解释。邓小平副总理说："毛泽东主席给我们制定的路线叫永远不称霸，现在我们没有资格称霸，到将来，成了发达国家了，也永远不称霸。所谓称霸，就是在世界上到处欺侮人家，剥削人家，控制人家，就是把自己置于世界人民的对立面。我们在联合国正式声明过，如果有朝一日中国要称霸，世界人民就应该给中国戴上一顶社会帝国主义的帽子，世界人民就有责任揭露我们，指责我们，并同中国人民一道来打倒称霸的中国。我们是用这样的路线来教育我们的子孙后代的。"在最近召开的中国共产党第十五次全国代表大会上，江泽民总书记又重申"永远不称霸"。很明显，双方对对方会不会称霸的这种深深的疑虑，不要等闲视之。双方需要耐心地向对方进行解释，并以自己的实际行动不断地证明确实是信守《中日联合声明》和《中日和平友好条约》所规定的不称霸条款的。此外，建立新的必要的对话机制，增加军事的透明度等措施，使对方更好地了解自己的国家，对增进相互信赖起到积极作用。

三、在当前国际关系加速调整的过程中，我们必须妥当地处理中、日、美三角关系。在这个三角关系中，任何一边的变动都会影响其他两边，而且在这个三角中，由于美、日是同盟关系，所以三角形从来就不是正三角形，而是一边特长的很不等边的三角形。中日美在冷战结束，失去三国共同威胁的情况下调整关系时，应努力促使三边关系逐步趋向平衡而不是使它更不平衡。去年以来，日美发表共同宣言，并于今年修改安保防卫合作指针，促使日美两国间的军事同盟关系更加密切和强化，使中日美三角关系更为失衡，我们对此深为忧虑。特别是日美双方均有官员表示，台湾海峡包括在一旦有事的范围内，这是对中国内政的严重干涉，中国政府和人民是不能接受的。我们希望通过这次两国总理的会谈，日方了解了中国的意见后，能够高度重视和尊重中方的有关立场。否则将不利于发展中日、中美关系，而且对亚太地区的稳定也是不利的。

四、中日经贸的良好合作是发展两国关系的一条极为重要的纽带，必须进一步发挥这条纽带的作用。最近召开的中国共产党第十五次全国代表大会，将把我国社会主义改革开放和现代化建设全面推向21世纪。我国的经济力量必将得到更大的发展。我们应利用这个机遇，进一步扩展中日两国经济合作的深度和广度，提高合作的水平，并以密切的经济关系促进政治上的密切合作。

五、要进一步扩大和加强两国各方面的民间交流，继续发挥官民并举、以民促官的好传统。在世纪之交、新老交替的重要时期，更需要大力开展多领域、多层次的青年交流，特别是加强青年政治家交流的力度，并通过交流使青年们了解对方国家和人民，并被培育成更多的中日友好事业的接班人，这是使两国友好代代相传所绝对需要的。

六、在两国关系发展的过程中，不可避免地还会发生这样那样的问题和困难，有的问题甚至会造成两国关系发展的曲折。对于那些影响两国关系的某些重大问题，双方都需要认真地、妥善地加以处理。但在处理这些问题时，要努力排除外来因素的干扰，要互相尊重，平等相待，坦诚相见，务真求实，通过友好的协商和必要的互谅互让加以解决。一时难以解决的，宁可暂时搁置，待条件成熟时再处理，避免因短期考虑，造成两国关系的大起大落。

以上所说的六点是为实现面向21世纪的中日友好关系所必须努力做到的，我们热切期望有志于中日友好的人们能顺着这六条，坚持不懈地努力，那么再过25年之后，也就是在纪念中日恢复邦交50周年的时候，在我们面前出现的必将是更加成熟、巩固和美好的中日友好合作关系。

谢谢大家静听。

（1997年9月17日，在日本东京朝日小讲堂的演讲）

在中日友好21世纪委员会第五次会议上的基调报告

今天，我们双方委员又一次共聚一堂，举行中日友好21世纪委员会第五次会议，我谨代表中方委员会及出席会议的中国同事向日方委员和与会的日本朋友们致以热烈祝贺，并对刚才竹下首相热情友好的致词表示衷心的感谢。

今年是《中日和平友好条约》缔结十周年，在这值得两国人民共同纪念的年份，举行中日友好21世纪委员会第五次会议，回顾过去，展望未来，具有十分重要的意义。中日友好21世纪委员会成立以来的五年，是两国关系继续得到发展，同时也出现一些影响两国友好的问题的时期。因此，回顾委员会迄今所做的工作，认真总结其中值得共同记取的经验，不仅会有利于本委员会今后工作的开展，也将有助于继续推动两国关系健康、顺畅地向前发展。

五年的岁月，对于有着悠久友好历史的中日两国来说，毕竟只是弹指一挥间，但就我们双方委员会的工作来说，却有着重要、充实的内容。首先，我们双方委员共同探讨了发展中日长期友好的蓝图，中方委员会提出中日21世纪友好的主要标志是：政治上成为和平共处的典范，经济上成为平等互利、共同繁荣的伙伴，文化科技交往上成为互相学习的朋友，国际事务中成为维护和平、促进发展的积极力量。这得到日方委员们的积极赞同。对于近年来两国间发生的一些有损两国关系基本原则的问题，双方都从发展中日长期睦邻友好的共同愿望出发，坦诚、深入地交换意见，增进了彼此的相互了解，并提出了积极的建议。总的来看，中日友好21世纪委员会在两国领导人的亲切关怀和两国各界友好团体、人士的大力支持下，为宣传中日长期友好的重要意义，探索进一步加强友好合作的途径，以及推动两国间现存问题的解决，做出了许多努力。借此机会，我谨代表全体中方委员对日方委员及专家们所给予的合作表示感谢，对两国一切关心和支持中日友好21世纪委员会工作的团体和人士致以衷心的谢意。

那么，近年来的中日关系和委员会五年来的工作，有哪些是值得我们共同总结和记取的呢？我认为大致可以归纳为以下几点：

一、和平共处五项原则是国与国之间友好相处的指导方针，以此为核心内容之一的《中日联合声明》《中日和平友好条约》是巩固和发展中日关系的政治基础。

战后国际关系的演变表明，以社会制度和意识形态的异同来决定国家关系的好坏已不符合历史的发展。万隆会议所肯定的和平共处五项原则日益成为规范国与国之间关系的普遍准则，而被国际社会所广泛接受。在中日两国恢复邦交，和睦相处，以及友好合作方面充分显示出和平共处五项原则发挥的重大作用和强大生命力。《中日联合声明》和《中日和平友好条约》就是以和平共处五项原则为核心内容之一，并结合中日关系的特点而构成的。因此，声明和条约以及其后达成的中日关系四原则是中日关系的政治基础，是双方发展两国关系时应共同遵循的基本原则。中日邦交正常化以来两国关系的实践反复证明：坚持了这些基本原则，两国关系就能够比较顺利地向前发展，即使发生问题，也可以得到比较妥善的处理；而如果偏离或违背了这些基本原则，两国关系就可能受到影响，甚至出现波折。我认为，这一点既是中日关系发展变化所给予我们的重要启示，也是双方委员们得出的共同结论之一。

二、发展中日长期睦邻友好是双方为之奋斗的长远目标，只有高度重视和妥善处理影响两国关系的一些重大现实问题，才能实现这一目标。

中日两国是亚洲的两个重要国家，我们之间发展长期稳定的睦邻友好关系，符合两国和两国人民的根本利益，有利于亚洲乃至世界的和平与稳定。这一点已被迄今的历史所印证，并将继续被未来的历史所证明。中日友好21世纪委员会正是以促进这一宏伟目标的实现为己任的。同时，我们也清醒地认识到，由于中日双方各自的处境不尽相同，在一些问题上的立场和看法也不可能完全一致，因而在两国关系的发展过程中，存在着一些不稳定因素，并不时发生这样那样的问题，有的问题甚至成为发展中日长期睦邻友好的障碍。为了实现我们的奋斗目标，我们应该按照双方迄今达成的原则和协议，通过友好磋商，对所发生的原则性问题加以妥善处理。如果不是这样而是对问题消极回避，或者处理不当，使问题积累起来，就有可能影响两国关系的大局，损害中日两国21世纪友好的宏伟事业，这是需要我们尽力避免的。

三、珍重中日之间的传统友谊，认真汲取历史教训，是实现21世纪友好的重要保障。

中日睦邻友好是建立在继承两国友好传统，并正确对待那段不幸历史的基础之上的。中日两国两千多年的友好交流，在两国人民中间培育了极为深厚的传统友谊。近代中日关系中，日本军国主义的对华侵略曾经使中国人民遭受了重大的民族灾难，也使日本人民深受其害。但中国人民不念旧恶，捐弃前嫌，同日本许许多多有识之士一道致力于重建中日友好的大业。邦交正常化以后，在两国政府和人民的共同努力下，中日友好合作又取得了令人瞩目的重大进展。两国关系的演变给我们留下了宝贵的启示，对于我们更好地走向未来具有十分重要的意义。近年来两国间发生的一些问题大都与那段不幸的历史有关，这就使我们更为清楚地认识到，正确对待历史，从中汲取有益的教训，无论现在还是将来，都有重要的实际意义。中国有句古话："前事不忘，后事之师。"这句话正确说明了尊重历史不是为了算旧账，而是着眼未来。因为今天是历史的发展，只有不割断历史，尊重历史，才能真正做到向前看，并把历史的重负化为推动我们前进的动力。

四、良好的政治关系有利于经济关系的发展，经济上的互利合作又可以巩固政治上的关系。

中日政治关系和经济关系在两国人民争取21世纪友好的共同事业中都占有重要的位置。但由于历史上的原因，中日两国在政治领域中发生的问题往往是较为敏感的，处理妥善与否，不仅将直接影响到两国关系本身，同时也会影响两国经济合作的发展。战后中日关系的实践已经证明了这一点。为了加强两国间的经济合作，为两国和两国人民谋取更大、更长远的利益，我们衷心希望能够正确把握政治和经济之间的关系，也就是在平等互利基础上开展两国经济合作的同时，一定要处理好政治上的问题，并使二者之间的关系朝着中日长远友好的方向，相互促进，共同发展。

还值得我们提及的是，中日青年文化交流一直是委员会工作中的一个重要组成部分。随着中日关系的不断深入和中日长远友好目标的确立，如何加强青少年之间的交流，培养从事中日友好事业的年轻一代，是摆在我们面前的重要课题。迄今，我们双方已经就此进行了有益的探讨，并向两国政府提出了建造中日青年交流中心以及加强扩大留学生、研修生交流的建议。我们还一致感到，让年轻一代了解中日关系的历史，对于他们珍惜今天中日友好的成果，更为自觉地继承和发扬友好传统是必不可少的。与此同时，我们双方还就进一步发展中日文化交流交换了意见，并认为文化交流的发展有助于增进两国的友好和相互了解。

总结过去是为了更好地走向未来。目前，我们正面临着开创中日关系新局面的时期。我们高兴地看到，竹下登首相去年年底执政以来，多次表明重视日中关系，并对进一步加强两国友好合作倾注了很大的热情和精力。在首相8月底对中国进行友好访问时，中日双方充分肯定了邦交正常化以来两国关系所取得的成绩，并根据发展两国关系的有利条件，就进一步加强各方面的合作进行了有益的探讨。竹下首相访华的圆满成功，有助于加深我们两国之间的相互了解和信任，必将为推动现存问题的解决，确保两国关系的健康发展发挥积极的作用。

为了在以往基础上开创中日友好的新局面，中方委员会认为有必要在以下四个方面做出切实的努力，并愿就此同日方委员们进一步交换意见。

一、充分发掘和调动一切有利于发展中日友好关系的积极因素。

我们一贯认为，中日两国间发展睦邻友好合作存在着许多有利条件和积极因素，这就是中日两国有着两千多年传统友谊。复交以来两国友好合作已奠定了良好基础，两国在经济发展上互有长短，可以互为补充等，同时，随着时间的推移，还会不断产生推动两国关系发展的新的积极因素。近年来中国正在深入推行的改革开放政策和贵国正在加快进行的经济结构调整，为双方进一步加强互利合作开辟了广阔前景。亚太地区政治、经济地位的不断提高以及以对话代替对抗为特征的国际局势缓和趋势，又为我们开创中日友好新局面增添了新的有利因素。对于中日关系的前景，中方委员始终是充满信心的。我们希望双方都能够充分发掘和调动一切有利于增进了解、加强合作的积极因素，共同推动两国友好关系不间断地发展下去。

二、妥善解决好现存的一些问题。

我们应当正视那些涉及两国关系基本原则的政治问题，要运用迄今取得的共同认识和经验，及早加以妥善、合理地解决。这方面较为重要的仍是已经引起两国各界共同关注并且客观上影响中日关系健康发展的光华寮问题。我们注意到日本方面已经充分认识到中国方面在这一问题上的原则立场，愿意以“一个中国”的政策加以对待。我们衷心希望日本方面以中日友好大局为重，切实按照《中日联合声明》《中日和平友好条约》以及公认的国际法准则加以妥善处理。在涉及过去那段不幸的历史以及日本同台湾的关系等方面，我们也衷心期待不再出现什么新的难题，从而为迎接两国友好新局面创造一个良好的政治环境。

三、不失时机地进一步深化两国的经济技术合作。

中日经贸合作已经取得了显著成绩，同时也面临着进一步深化的课题。随着国际间经济联系的日趋密切，在直接投资、技术转让方面的合作水平和开放程度，日益成为衡量国与国之间经济关系密切与否的重要基准。而中日双方这方面合作所达到的水平同我们各自具备的条件相比，还有很大的潜力。目前，中国在坚持改革、开放总方针的前提下，加紧治理经济环境和整顿经济秩序，这必将为今后全面深化改革创造更好的条件，并进一步改善吸引外资、技术的环境。中日双方都有必要抓住当前的有利时机，采取切实的措施，使两国在直接投资和技术转让方面的合作出现一个新的飞跃。

四、为维护世界和平、促进共同发展作出我们的贡献。

维护和平、促进发展是当今人类社会面临的两大共同任务。中国是最大的发展中国家，日本则是经济高度发达的国家，我们两国应当为和平与发展尽到各自的责任与义务。由于世界各国人民的共同努力，世界局势的缓和趋势将持续下去，也就是说，人类有可能争取到一个相当长时期的国际和平环境。但也应该看到，造成世界局势动荡的根源并未消除，和平仍有待继续巩固，中国将为维护世界持久和平继续作出不懈的努力。日本政府曾多次郑重宣布，决不做军事大国。日本在发展经济上获得的巨大成就也证明坚持和平发展是多么宝贵和重要。中国和亚洲其他国家都充分注意到贵国政府所作的庄严承诺，希望日本能以国际社会普遍接受的方式参与维护和平的事业。南北国家间经济发展水平的巨大鸿沟和面临的深刻矛盾，使促进发展的历史使命在当前显得更为迫切。我们更愿意看到日本以其雄厚的经济实力，为广大发展中国家特别是亚太地区发展中国家的经济建设作出更多的贡献。这不仅是发达国家应尽的责任，最终对发达国家自身也是有利的。日本在和平与发展问题上做出积极努力，将为中日两国寻找到更多的利益共同点，从而也将更有助于中日关系的进一步发展。

在我们共同回顾并总结委员会五年的工作，展望中日友好未来的时刻，我们深感两国政府和两国人民已经向委员会提出了更高的要求，希望我们双方为推动两国关系的发展并进而向21世纪中日友好迈进做更多的工作。去年委员会第四次会议结束之后，中国领导人曾经在会见双方委员时提出要"着眼于未来，着手于当前"。我认为，这句话为中方委员会今后的工作提出了明确方向，同时也表达了中国政府和人民对日方委员的期望。中方全体委员愿同日方全体委员一道，为在通向中日两国21世纪友好的征途上留下我们委员会坚实的足迹而继续努力奋斗。

谢谢各位。

（1988年11月18日）

在中日友好21世纪委员会第六次会议上的基调报告

中日友好21世纪委员会作为我们两国政府的咨询机构，在中日关系出现一些困难的今天，举行第六次会议，是非常必要的，也是很合时宜的。我代表中方全体委员，对会议的召开表示衷心祝贺；并借此机会，对不再担任这届委员会工作的双方前任委员六年来的合作表示衷心感谢，同时对首次出席会议的双方新任委员表示热烈欢迎。

探讨21世纪的中日友好关系是我们委员会所肩负的历史重托。在过去的六年间，我们双方本着立足当前、着眼长远的原则，为谋求中日友好合作关系长期稳定的发展，及时排除干扰两国友好关系正常发展的消极因素，增进相互之间的理解和信赖做了大量的工作，取得了积极的成果。但是，我们也清醒地看到，我们已经做过的这些工作也仅仅是个开端，许多课题仍有待我们继续探索并加以解决。特别是现在，我们已经进入了90年代，20世纪这最后十年的中日关系，对能否把中日友好推进到21世纪无疑是至关重要的。中方委员会愿同日方委员会一道为实现把中日友好关系推向21世纪这个目标而努力。我愿借此机会就这个问题讲五点意见。

一、中日两国有两千多年友好交往的光辉历史，也有一段给两国人民带来巨大灾难，留下深刻教训的不幸时期。第二次世界大战以后，经过我们两国人民和许多有识之士长期不懈的努力，终于在1972年实现了中日邦交正常化。回顾邦交正常化以来的18年历程，我们可以充分地看到，在两国政府和人民的共同努力下，中日友好合作关系在政治、经济、科技、文化、教育、青少年交流等各个领域都取得了长足的发展，给我们两国的繁荣与发展带来了好处，同时也为亚太地区乃至世界的和平与稳定作出了显著的贡献。上述实践证明，中日友好相处定会给双方带来巨大利益，以邻为壑则会使双方受到严重损失。中日关系的这个属性在90年代里只会加强，不会削弱。所以我们说，不论今后中国将发生什么或者日本将发生什么，中日友好的大方针决不能变，也不应该改变。我们只能选择和平共处，友好合作，共同发展的道路而继续前进。

二、中国和日本都是东方的大国，在文化和传统方面有许多相同或相似之处，同时又是社会制度不同的国家，在意识形态和价值观方面也有很大差异，这是我们两国的国情决定的，也是两国人民的历史选择。中日邦交正常化时，我们两国的政治家从两国的客观实际和世界发展的总趋势出发，共同确认应该超越社会制度和价值观方面的差异，长期稳定地发展友好合作关系。邦交正常化以来的事实证明，这项决策是完全正确的。战后国际关系演变的实践也证明，以社会制度和意识形态的异同作为决定国与国之间关系的政策依据是不明智的，也不符合人类社会发展的潮流。那种无视别国主权、无视别国大多数人民作出的政治选择而千方百计地要把自己的制度、意识形态和价值观强加给别国的霸权主义和强权政治，是必须加以抵制和反对的。为了长期稳定地发展中日友好合作关系，我们两国在90年代必须继续努力超越社会制度和价值观方面的差异，在和平共处五项原则基础上友好相处。可以毫不夸张地说，这种建立在和平共处五项原则基础上的国家关系，才有前途，才有生命力，才能为世界和平作出贡献。

三、《中日联合声明》《中日和平友好条约》是规范我们两国关系的基本准则，也是我们两国一致同意承担的国际义务。这些原则构成了两国关系的政治基础，也是判断两国关系中是非曲直的准绳。因此，90年代我们有必要继续严格遵循《中日联合声明》和《中日和平友好条约》中规定的指导两国关系的各项原则，以此发展我们两国的友好合作关系。我们双方不仅在口头上，而且应该在实际行动上体现邦交正常化以来所达成的这些原则，并使其准确地反映在有关双边关系的决策之中。这是保证我们两国友好合作关系健康顺畅发展的关键所在，我们双方对此都应给予足够的重视。中日关系在向前发展的过程中，也会不断出现一些新的问题。对于那些将会妨碍甚至破坏两国关系发展的重大问题，我们双方都要以“言必信，行必果”的诚实态度认真加以对待，要努力减少外来因素的干扰，坦诚相待，相互信赖，通过友好协商妥善加以处理。重要的是，对已经出现的问题，我们任何一方都不要人为地设置障碍，应着眼长远，着眼大局，适时解决，避免因短期考虑使两国关系大起大落。只有这样，我们两国的友好合作关系才能经得起90年代国际风云的考验。

四、平等互利地扩大经济技术合作，有助于巩固国与国之间的政治关系，这个论断同样适用于中日关系。我们两国在资源、市场、资金、技术等方面各有优势，具有取长补短、共同发展的有利条件和巨大潜力。邦交正常化以来，我们两国的经济技术合作有了很大发展，也取得了良好的政治效果。同时也应当承认，我们两国的合作关系，在深度和广度上，都还没有达到令人满意的水平，在技术合作和直接投资领域尤其如此。这种状况的出现，固然有客观条件方面的制约，但人为的障碍也是不可忽视的。这种人为的障碍，严重限制了中日经济技术合作关系的发展，我们应共同努力加以消除。我们双方都应努力保持政治的稳定和政策的连续性，为扩大两国的经济技术合作提供必要的前提。就中国方面而言，改革和开放的既定政策不会改变，发展中日经济合作的条件只会越来越好。我国目前政治安定，社会稳定，人心思定，国民经济经过治理整顿和深化改革正在朝着好的方向稳步发展。经过去年的风波之后，我国人民比任何时候都更深刻地认识到保持稳定的重要。稳定是我国建设有中国特色的社会主义现代化事业的重要前提，也是中国对维护亚太地区乃至世界的和平与稳定所作贡献的一个组成部分。在未来十年中，我们将进一步深化改革开放，奉行独立自主的和平外交政策，争取在和平共处五项原则的基础上同包括日本在内的世界各国建立和发展友好合作关系。

五、加强在国际事务中的协调是我们两国在处理90年代中日关系过程中应当引起重视的一个新课题。去年下半年以来，国际形势发生了重大变化。美苏关系，东西方之间的关系以及东西方内部各国之间的关系都在变化之中。世界各种力量正在错综复杂的矛盾和利害冲突中重新分化组合。这些变化显示，第二次世界大战以后形成的世界格局正在趋向瓦解，一个新的世界格局正在逐步形成。这种大格局的转变，决定了90年代的国际形势复杂多变，动荡不安。我们两国是亚太地区的重要国家，对国际事务都具有举足轻重的影响。我们应该从更广阔的视野，确切地说应该从亚太地区和全球的角度来进一步估价发展中日友好合作关系的重要意义，加强在亚太地区和国际事务中的协调与合作。就亚太地区而言，我们两国加强协调与合作的领域十分广泛，也具备有利的协调与合作的条件和优势。在政治方面，我们可以为维护本地区的和平与稳定，消除地区纠纷作出应有的贡献。在经济方面，我们可以为扩大本地区的经济合作，推动各国的共同发展，消除南北差距发挥积极作用。在环境保护、教育、文化、科技等各个领域，我们两国也是应该有所作为的。我们加强在国际事务中的协调与合作，有两条大原则应该遵守：一是促进和平与发展的原则，二是和平共处五项原则。前者是我们加强协调与合作的根本目标，后者是我们处理相互关系，处理同第三国关系的准则。有了这两条大原则，我们两国的协调与合作就有希望取得积极的成果。

今年是20世纪90年代的第一年。如何使90年代的中日关系迈好第一步，这是摆在我们两国面前的最紧迫的课题。去年6月北京发生的政治风波，完全是中国的内政。日方参与某些西方国家对中国的制裁，给两国的友好合作带来了严重的损害。中方委员会对此深感遗憾。我们希望这种不正常局面能尽快得到克服。为实现这个目标，我们两国政府和人民均应做出积极的努力，我们中日友好21世纪委员会更是责无旁贷。

我们愿意同日方委员会一道，本着既着眼长远、又注重当前的科学态度，认真开好这次会议，争取能对两国关系的恢复和发展提出富有建设性和前瞻性的建议，使两国的友好合作关系早日走上正轨并在90年代获得更大发展。

谢谢诸位。

（1990年6月26日）

在中日友好21世纪委员会第七次会议上的基调报告

值此樱花盛开的美好时节，我和我的同事们来到贵国，出席中日友好21世纪委员会第七次会议，感到十分高兴。我代表中方全体委员对会议的召开表示祝贺，对海部首相光临开幕式并发表热情友好的致词表示衷心的感谢。

中日友好21世纪委员会第六次会议以来，中日关系得到了明显的恢复和改善，中方委员会对此感到高兴。在上届会议上，我们双方根据国际形势的变化，从中长期角度就90年代的中日关系，坦率地交换了意见，并从现实出发，就共同努力使中日关系早日恢复正常取得了共识，向两国政府提出了相应的建议。在此后将近一年的时间里，经过两国政府和人民的共同努力，两国关系中一度出现的困难和障碍得到了克服，经济和文化领域的交流与合作趋于正常，第三批日元贷款正在顺利实施，中断了一年多的高层往来也在恢复。上述情况表明，两国关系已经重新走上正常发展的轨道。中方委员会对此感到欣慰，并愿借此机会，对日方委员会以及日本各界朋友为恢复中日友好合作关系所做的积极努力和辛勤工作表示高度的评价。毋庸讳言，我们两国关系中仍然存在着一些急待解决的问题，需要双方继续做出不懈的努力。在本届会议期间，中方委员会愿同日方委员会一起就进一步发展两国友好合作关系问题坦率地交换意见。

在过去的一年里，国际形势发生了令人瞩目的变化，世界格局进入了新旧交替的过渡时期，不稳定因素增加，形势动荡不定。海湾战争表明，美苏关系的缓和并不意味着世界从此太平无事，世界的和平与发展依然面临着严峻的挑战。国际形势的变化和发展为我们这次会议提出了新的课题，这就是在当前风云变幻、错综复杂的国际形势下，如何使中日友好合作关系仍然能够长期稳定地发展下去，如何为亚太地区以及世界的和平、稳定与发展继续作出应有的贡献。在本届会议上，我们双方可以围绕这个问题交换意见，作些有益的探讨。中日两国是近邻，是同处亚洲的重要国家。中日邦交正常化以来的历史和实践证明，发展长期稳定的中日友好合作关系，符合两国人民的根本利益，也有助于亚太地区以及世界的和平、稳定与发展。在当今国际形势下，我们两国在进一步维护和发展中日友好合作关系的同时，应进一步加强在国际问题上的合作与协调，共同为建立公正、合理的国际政治、经济新秩序作出贡献。

今年是中日邦交正常化的第19个年头。在这19年里，我们两国关系虽然遇到过一些困难和曲折，但总的来说，还是取得了比较显著的发展，两国的交流与合作已扩大到各个领域。随着我国从今年开始执行关于国民经济和社会发展的十年规划和第八个五年计划，我们两国之间的经济、贸易和技术合作交流等等还将得到进一步的扩大和发展。我们两国友好合作关系的发展，给两国人民带来了重要的利益，为维护亚太地区和世界的和平起了积极作用。今天的中日友好来之不易，是两国政治家和民间友好人士呕心沥血、长期努力的结果，值得两国人民倍加珍惜。中日两国社会制度不同，意识形态相异，发展水平也有很大差异，这是客观存在的现实。中日邦交正常化以来的实践证明，只要我们双方遵循《中日联合声明》和《中日和平友好条约》的原则和精神，超越社会制度和意识形态的差异，在加强相互理解的基础上，正确对待和妥善处理两国关系中出现的问题，中日友好关系就能顺利地向前发展。相反，如果离开《中日联合声明》和《中日和平友好条约》的原则和精神，中日友好合作关系就会受到损害，本来比较容易解决的问题也会变得困难起来。这个教训，值得我们双方共同汲取。

明年是中日邦交正常化20周年，值得我们两国政府和人民共同庆祝和纪念。我们双方可以利用这个机会，认真地总结过去，开辟未来，把中日友好合作关系推向更加成熟的新阶段。中方委员会对中日关系的前途充满信心。我们愿同日方委员会一道，为中日友好关系的不断发展继续做出积极的努力。我相信，在双方的共同努力下，本届会议一定能够取得圆满成功。

谢谢诸位。

（1991年4月19日）

在中日友好21世纪委员会第八次会议上的基调报告

值此中日邦交正常化二十周年之际，中日友好21世纪委员会第八次会议今天在北京举行，是一件很有意义的事情。我谨代表中方委员会全体委员，对日方委员会委员们的与会表示热烈欢迎，并预祝会议在双方的共同努力之下，取得积极成果。

中日实现邦交正常化迄今已经过去二十个年头，两国关系取得了令人满意的发展。双方的合作已经遍及政治、经济、贸易、科技、文化、教育等广泛的领域，给双方带来了重要利益，也为本地区和世界的和平、稳定与发展作出了积极的贡献。“不积跬步，无以至千里”。两国关系发展到今天这样一个局面，是两国政府和人民长期共同努力的结果，来之不易，弥足珍贵。对两国关系中尚存的一些问题，只要双方严格按照中日两国政府的《联合声明》与《和平友好条约》的原则和精神，通过友好协商，加以妥善处理，就能够维护两国关系的大局，继续推动两国关系健康地向前发展。中日关系发展的历史证明，《中日联合声明》与《中日和平友好条约》是发展两国长期稳定的友好合作关系的重要文件，经得起国际风云的考验。它所确立的各项原则，为我们两国超越意识形态和社会制度的差异，建立和发展正常的国家关系奠定了坚实的基础，也是我们判断双边关系中是非曲直的准绳。这是两国关系二十年来的实践给予我们的重要启示，也是一条最为宝贵的经验。

近年来，国际形势发生了战后以来最为深刻的变化。以苏联解体为标志，持续40多年的冷战格局宣告结束，世界进入了一个向多极化发展的转折时期，迄今被两极格局所掩盖的各种政治经济矛盾、地区冲突和民族、宗教矛盾更为突出，和平与发展仍然面临严重挑战。当前复杂多变的国际形势，既向我们提出了新的挑战和课题，也为两国关系的进一步扩大和深化提供了机遇。中国是世界最大的发展中国家，日本是世界经济大国，两国与国际社会有着广泛、密切的联系。充分利用各自的优势，在更为广泛的领域加强合作与协调，符合两国的长远利益，对建立公正、合理的国际新秩序，进而推动人类社会的进步与繁荣，也将产生日益深刻的影响。中日两国有责任、也有能力为世界的和平、稳定与繁荣作出新的贡献。在本次会议上，双方委员可以就加强国际协调与合作的具体领域，进行广泛、深入的讨论，并进一步加强我们之间的相互理解与相互信赖。

中日邦交正常化二十周年对两国关系来说是重要的一年，也是承前启后、继往开来的一年，特别需要指出的是，在江泽民主席和万里委员长访日之后，日本国的明仁天皇陛下和皇后陛下不久将正式访华。这是中日关系中的一件大事，具有十分重要的意义。中国政府和人民热情欢迎天皇陛下的来访，并相信这次访问的圆满成功必将有助于推动两国关系进入一个新的发展时期。由于中日关系的不断发展，我们21世纪委员会也面临着如何适应两国关系发展的现实和长远需要，更好地发挥其应有作用的问题。我相信，凭藉双方委员的智慧以及相互之间的理解和信任，我们一定能够很好地解决这一问题，使本委员会今后以更加有效、务实的形式，为巩固和发展两国的睦邻友好合作关系作出新的贡献。

谢谢各位。

（1992年9月1日）

在中日友好21世纪委员会第九次会议上的基调报告

在中日友好21世纪委员会第九次会议隆重开幕之际，我谨代表中方委员会表示热烈的祝贺。我还要借此机会，衷心感谢细川护熙首相的贺辞，感谢石川忠雄首席委员为首的日方委员及日方事务当局为筹备这次会议所做的辛勤工作。

我们高兴地看到，在过去的一年里，中日关系取得了重大进展。双方隆重纪念了两国邦交正常化二十周年，江泽民主席访问了日本，日本天皇和皇后两位陛下对中国进行了首次访问，两国在政治、经济、文化、科技、环保、人员交流等各个领域的合作都取得了积极的成果，两国关系进入了新的发展阶段。中日友好关系的深化和发展不仅造福了两国和两国人民，也为亚太地区及世界的和平、稳定与发展作出了宝贵贡献。上述重要进展是两国政府和人民共同努力的结果，值得我们共同珍视。

20世纪是人类社会取得巨大发展的世纪，也是一个极不太平的世纪。人类在这个世纪中经历了两次世界大战，也遭遇了许多规模不等的局部战争。现在冷战结束了，世界正朝多极化方向发展，在可预见的将来，世界大战打不起来。但同时我们也应该看到，当今世界并不和平，也不安宁，许多地区动荡不安，部分地区战火频仍，霸权主义和强权政治仍然严重威胁着世界和平。世界经济的发展也面临着困难，特别是亚非拉许多发展中国家的处境更为严峻。我们真诚希望新的世纪能够告别战争与动荡，摆脱落后与贫穷，真正实现人类社会渴望已久的和平、稳定、进步与繁荣。实现这一目标，需要世界各国人民共同做出长期不懈的努力。

在新的国际形势下，中日两国进一步巩固和发展睦邻友好合作关系具有更为重要的意义。中日两国作为亚太地区和国际社会的重要国家，在广泛的领域加强合作与协调，符合两国人民的共同意愿，符合各国在致力于本国发展过程中谋求相互间互利合作的历史趋势，对维护本地区和世界的和平与稳定，推动本地区和世界的发展都将产生积极而重大的影响。从这个战略高度出发，我们不能满足于业已取得的成绩，更不能止步不前，而应再接再厉，不断把两国关系推向新的深度和广度，以适应时代的要求。我们21世纪委员会在这方面应该作出应有的贡献。

今年是中日邦交正常化第三个十年的第一年，也是中日缔结和平友好条约十五周年。回顾过去，展望未来，我们对两国关系的发展前景充满信心。《中日联合声明》和《中日和平友好条约》是发展两国关系不可动摇的政治基础，只要双方严格遵守声明和条约的原则和精神，认真对待并妥善处理两国关系中现存的和可能出现的问题，两国关系就能够健康发展。在经济合作方面，两国具有天时、地利、人和和优势互补的有利条件，中国改革开放事业的不断深化及两国经济的不断发展，也为扩大相互合作开辟了更为广阔的前景。双方抓住当前有利时机，扎扎实实地作出努力，在不太长的时间里争取两国经济合作和科技、文化、教育方面的交流再跃上一个新台阶是完全可能的。在地区和国际事务中，中日两国的作用日益增强，合作领域不断扩大，为两国关系跨世纪的发展注入了新的动力。只要我们双方相互尊重，相互信赖，以诚相待，密切合作，两国关系就一定能取得更大发展。

根据日方安排，我们从下午开始就要移地箱根，就具体问题进行讨论。我希望双方委员在去年会议的基础上，围绕新形势下的两国关系这个中心议题，从政治、经济、文化等各个方面，坦率、深入地交换意见，为推动两国关系顺利迈向21世纪贡献我们的聪明才智。我相信在双方委员的共同努力下，本次会议一定能取得丰硕成果。

谢谢大家。

（1993年11月16日）

在中日友好21世纪委员会第十次会议上的基调报告

新春之际，中日友好21世纪委员会第十次全体会议在此隆重开幕。我谨代表中方委员会热烈欢迎石川忠雄首席委员及日方各位委员前来北京与会，热切希望本次会议取得圆满成功。借此机会，请允许我代表中方委员会，对1月17日贵国阪神地区发生大地震，人民生命财产遭受严重损失表示深切的同情，并对灾区人民表示诚挚的慰问。我们相信，勤劳智慧的日本人民一定会用自己的双手，早日治愈创伤，重建美好家园。

今年正值世界反法西斯战争和中国人民抗日战争胜利五十周年，在这样一个值得纪念的年份举行本委员会第十次会议，具有十分重要的意义。

世界反德意日法西斯战争的胜利，是世界和平民主力量的胜利，也是人类进步事业的胜利，具有伟大的历史意义。战后半个世纪来，国际形势不断发生着深刻变化。美苏两个超级大国对峙争霸，使整个世界在相当长时期内处于严峻的冷战局面。进入90年代，冷战格局瓦解，国际形势总体走向缓和，为各国友好相处、互利合作提供了难得机遇。但与此同时，民族、宗教和领土矛盾引起的局部冲突和摩擦又有所增加，新的国际格局和秩序尚未形成。纵观20世纪国际形势的曲折变化，我们从中得到的重要启示是：和平与发展是不可阻挡的历史潮流；霸权主义和强权政治不得人心；和平共处五项原则等是处理国与国关系的基本准则，应成为建立国际政治经济新秩序的重要基础。

中国人民抗日战争是世界反法西斯战争不可分割的重要组成部分，它的胜利彻底击败了日本军国主义对中国的侵略，成为中华民族由衰败走向振兴的伟大转折点。同时，日本军国主义的覆没也为中日两国重建友好关系开辟了道路，对于中日关系同样具有深远的历史意义。日本军国主义发动的那场侵略战争不仅使亿万中国人民蒙受深重灾难，也使广大日本人民深受其害。这一惨痛的历史教训，值得我们永远记取。以史为镜，可知兴替。战后日本在经济发展上取得了巨大成就，由一个千疮百孔的战败国变为物质文明和科技发展走在世界前列的经济大国，其根本原因正是由于日本人民选择了和平发展道路，并获得和平的国际环境。23年前中日两国捐弃前嫌，化干戈为玉帛，也正是基于日本对过去发动侵略战争的深刻反省以及两国人民强烈要求友好的真诚愿望。正确对待过去那段历史，不仅构成了中日关系政治基础的重要组成部分，也成为两国面向未来，发展世代友好的重要条件。在这个值得纪念的年份里，中国人民将本着“前事不忘，后事之师”的精神，以向前看的态度，举行各种纪念活动。我们相信日本各界人士也会以各种形式进行有益的纪念活动，以正确了解和认识历史，从中汲取有益的教训。我们希望这些活动能够有助于进一步加深两国人民的相互理解和友谊，进一步巩固和加强中日两国的睦邻友好关系。

中日友好21世纪委员会成立十年来，两国关系克服了前进道路上的曲折和困难，经受了国际风云急剧变化的考验，总体上保持了正常发展的势头。政治上我们两国开展了频繁的高层往来，建立了多层次多渠道的磋商对话机制。经济上彼此间合作领域不断拓宽，贸易额大幅度增加。其他各个领域里的友好交流与合作更是方兴未艾，硕果累累。两国在国际事务中的协调与合作也取得了明显进展。中日友好迎来今天这样可喜的局面，是两国政府和人民共同努力的结果。

当前，亚太地区政治形势稳定，经济发展迅速，区域合作顺利，越来越受到国际社会的广泛瞩目。在本地区具有重要影响的中日两国进一步加强友好关系，扩大合作，不仅符合两国的根本利益和两国人民的愿望，也将为本地区的稳定与繁荣，世界的和平与发展作出我们应有的贡献。

我们高兴地看到，中日友好已深入人心，两国在各个领域里的合作又孕育着巨大潜力，各国人民都强烈要求和平与发展，我们应不失时机地把两国睦邻友好推进到一个新的历史阶段。为此，我们应该并且可以做到：不论形势发生什么变化，始终坚持《中日联合声明》和《中日和平友好条约》确立的各项原则，切实履行我们各自承担的责任与义务。充分利用天时、地利、人和等各种有利条件和两国经济增长带来的巨大可能，在平等互利基础上深化和扩大合作，谋求各自的发展与繁荣。继承和发扬两国悠久的民间友好传统，教育青年一代正确认识历史，珍视来之不易的友谊，培养友好事业的接班人。及时妥善处理两国关系中出现的问题，维护中日友好大局，确保两国关系健康发展。进一步加强在地区和国际事务中的协调与合作，共同为建立公正、合理的国际政治经济新秩序作出贡献。

根据去年3月李鹏总理和细川护熙首相达成的协议，我们这次会议需要共同努力，拟定一个面向21世纪的中日友好的共同建议书，送呈两国总理。我们必须妥善地完成这一项光荣使命。

追溯过去，我们感慨万分。展望未来，我们信心百倍。值此新旧世纪交替的重要历史时期，以发展21世纪中日友好为己任的中方委员会，深感肩负使命的光荣和重要。我们将同日方委员们共同努力，进一步推动两国关系在声明和条约的基础上向前发展。我们相信，在两国政府和各界人士的共同努力下，21世纪的中日友好一定会迎来更加美好的春天。

谢谢各位。

（1995年2月24日）

新中国成立初期党中央制定的对日政策和活动方针

从新中国成立到50年代初，我们党根据毛泽东主席和周恩来总理的一些指示，并结合当时的国际形势和对日工作的实践，开始形成了一条对日政策的总方针。这条方针概括起来就是：发展中日两国人民之间（不是政府间）的友好关系，孤立美国，间接地影响日本人民，给日本政府以压力，迫使日本改变对中国的关系，逐步实现中日关系正常化。在这条方针的指导下，我们主动地开展与日本的民间往来，接待日本各界各业代表团到中国来访问，我们也派代表团访问日本，沟通和开展了对日民间贸易，签订了民间贸易协定和渔业协定，协助约三万名日侨回国，对部分在押战犯进行了特赦。在这个过程中，我们积累了对日开展工作的经验，当然也出现了许多问题需要解决。

1954年年底，吉田茂下台，鸠山一郎执政。新上台的鸠山首相表示，要发展同中国的关系。当时中国共产党中央有一个国际活动指导委员会，指导委员会主任是由中联部部长王稼祥兼任的。他看到中日关系有所发展，并且有不少日本人希望到中国访问，想进一步了解中国的情况和对日政策，便提出一个建议：拟通过新华社把周总理1954年10月会见日本国会议员代表团和日本学术文化代表团的谈话，以及1955年1月会见村田省藏的谈话摘要发表出来，让日本方面了解中国的对日政策。在商外交部张闻天副部长时，张闻天副部长认为，那两次谈话不是全面地论述我国对日政策的，在当前很需要制订一个完整的、全面的对日政策的文件，并建议由王稼祥同志主持起草。经周总理同意，就由王稼祥同志召集对日工作有关部门的负责人共同讨论。大约花了一个月时间草拟了一个文件。经总理批示，交政治局讨论。1955年3月1日，政治局讨论并通过了这个文件。

这个文件叫做《中共中央关于对日政策和对日活动的方针和计划》。文件再次肯定了前面已谈到的对日政策的总方针，表示今后要继续执行这个总方针。文件还具体阐述了以下五个问题：第一，对吉田内阁倒台原因的分析；第二，鸠山内阁和吉田内阁在对外政策上的相同点和差异点；第三，中国对日政策的基本原则；第四，今后对日政策和对日活动的方针和计划；第五，对今后前途的预测。这个文件可以说是我们党第一个全面的对日政策的重要文献。它不是仅仅涉及对日外交，而是全面涉及对日关系各方面的问题。例如，文件确定了我国对日政策的基本原则。这些基本原则是：第一，主张美军从日本撤退，反对美国在日本建立军事基地，反对重新武装日本和复活军国主义；第二，根据平等互利的原则，争取改善中日关系，逐步达到外交关系的正常化；第三，争取日本人民，建立中日两国人民的友谊，对日本人民的处境表示同情；第四，给日本政府以压力，孤立美国，以迫使日本政府改变对中国的关系；第五，间接地影响和支持日本人民反美和要求日本独立、和平、民主的运动。文件还提出，在新形势下进行下述七个方面的工作：一、中日贸易；二、渔业问题：三、文化友好往来；四、中日两国议会间的往来；五、日本在中国的侨民和战犯问题；六、中日两国关系正常化问题，其中提到赔偿问题、结束战争状态问题现在不宜确定下来，要在两国关系正常化时再来解决这两个问题；七、舆论工作。关于这七项工作都提出了比较具体的计划。据我了解，1955年制定的这个文件，恐怕是在新中国成立后对日政策中最全面的、经过政治局讨论通过的正式文件。日本有些中国问题专家批评中国对外政策大都是长官意志决定，忽略组织过程。从上述文件制定的整个过程看，足以证明这种批评是不恰当的。我们党和国家的主要政策，是通过组织、经集体讨论决定的。即使在个人崇拜盛行时期，确有长官意志确定政策的倾向，但也不是每个政策都是如此。例如，我们提出的《中日联合声明》草案中的不少内容，是在五六十年代就一再讨论过的，而且中方草案经周总理构思决定后，曾请示毛主席同意。至于最后两国一致同意的《中日联合声明》，我方在签署前，是经政治局讨论通过的。

（原载日本《论座》杂志1997年11月号，《筹备桥梁的人们》）

日本人民的斗争和日本共产党

最近几年，日本人民展开了波澜壮阔的反对美帝国主义和日本垄断资本的斗争。这些斗争，一浪接着一浪，汹涌澎湃地席卷了整个日本。它严重地打击了美帝国主义和日本垄断资本在日本的统治，大大地提高了日本人民的觉悟水平，加强了日本人民的组织力量，并且对于世界各国人民反对美帝国主义和保卫和平的斗争，作出了巨大的贡献。日本人民的伟大斗争，充分地显示了日本人民为争取日本的独立、民主、和平和中立而奋斗的坚强意志和英雄气概，为被压迫人民提供了光辉的榜样，赢得了全世界人民的热烈支持和同声赞扬。

日本人民斗争的发展，是由第二次世界大战后日本的根本形势所决定的。

1945年，日本帝国主义宣布无条件投降以后，日本就一直处在美帝国主义的全面的军事占领之下。1951年，美帝国主义同日本反动派片面地缔结了旧金山和约，并签订了所谓“日美安全条约”，美国对日本的全面的军事占领虽然发生了变化，但是，日本的民族主权仍然遭到严重的侵犯，日本并没有恢复真正的独立地位。根据这些条约和一系列的协定，美国继续霸占了日本的冲绳岛和小笠原群岛，美国有权在日本驻扎军队，并拥有大量的军事基地。日本的自卫队事实上置于美国的指挥和掌握之下。日本被重新武装起来，成为美帝国主义推行侵略政策和战争政策的亚洲基地。

日本垄断资本屈从于美国，执行向美国一边倒的外交政策，敌视社会主义阵营和中华人民共和国，并且妄图重温昔日“大东亚共荣圈”的残梦。日本垄断资本在美国指使下，积极复活军国主义，推行法西斯政策，力图剥夺日本人民的民主权利，镇压日本人民的爱国运动。

日本垄断资本在经济方面受到美国的严重控制。日本接受美帝国主义的“援助”，在金融上依附于美国，重要的产业部门受着美国资本的直接控制。日本对外贸易的输出和输入，有一半以上是同美国和它的“势力范围”进行的，日本对社会主义国家的贸易受到了美国的多方限制。输入日本的美国资本和技术正在连年增长。依靠美帝国主义扶植而发展起来的日本垄断资本的经济力量，虽然同美国垄断资本存在着矛盾，但是，日本垄断资本无力摆脱美帝国主义控制，而用加强对日本人民的剥削来补充自己的力量。

美帝国主义在军事、政治、经济方面控制着日本，使日本成为美国的半占领的附属国。这一根本特点，决定了日本人民的当前的革命斗争不能不是争取独立、民主、和平、中立和提高生活水平的斗争，而这些斗争的打击目标，就不能不指向美帝国主义和日本垄断资本这两个主要敌人。日本共产党总书记宫本显治指出：“妨碍现在日本社会发展的是美国帝国主义和本国的垄断资本，它们勾结起来压迫日本的工人阶级和人民。因此，革命的主要敌人就是它们两个。”[1]最近几年，日本人民进行的一系列的伟大斗争，正是朝着这个目标展开的。

1959年到1960年期间，日本人民展开了具有历史意义的反对修改“日美安全条约”的斗争。1958年10月，美日反动派就修改“日美安全条约”进行谈判。美帝国主义企图通过缔结新的“安全条约”进一步加强对日本的控制，更紧地把日本纳入美国的战略计划；而屈从于美帝国主义的日本垄断资本则企图通过缔结新的条约，加强对外扩张和对内掠夺，加紧复活军国主义和帝国主义。这是日本人民面临的新的民族危机，同时也是亚洲和平所面临的新的严重威胁。日本人民为着保卫民族独立，阻止日美反动派把新的军事条约强加于日本，就在1959年4月，揭开了反对修改“日美安全条约”爱国正义斗争的序幕。日本共产

[1] 《日本共产党第八次代表大会文件》，世界知识出版社1962年版，第176页。

党在这个斗争中，高度地发挥了先进部队的作用。日本共产党指出，反对修改“日美安全条约”的斗争，是粉碎旧金山和约体系，争取日本的独立、民主、和平和中立的长期斗争的重要环节。日本共产党号召全体人民，通过这个斗争，组成以工人阶级为中心的农民、劳动市民、知识分子、妇女、青年、学生和广大爱国人士参加的民族民主统一战线。经过日本共产党的积极活动和其他民主党派的共同努力，群众运动的江河奔流起来了。日本人民不顾美日反动派的警棍和屠刀，以冲天的英雄气概，采取罢工、罢教、罢课、罢市、集会、游行示威、签名、请愿等等丰富多彩的斗争形式，在全国各地展开了包括三次政治性总罢工在内的二十三次统一行动。整个日本鼎沸起来了。不仅工人、农民、知识分子、学生、自由职业者和市民投入了运动，连家庭妇女、儿童和宗教界人士也都卷入了运动。在整个斗争期间，参加二十三次统一行动的人数，达到一亿多人次。随着运动的高涨，在中央和各个地区，建立了适合于日本特点的统一战线。尽管岸信介内阁最后使用暴力，迫使国会非法通过了新的“日美安全条约”，但是，日本人民在这一斗争中所取得的成就，毕竟是极其辉煌的。宫本显治同志在总结斗争的成果时指出：“在斗争过程中给予了日美军事同盟以重大的打击，创造了进一步废除条约的条件，迫使岸内阁倒台，阻止了艾森豪威尔访问日本”等等[1]。日本人民的伟大斗争，充分地证明了，当人民团结起来，敢于斗争，并且把自己的力量形成历史的巨流时，凶恶的貌似强大的反动派，是完全可以被战胜的。

对于日本人民反对修改“日美安全条约”的斗争，毛泽东同志于1960年6月曾经指出，同前几年比较起来，日本人民的觉悟有了很大的提高，现在广大的日本人民群众都认识到美帝国主义是中日两国人民以及全世界爱好和平、主持正义的人民的共同敌人。这次斗争，从它的规模之大、范围之广以及持续时间之久说来，是以前难以设想的。看来，日本人民已经找到了一个在目前情况下反对新的“日美安全条约”、反

[1] 宫本显治：《日本共产党的斗争道路》，日本共产党中央委员会出版部出版，第120页。

对美国军事基地、赶走美帝国主义侵略势力的好办法，这就是团结一切除了美帝国主义及其代理人以外的最广泛的力量，对美帝国主义及其代理人进行全民性的群众斗争。毛泽东同志又说，日本人民反对美帝国主义及其在日本的代理人、要求民族独立和民主自由的胜利斗争，对于中国人民和世界人民反对美帝国主义侵略、维护世界和平的斗争是一个极大的支持。

日本人民在展开反对“日美安全条约”斗争的前后，还发动了反对日本反动政府一系列法西斯法案、保卫日本人民民主权利的斗争。这就是1958年秋季反对修改“警察职务执行法”的斗争，1961年反对“防止政治性暴力行为法案”的斗争，和1962年反对“维持民主秩序法案”的斗争。日本反动派接连地提出这些反动法案的目的，是企图恢复战时法西斯警察所具有的非法特权，为全面镇压日本人民的反美爱国运动，积极复活日本军国主义创造条件。日本共产党指出，修改“警察职务执行法”，是修改“日美安全条约”的先声；提出“防止政治性暴力行为法案”，是为了“把日本人民推入屈从于美帝国主义的侵略和战争的道路”。日本共产党及时地向人民揭穿了这些法案的法西斯性质，为捍卫日本人民的民主自由进行了坚决的斗争，并把这种斗争同反对美帝国主义和争取民族独立的斗争结合起来。日本共产党利用国会讲坛，号召群众起来，粉碎这些法案；同时又着重在国会外面，坚决地发动广泛的群众斗争。1958年秋季，有500个团体表示反对修改“警察职务执行法”，形成了数达450万人的群众性的统一行动的高潮。通过斗争，日本共产党和日本社会党之间的统一战线的关系，有了新的进展。在1961年一整年中，日本人民为反对“防止政治性暴力行为法案”，组织了每次有几十万到几百万人参加的八次统一行动。在日本人民的强大的压力下，“警察职务执行法”修正案变成了废案，“防止政治性暴力行为法案”被迫延缓通过。1962年春季，池田政府玩弄花招，把“防止政治性暴力行为法案”改名为“维持民主秩序法案”而重新提交国会。但是，仍然遭到了日本共产党和它所鼓舞、推动的国会内外的民主党派、团体和广大群众的强烈抵制，不得不再一次地被搁置起来。日本人民在保卫民主权利的斗争中，连打了三次胜仗。

最近几年，日本人民反对以美国为首的帝国主义的侵略政策和战争政策，保卫世界和平的斗争，也有了猛烈的发展。日本人民保卫世界和平的斗争，是同争取日本实行和平和中立政策的斗争，特别是同争取日本民族独立的斗争不可分割地结合在一起的。正如日本共产党中央委员会主席野坂参三所强调指出的，“和平和独立的课题，对从属于美国的我国说来，是不可分割的，我们必须经常明确这一点：‘没有独立，就没有真正的和平’。”[1]因此，日本人民不仅要求禁止原子武器和核武器，要求实现普遍裁军，同时还为撤销美国在日军事基地，收复冲绳岛和小笠原群岛，废除日美军事同盟进行了斗争。由于日本的和平运动反映了日本人民的上述要求，采取了和平运动与民族独立运动互有联系、互为依辅的方针，日本保卫和平的力量有了很大的发展。日本人民在每年夏季召开的禁止原子弹氢弹世界大会，和大会开会以前举行的和平大游行，也就年复一年地扩大起来。去年夏天，参加这种游行队伍的，累计达两千多万人。游行队伍历程两万公里，走遍了日本境内的美军基地。从去年10月到今年3月，日本人民分别在50多个地方举行了反对美军基地大会。其中，特别值得指出的，是在福岗举行的要求撤销板付美军基地的九州大集会，单参加这个大会的团体就有1000个左右，群众逾10万人。它显示了日本人民不收回美军基地决不罢休的坚强意志。通过日本共产党和其他民主党派、团体的艰巨的工作，现在日本人民反对美军基地的斗争，已经从一部分美军基地地区扩展到全国所有美军基地地区；原来只要求赔偿被占土地的斗争，已经提高到要求撤销美军基地和废除“日美安全条约”的政治斗争；同时通过这些斗争，还进一步地巩固了工人阶级同农民的政治联盟。

日本人民反对“日韩会谈”的运动，对于反对美帝国主义的侵略，保卫亚洲和平，具有积极的意义。在今年3月到4月间，日本人民为着

[1] 《日本共产党第八次代表大会文件》，世界知识出版社1962年版，第83页。

粉碎“日韩会谈”和美帝国主义拼凑“东北亚军事同盟”的侵略计划，展开了粉碎“日韩会谈”运动月，发动了反对“日韩会谈”的全国统一行动。日本共产党同社会党和其他民主团体一道，在东京、大阪、京都等39个都、道、府、县，举行了抗议集会和示威游行。目前，日本人民正在为彻底粉碎“日韩会谈”进行着新的斗争。日本共产党指出，粉碎“日韩会谈”的斗争是当前最迫切的主要课题。

日本工人阶级在积极参加争取民族独立斗争的同时，还顽强坚韧地展开了维护自己的生活权益和反对日本垄断资本实行“产业合理化”的斗争。每年参加春季和秋季例行斗争的工人，动辄都在几百万人以上。特别是1959年8月开始的历时约一年半的三池矿工的斗争，是这种斗争的最高表现形式。英勇的三池煤矿工人，持续罢工达283天之久。日本共产党积极地支援了这个罢工。全党机关响应党中央的号召，派遣了包括以党的主席为首的领导干部在内的共达几千人次的支援队。日本共产党揭露了日本垄断资本的所谓合理化政策的掠夺性质，揭露了日本垄断资本在经济上对美国的依附性，并且竭尽全力把这个斗争同当时反对修改“日美安全条约”的斗争汇合起来，使它成为后者的一个重要支柱。通过斗争的实践，有力地教育了日本工人阶级，使他们了解到，必须坚决地击退美帝国主义和日本垄断资本的进攻，才能够使自己的迫切的生活要求得到满足，才能够使自己的斗争越出改良范围，进一步地争取解放自己。三池煤矿工人的斗争，出色地显示了日本工人阶级的坚韧力量，它对于1960年以后日本工人阶级抗击垄断资本的进攻、保卫自己的基本权利的斗争，特别是对于1961年连续罢工三个月的高松煤矿工人的斗争，产生了积极的影响。

我们在上面概括地介绍的，是最近几年日本人民斗争中的几个主要运动的轮廓，远没有叙及所有的斗争。但是，从上面描绘的轮廓中，可以鲜明地看到，日本人民的斗争，具有其自身的许多光辉特色。

就日本人民运动的规模和范围来说，这是世界革命运动历史上少见的，在日本革命运动的历史上是空前的。这个运动扩及日本全国，把一个个的城市、一个个的美军基地附近的农村和一个个的区域，都相继地卷入了斗争的漩涡，使参加运动的群众具有全民的性质。日本人民的斗争，抵御住了美日反动派的各种镇压，一个运动接着一个运动地兴起，或者这个和那个运动相互结合地兴起，而且运动的高潮又是后浪推着前浪，延续持久地向前发展。日本人民在斗争中，创造和运用了丰富多彩的斗争形式，并且随着斗争形势的发展，把各种各样的斗争要求，包括日常要求和政治要求，巧妙地结合起来，把争取独立、民主、和平、中立和提高生活水平的不同内容的斗争有机地联系起来，集中到反对美帝国主义和日本垄断资本这个主要目标上来。所有这一切，正是充分地显示了日本革命阶级的英勇顽强的斗争精神和高度的斗争艺术。宫本显治同志指出，日本人民的革命斗争，是“具有国际意义的”，“日本斗争的方针、理论，在丰富国际共产主义运动的理论方面，占有积极的位置”[1]。

日本是一个高度发达的资本主义国家。在资本主义世界中，最近几年，日本经济的发展是比较迅速的。日本的反动派是有丰富的统治经验的。在日本工人运动中，社会民主主义思想具有相当广泛的影响。尽管如此，日本却爆发了震天撼地的全民性的伟大斗争，这不能不是一个发人深思的问题。

日本的从属于美国，激化了日本民族同美帝国主义的矛盾。日本垄断资本的依附于美国，它的巨大垄断和集中，以及政治上的专横，激化了日本人民同日本垄断资本的矛盾。在东风压倒西风的国际形势下，美帝国主义勾结日本反动势力积极地在亚洲推行侵略和战争计划，加紧复活日本军国主义和帝国主义，则更加激化了日本人民同美帝国主义和日本垄断资本的矛盾。这些矛盾，正是日本人民掀起伟大斗争的客观基础。

这里必须强调指出的是，日本人民运动的迅猛发展，是同日本共产党的正确的政治路线，同日本共产党站在人民运动的前列，进行了艰巨

[1] 宫本显治：《日本共产党的斗争道路》，日本共产党中央委员会出版部出版，第215页。

卓绝的活动，紧紧地联系在一起的。

如同日本共产党所指出的，最近几年，“是日本共产党历史上的一个具有划时代意义的时期”[1]。日本共产党中央八届三中全会决议写道：“从1955年日本共产党第六次全国代表会议起，经过第七次代表大会，到第八次代表大会这个期间，日本共产党克服了遗留在党内的弱点，治好了因镇压而受到的创伤，同一切机会主义进行了斗争，紧紧地沿着树立正确的革命路线的道路而前进，在政治上组织上都有了显著的增强。第八次党代表大会制订了纲领，指明了日本革命的前进道路。”

1961年日本共产党第八次代表大会制订的纲领，是根据1958年第七次代表大会上提出的纲领草案，并且总结这三年来伟大的群众运动的实践，加以补充和发展起来的。纲领指出，现在从根本上统治着日本的，是美帝国主义以及在屈从它的情况下同它结盟的日本垄断资本集团。日本虽然是一个高度发达的资本主义国家，但是，在实际上它却是一个被美帝国主义半占领的附属国。因此，日本人民的主要敌人，是美帝国主义和日本垄断资本。日本当前革命的性质，不能不是反对美帝国主义和日本垄断资本的新的民主革命、人民的民主革命，而这个革命本身就有奠定向社会主义革命过渡的基础的任务。日本走向社会主义的道路必须通过无产阶级革命和无产阶级专政。在目前，日本共产党应该为争取独立、民主、和平、中立和提高生活水平而斗争，并且在这个斗争中，建立起民族民主统一战线。纲领还强调指出，日本人民积极推进本国的解放斗争，是对反对帝国主义的国际统一战线和世界和平事业的巨大贡献。正如野坂参三同志指出的：“这个纲领是把马克思列宁主义的真理运用于我国实际情况的唯一正确的革命路线。这个纲领将成为照耀我党及我国民族和人民取得反帝、反垄断、民主主义革命胜利的指路明星。”[2]

在最近几年的日本人民的伟大斗争中，日本共产党正是沿着这条

[1] 《赤旗报》社论：《日本人民利益始终不渝的捍卫者》，1962年6月22日。

[2] 《日本共产党第八次代表大会文件》，第313页。

正确的革命路线推动运动向前发展的。今年7月，日本共产党八届三中全会决议指出，日本共产党必须高举起四面旗帜不断前进。这四面旗帜是：反对帝国主义、反对垄断资本的人民的民主革命的旗帜；保证祖国真正独立和人民胜利的民族民主统一战线的旗帜；在政治上、思想上和组织上建设巩固而强大的党的旗帜；反对以美帝国主义为首的帝国主义的、民族解放与和平的国际统一战线的旗帜。

日本共产党高高地举起反对帝国主义和反对垄断资本的人民的民主革命的旗帜，贯彻了反对两个敌人的方针。

伟大的日本人民运动，遭到了托洛茨基主义者、右翼社会民主主义者和共产党内的修正主义者的阻碍、破坏和攻击。尽管他们三者的表现形态和具体作用有所不同，但是他们都反对日本共产党的同两个敌人进行斗争的政治路线，阉割日本人民运动的反美性质。

日本托洛茨基主义者根本不反对美帝国主义。他们在反对“日美安全条约”的斗争中，不提反美的口号，拒绝采取向美国抗议和示威等反美行动，同时，还提出“举行武装起义”“打倒岸信介政府就是实行社会主义革命的突破口”等等表面上极左的口号，实际上是要转移开群众对美帝国主义斗争，而为美帝国主义效劳。社会党领导集团中的右派分子，屈服于美日反动派的压力，在反对“日美安全条约”的斗争中，也力图转移日本人民反对美帝国主义的斗争锋芒。从社会党分裂出去的右翼社会民主主义者西尾一派，在组织民主社会党后，就公开为美帝国主义卖力。至于日本共产党内的修正主义分子，则鼓吹日本人民只应该反对日本垄断资本，而毋需反对美帝国主义。他们甚至认为美帝国主义在本质上具有和平的一面。为着推动人民运动向着反对两个敌人的既定方向前进，在反对“日美安全条约”的斗争中，日本共产党警惕地揭露了托洛茨基主义者的挑拨活动和他们的反革命面目，同时，又同修正主义者和右翼社会民主主义者屈服于美帝国主义的右倾机会主义路线进行了坚决的斗争。

在日本共产党举行第八次代表大会的前后，日本共产党又坚决地击退了修正主义的反党集团和右翼社会民主主义者一起为反对日本共产党的新纲领草案向日本共产党发动的全面的联合进攻。

以春日庄次郎为代表的修正主义反党集团，以“左”的面貌出现，提出了同纲领草案完全对立的政治路线。修正主义反党集团还同党外的所谓“马克思主义理论家”合伙，利用资产阶级的各种报刊和出版社，发表了攻击日本共产党纲领草案的大量的文章和著作。日本社会党内盘踞在领导机关中的右派分子，也在这个时候发表了各种攻击日本共产党纲领草案的文章，提出了同日本共产党的革命路线相对抗的所谓“结构改革”论。修正主义者和右翼社会民主主义者对日本共产党的攻击，尽管在个别论点上和形式上有所不同，但是，就其根本内容来说，不过是“结构改革”论的不同的日本版。

各色各样的“结构改革”论者认为，日本同美国缔结了旧金山和约以后，已经是一个独立的国家，随着战后日本经济的迅速发展和日本垄断资本力量的扩大，日本已经复活成为一个自立的军国主义和帝国主义国家。“结构改革”论者低估或否认美国在军事、政治、外交和经济方面对日本的控制。他们甚至把美国在日本各地建立200多个军事基地，驻扎大量军队，霸占冲绳岛和小笠原群岛，日本军队事实上受美国指挥这样的一些严重事实，都看作是出自日本垄断资本集团的自愿，而不是美国强加于日本的半占领状态。因此，“结构改革”论者武断地认为，日本工人阶级同日本垄断资本的矛盾，是目前日本唯一的基本矛盾，日本人民同美帝国主义的矛盾，不过是附属的次要的矛盾，日本人民毋需为争取日本的独立而反对美帝国主义。他们就这样阉割了日本人民革命的反帝和民族独立的内容。不仅如此，“结构改革”论者还认为，当前阶段日本革命的性质是反对垄断资本的社会主义革命，而实现这种社会主义革命的道路，则是通过不断地改革垄断资本及其政权的结构，也就是依靠一点一滴的改良的积累，和平过渡到社会主义。这就进而阉割了日本人民革命当前阶段的民主内容，并且鼓吹“和平长入”社会主义。“结构改革”论者还标榜所谓“和平共处”的世界革命的战略，认为日本人民应该放弃争取独立的斗争，代之以一般的和平运动。显而易见，“结构改革”论是同日本共产党纲领完全针锋相对的，它是为美日反动派服务、从根本上瓦解日本人民革命运动的政治路线。

日本共产党为着保卫党的革命纲领，保卫日本人民运动的正确道路，在第八次代表大会期间，全党一致，彻底地批判了修正主义和右翼社会民主主义，通过了革命的纲领。大会期间，日本共产党主席野坂参三同志所作的中央委员会的政治报告，总书记宫本显治同志所作的关于纲领草案的报告，给了修正主义和右翼社会民主主义的思想体系和政治路线以彻底的打击。同时，大会前后，日本共产党中央领导同志所发表的一系列的批判修正主义和右翼社会民主主义的论著，把“结构改革”论的各个论点，驳得体无完肤，充分地体现了宫本显治同志所说的，日本共产党“高举马克思列宁主义和无产阶级国际主义的旗帜”，“彻底粉碎党内外一切机会主义和反革命理论”的革命的战斗精神。

日本共产党内的修正主义集团溃败了。在日本共产党第八次代表大会举行的前夕，以春日庄次郎为代表的反党集团背叛了党，投降了敌人。他们在叛党以后所组织的“社会主义革新运动筹备会”，已经分崩离析。在今年夏季的日本参议员选举中，叛党集团为着抵制野坂参三同志的当选，在东京选区提出了他们自己的候选人。但是，他们的这一企图可耻地失败了。选举结果，叛党集团的候选人落选了，野坂参三同志当选了。这个事实生动地说明，修正主义者只能受到日本工人阶级和广大人民的唾弃。

右翼社会民主主义者所鼓吹的“结构改革”论，也受到社会党和属于社会党的群众团体中的广大进步分子的抵制。在今年春季举行的社会党代表大会上，“结构改革”论的倡导者们，不得不声明“结构改革”论只不过是日本革命问题中的所谓策略问题，而不是战略问题。他们不敢和不提反对美帝国主义的态度，受到了社会党内外的进步分子的强烈反对。

在为动员和组织日本人民进行反对两个敌人的斗争中，日本共产党始终高高地举起保证祖国真正独立和人民胜利的民族民主统一战线的旗帜。这是在工人阶级的领导下，以工农联盟为基础，把劳动市民、知识分子、妇女、青年、学生、中小企业家以及一切爱好和平、爱国、保卫民主的人士团结在一起的统一战线。

日本共产党认为，在同美日反动派进行斗争中，加强各阶层人民和民主力量的团结，是保卫人民的根本利益、争取人民胜利的最强大的武器。为着建立统一战线，日本共产党在历次的群众运动中，总是向工人阶级和民主力量明确指出斗争的中心目标和共同要求，并且以自己的先锋作用和模范作用，来影响群众、教育群众和团结群众。同时，日本共产党对日本社会党和社会党所属的群众团体，也采取了适合于日本具体情况的正确的政策。日本共产党一贯表明，“希望同社会党和无党派的人士联合起来，一道行动，决不采取宗派主义的态度去排斥其他民主党派和团体。”[1]因此，日本共产党根据各个时期他和社会党在斗争的具体目标和具体政策方面的一致，争取同社会党进行联合斗争和建立合作关系。但是，在日本工人运动和民主运动的内部，社会民主主义具有广泛的影响。日本社会党的右派领导集团对日本共产党采取了排他的宗派主义的政策，并且强制他们属下的群众组织，只许支持社会党，不许支持日本共产党。日本共产党对于社会党的右倾倾向和破坏团结的做法，进行了坦率的批判。另一方面，日本共产党在执行统一战线的过程中，对党内一部分党员丧失独立自主立场的一些右的倾向，也进行了批判。

由于日本共产党执行了正确的统一战线政策，于是，在各个地区，在基层组织，首先打破了社会党中央右派领导集团的种种限制，建立了共产党同社会党和工会等群众团体的联合斗争的组织。在反对“日美安全条约”的斗争中，这种地方性的联合斗争的组织，发展到两千多个。在中央，也组成了“国民会议”。这样，也就建立了事实上的统一战线。宫本显治同志指出，“这是世界上任何资本主义国家前所未见的人

[1] 《日本共产党第八次代表大会文件》，世界知识出版社1962年版，第64页。

民团结的姿态”[1]。

自从反对“日美安全条约”斗争以来，美日反动派集中一切力量打击和孤立日本共产党，千方百计地破坏以“国民会议”为中心的统一战线组织。社会党右派从它的反共的宗派主义出发，硬不承认“国民会议”是统一战线的组织，他们还对“国民会议”的活动实行怠工。日本共产党为着捍卫和发展统一行动和统一战线，不断地批判了这种破坏团结的分裂倾向，及时地提出了当前斗争的各项共同任务，呼吁工人阶级和一切爱国民主力量，为反对美日反动派而加强团结和采取统一行动。

随着日本人民运动的高涨，现在日本共产党的力量，有了很大的发展。从如火如荼的群众运动中涌现出来的、经受考验的积极分子，不断地参加了党的队伍。仅仅在1960年一年中，就有数万人参加了日本共产党。从1958年到1961年的三年中，日本共产党党员的数量增加了一倍还多，现在已达十万人。富有战斗传统的日本共产党党报《赤旗报》的销售量，已经从1958年的每期47000余份扩大到1961年年底的141000余份，《赤旗报》星期日版的销售量，也从1959年春季创刊时的每期3万份，扩大到1961年年底的328000余份。党的团结是更加巩固和增强了。党在农村中的工作也有了新的开展。现在，日本共产党已经成为全世界革命人民敬仰的具有群众基础的政党了。

为着适应新的形势，日本共产党中央一再号召全体党员，高举在政治上、思想上和组织上建设巩固而强大的日本共产党的旗帜，为扩大和巩固党的力量进行系统的工作。日本共产党指出，即使党有正确的政治路线，并且站在群众的政治斗争和经济斗争的前列，坚持统一战线的方针，如果党还没有成为一支强大的政治力量，那么，绝不能团结人民，走向胜利。1961年12月日本共产党八届二中全会要求全党，不断地提高党员的政治水平和思想水平，要求全党在1963年年底，把党员数量扩大到37万人，《赤旗报》销售量发展到55万份，《赤旗报》星期日版销售量发展到120万份。关于发展党员方面，不仅要求争取在重要的企业里

[1] 宫本显治：《日本共产党的斗争道路》，日本共产党中央委员会出版部出版，第131页。

都建立支部，而且要求使农村中党的力量获得飞跃的发展。为着适应新的形势，日本共产党还指出，在大大发展党的同时，要提高革命警惕，细心地注意保存和积蓄党的力量。1962年9月举行的日本共产党组织部长和机关报部长联席会议，和十月举行的日本共产党八届四中全会，再次地强调了建立党的正确工作作风、建设一个强有力的党的问题。

日本共产党在领导日本人民运动的过程中，始终高举着反对以美帝国主义为首的帝国主义的、民族解放与和平的国际统一战线的旗帜，把日本人民反对两个敌人的斗争，同世界各国人民争取和平、民族独立、民主和社会主义的斗争结合起来，并且为争取实现亚洲、非洲、拉丁美洲以及全世界除了帝国主义和各国反动派以外的90%以上人民的团结，进行了坚持不懈的努力。

日本共产党确认，日本是美帝国主义在亚洲实行侵略和推行反动统治的最重要的据点。美日反动派缔结的军事同盟，不仅侵犯了日本的独立，而且是对于亚洲和世界和平的严重威胁。日本工人阶级和劳动人民积极地推进本国的解放斗争，是反对帝国主义的国际统一战线的一个重要方面，是对亚洲与世界和平以及世界进步事业作出巨大贡献的行动。日本共产党认为，争取日本人民解放斗争的胜利，是日本共产党和日本工人阶级对于日本人民应尽的义务，也是日本共产党和日本工人阶级的国际义务。而另一方面，日本人民的斗争，绝不是孤立无援的，它得到各国人民的支持。日本人民能够从各国人民反对帝国主义保卫世界和平的斗争中汲取到力量。野坂参三同志在评论反对“日美安全条约”的斗争时，就曾经特别强调这次斗争把亚洲人民以及世界人民同日本人民的斗争紧密地连结起来的巨大意义，并且强调指出，这种“在反对美帝国主义这个共同敌人方面，用实际行动所进行的联合斗争，是国际团结的新的发展形式。”[1]

现在，在日本人民中间，反对美帝国主义，加强同社会主义阵营的团结，保卫世界和平和支持民族解放运动的思想，得到了广泛的传播。

[1] 《野坂参三选集·战后篇》，日本共产党中央委员会出版部出版，第384页。

最近日本举行的第八次禁止原子弹氢弹世界大会，就是最好的例证。在这次会议中，日本社会党代表团的右派分子力图把日本人民反对原子弹氢弹运动，同反对美国军事基地，要求归还冲绳岛和小笠原群岛等等民族独立的要求割裂开来。日本社会党的右派特别竭尽全力，要把日本人民反对帝国主义、保卫和平的斗争，纳入社会党的不分敌我的所谓“积极中立主义”的轨道，甚至不惜在会议上使用暴力，强迫这个运动把帝国主义阵营和社会主义阵营都看成是执行“实力政策”的战争势力，并且强迫这个运动采取不反对和平敌人美帝国主义的“第三势力”的立场。但是，社会党代表团的右派分子的这个打算落空了。参加大会的绝大多数的日本代表，包括进步的社会党人，都反对社会党代表团的右派分子的这种损害日本人民同世界各国人民反帝团结的错误主张和错误做法，热烈地支持了日本共产党人加强国内外民主势力在反帝方面紧密团结的主张。日本共产党高举反对以美国为首的帝国主义的、民族解放与和平的国际统一战线的旗帜，是日本人民运动取得巨大成就的一个重大因素。

日本共产党一向根据马克思列宁主义的无产阶级国际主义精神，根据莫斯科宣言和莫斯科声明的原则，为国际共产主义运动的团结进行了努力，把加强国际共产主义运动的团结看作是自己的国际义务。《赤旗报》评论写道，日本共产党“一面坚决维护无产阶级国际主义和国际共产主义运动的团结，一面独立自主地判断事物，以自己负责的精神来积极地发展日本劳动人民的革命斗争。只有采取这种态度，才能建立一个把无产阶级国际主义和爱国主义统一起来的、真正独立的、平等的党。而且，只有这样，各国兄弟党才会促成真正血肉相连的坚强的团结。”[1]日本共产党认为，加强国际共产主义运动的团结，对于日本工人阶级和人民发展反对两个敌人的斗争和加强团结，具有极其重要的意义，同时，这也是世界各国人民争取和平、独立、民主、社会主义和共产主义斗争的胜利保证。

---

[1] 《赤旗报》评论：《春日一伙对国际共产主义运动的挑衅》，1962年1月29日。

日本共产党经历了四十年光辉的行程。这是披荆斩棘，历尽风波，前仆后继，英勇奋斗的历史。不论在战前严酷的岁月里，不论在狂风暴雨的战争的日子里，不论在战后复杂困难的年代里，日本共产党人备尝屠杀、拷打、监禁等种种迫害，但是，他们始终坚定地屹立在革命的岗位上，为着保卫日本民族和日本人民的根本利益，同横蛮无比的敌人，进行了英勇顽强的斗争。日本共产党以自己的行动，向日本人民鲜明有力地证明了这样的一个真理：日本共产党是日本民族和日本人民利益的最忠贞不渝的捍卫者。日本共产党八届三中全会的决议写道："我党从建党以来的四十年间，有四分之三的时间，被迫在敌人的残酷的迫害和搜捕下进行活动。但是，我党历经一切考验和困难，高举人民革命的旗帜，为着在日本历史上开辟人民当家作主的新时代，进行了不屈不挠的斗争。在此期间，资产阶级地主政党、社会民主主义政党以及其他一切政党都反复重演了生而复灭、集而复散的历史，唯独日本共产党没有被敌人的各种迫害和搜捕所消灭，而是排除万难，不断地成长和发展起来了。这是因为我党始终不渝地坚持了这样的正义立场：保卫祖国和人民的根本利益，同人民敌人进行顽强的斗争，同时在无产阶级国际主义的旗帜下，坚决反对侵略和压迫其他民族，以及团结全世界的进步力量。这是因为我党有着不可战胜的科学理论马克思列宁主义的指导。"

现在日本共产党正在得到日本人民越来越大的信任和拥戴。当然，美日反动派对于日本共产党的日趋强大和日本人民运动的日益发展，决不会袖手旁观。在日本共产党和日本人民前进的道路上，还会有重重困难和各种曲折。但是，经历过严峻考验和受过伟大群众运动锻炼的日本共产党和日本人民，是一定能够战胜前进道路上的各种障碍的。

中国人民一向热烈地支持日本人民的斗争，并且把日本人民的斗争，看作是对我国革命和社会主义建设的巨大支持。中日两国人民都受着美帝国主义的压迫，这种共同遭遇，使中日两国人民更加团结起来了，使中日两国共产党富有传统的团结也更加巩固了。中国人民深信，通过中日两国人民和各国人民的共同斗争，我们一定能够战胜我们的共同敌人——美帝国主义。伟大的日本民族是一定能够赢得光辉的胜利的。

（原载《红旗》1962年第20期）

同日中友协代表团领导的谈话

中日友协和日中友协是两个对口单位，所以经常就两国友好运动的问题交换些意见。我今天谈的问题，也曾经同你们协会的其他领导同志谈过。

自从两国恢复邦交以来，两国政府间关系以及民间团体间关系都获得很大的发展。在政府间的关系方面，根据《中日联合声明》的规定，除了渔业协定以外，其他三个业务协定已经签署了。关于缔结《中日和平友好条约》问题，也开始了预备性谈判。在经济贸易方面，两国的贸易总额，复交那一年约为10亿美元，1974年增长到19.8亿美元，今年将超过28亿美元。贸易额增长不算很快的原因不在于中国，而在于日本经济的不景气。例如，今年日本就没有进口生丝。从中国进口石油总体来说保持着持续增长，前年为100万吨，1974年预计为490万吨，但其中的90万吨由于经济不景气而被取消了。今年正在进行着进口800万吨的谈判。恢复邦交以后，中国从日本共进口了15项成套设备，还有若干项成套设备尚在谈判之中。

至于说到民间交流，近二三年来，举办了很多形式活泼的展览会。为了使这些展览会取得成功，日中友协以及其他友好团体都作了许多努力。在此期间，两国间的人员交流也取得了很大的成果。如日本派出了青年之船，今年还打算开展友好之翼的交流，以及相互间建立友好城市。据说，日本有四万人与旅行社联系，希望访华。这些正说明了两国的友好关系有了很大发展。随之，你们的工作也发展起来了。

但是，你们工作的发展是否与你们的主观愿望相一致呢？据我听到，有一些朋友对现在所取得的发展还感到不很满意，认为友好运动没能像主观上所希望的那样得到更大的发展。我认为，这里有个经验问题，也还有原来遗留下来的某些问题，仍未解决。

关于经验问题，过去，友好运动是在两国未实现邦交正常化的情况下进行的。尽管说友协是一个广泛的统战性质的群众团体，但在日本，仍有很多人把它看做是多少有些赤色的，因为是要同没有外交关系的社会主义中国友好嘛！现在两国有了外交关系，过去不敢和不愿同你们接近的人，现在就敢于同你们接近了。但是你们只有中日两国未实现邦交正常化的情况下的工作经验，在复交后的新情况下，友好运动如何搞，大家还缺乏经验。

再者，的确也还有政策上的问题。这是原来遗留下来的问题。从1966年秋天以来，日中友协在某些问题上就发生了政策性的失误，特别是后来明确地提出反对“四个敌人”的口号。当然这个问题不只是你们的责任，中国的中日友协也有很大责任。因为中日友协不仅同意和支持你们这样说，而且，有时还是两家共同提出的。友好团体是一个以实现中日友好为主旨的群众团体，提出友好运动要反对四个敌人——美帝、苏修、日本反动派、日修（注：当时是中国共产党最早错误地把日本共产党称作“日修”的），以后甚至否认资产阶级是友好运动的朋友。这样一来，就把友好团体变成为最激进的革命团体或革命政党了。在这样的情况下，参加友协的人就不可能广泛。因为提出打倒美帝国主义、打倒日本反动派，自民党影响下的人就很难参加日中友协，自民党内主张日中友好的人士也难以同你们合作；提出打倒苏修，社会党和总评等劳动团体的许多人，就不易参加友协了。因此，在1971年日中友协领导人访华时，我们同他们进行了会谈，双方同意首先做到在双方签署的会谈公报中不再笼统地提出“反对四个敌人”的口号。以后在实际活动中，遇到确有反对中日友好的人物和事件，我们可以予以必要的揭露、批判和反对。这样做，就为日中友协吸收和团结更多的人打开了门。

我们应该正确地认清友好团体的性质。它应该是很广泛的群众性团体，既不是革命组织，甚至也不是工会那样的团体，因为工会是工人阶级的阶级组织。有人说，友协是进步团体，这是因为这个团体主张同社会主义的中国友好，而且现在的会员中，确实有不少进步分子，所以说友协是进步团体，不是没有缘由的。不过，我认为不宜过分地强调和突出这一点。因为在日本愿意同中国友好的人，并不一定就赞成社会主义社会制度，有的人经历过日本侵略中国的战争，知道这场战争使中国人民遭到了深重的灾难，日本人民也身受其害，现在觉悟了，就愿意同中国友好相处，还有不少群众，政治觉悟并不高，但因中日两国有着持续的历史关系和相同文化渊源等原因，他们对中国具有一种亲近感，例如有些人爱好汉唐壁画，有些人喜好中国书法，有的人喜好中国围棋等等。他们中很多人都希望到中国看看，我们应该把这些人也吸收到友好运动中来，或者成为友好运动的团结对象。团结的人越多越好，我们要努力做到使那些反对和破坏中日友好的“台湾帮”、青岚会之类孤立起来。

那么是不是说，日中友好运动本身就没有统一的政治目标了呢？当然是有的，在我们两国恢复邦交以前，争取中日两国邦交正常化，实现中日两国的持久和平与友好就是我们两国友协的共同政治目标。在现在已经实现了邦交正常化的新条件下，可以说，在《中日联合声明》的基础上，实现中日两国的持久和平与友好，就是我们两国友协的政治目标。我们两国实现邦交正常化时签署的《中日联合声明》，是符合中日两国人民的根本利益的。拥护声明的人是极其广泛的。在日本，工人、农民、小资产阶级以及中小企业主都会赞成；又因为它是两国政府发表的联合声明，所以在垄断资产阶级中，在统治阶级中也会得到比较广泛的支持。等以后签订了《中日和平友好条约》，它也可以同《中日联合声明》一样，成为协会实现中日两国持久和平与友好的政治目标的基础。我以上谈的这个想法是否妥当，需要共同研究。

在这里，我要顺便谈一下，在当前，我们两国友好运动要努力推动两国政府缔结《中日和平友好条约》。我从报上了解，你们于去年12

月8日在东京召开的“实现缔结日中和平友好条约集会”获得极大的成功。听说目前还正在计划以这个集会为基础，把希望缔结和平友好条约的广大群众团结起来而举行更大的集会。尽早缔结和平友好条约是两国人民的共同愿望，这不但需要两国政府的努力，而且也需要民间的努力。前首相田中和前外相大平两位，为实现两国邦交正常化进行了很大的努力，作出了值得称赞的贡献。新任首相是三木武夫，他是中国的老朋友，在中日两国实现邦交正常化之前，他曾表示要为实现邦交正常化而努力，这次就任首相时，也表示了对中国的友好态度。但是，三木才刚刚掌握政权，他的前途究竟怎样，我们没有你们了解得清楚。你们的《日本和中国》报报道说，三木内阁的将来是很灰暗的，并呼吁小心滩尾弘吉、松野赖三、椎名悦三郎等所掀起的逆流。因此，在目前对日中友协来说，促进两国政府缔结《和平友好条约》是极为重要的课题，应该充分利用中日两国政府的《联合声明》这个文件来推动和迫使日本政府尽快缔结《和平友好条约》。

下面我还想回头再谈一下，不要把日中友协看作是革命团体或激进的革命组织问题。我们应该纠正这种“左”的认识，以便把日中友协的门打得更开，更广泛地吸引愿意同中国友好的人参加这一组织及其运动。但是要纠正这种错误的认识，在目前可能会遇到一些困难和阻碍。什么阻碍呢？这就是有些协会内外的进步分子，特别有激进倾向的青年会感到失望和不满足，因为他们从来是把友协看作是革命团体的，对于这些协会内外的激进和比较激进的朋友要进行思想工作，要向他们耐心地说明，友协本来就不是革命团体和激进的革命组织，而是以实现中日两国持久和平与友好为主旨的群众团体。把协会这样的团体同革命团体和组织区别开来，并不是要降低友协的地位，而是恢复其原来性质，使其更能被群众所接受，从而能更好地完成自身的任务，并扩大自身的队伍，我相信，只要领导上的“左”纠正了，群众中的“左”是能够纠正过来的。

目前，再一个使友协感到为难的问题是，由于日本当前存在着不少左派小组织，他们之间存在着意见分歧，他们中的有些成员也是友协的成员或干部。结果就把左派组织中的分歧带到友协。在去年友协全国大会上，围绕苏修是日本主要敌人还是美帝是日本主要敌人而展开了争论，这原本是革命组织之间或革命组织内部发生意见分歧时所必须进行的争论，而友好协会这样的团体是毋需进行这种争论的。在今后，友协内的一些革命组织成员，是否能够不把这种分歧和争论带到友好团体来呢？

在友好运动中，现在还遇到了下述的一个问题。由于我们两国恢复了邦交，日本的一些政党、团体和自治体打算各自搞一个窗口同中国进行友好活动，这样就使你们协会在扩大活动和发展会员方面有可能同他们发生一些摩擦。友好交流增多渠道，增多窗口，这已是不可避免的趋势，不可能强求统一到一家来搞。我们中日友协愿意适当照顾你们日中友协，因为你们是最早搞日中友好运动的，并且也做出了许多成绩。但是，另一方面，我们也必须同其他友好团体搞交流，不可能只同你们一家搞交流。同时，我们也还希望你们能同其他友好团体、其他友好人士合作；有些能联合搞的交流，最好能做到联合起来搞。

因为同大家是老朋友，所以直率地谈了我个人的意见。我谈的可能有不妥之处。只供参考，并请指正。

（1975年1月13日）

致日本听众的新年贺词

亲爱的各位听众：

向你们恭贺新禧。

作为我们两国的共同的习俗，今年是鸡年。因而我想起了“风雨如晦，鸡鸣不已”的诗句。意思是风在吹，雨在降，昏暗如黑夜，但雄鸡接连地叫，像迎接黎明一样。还有一句诗：“雄鸡一唱天下白”。意思是雄鸡高啼，黑夜已尽头，光明降临了。诗人们歌颂带来光明和希望的鸡啼声的诗句，是令人吟诵再三的。

中国北京电台的日语广播，通过电波，把中国之声传给日本各位，我们期望我们的声音也会给各位听众带来希望，并使各位涌迸出追求光明的热情。

看看当前的世界，的确孕育着动乱和危机，超级大国苏联，在西方，虎视眈眈地陈兵于靠近波兰的国境，在东方，用武装占领着阿富汗。越南在苏联的支持下，占领了柬埔寨。中东则发生了伊拉克和伊朗之战，而美苏两个超级大国都打算利用这个战争来谋取自身的利益。世界的和平，国家的独立，受到了严重的威胁。

但是，我们绝不悲观，也不失望。

我们北京电台总是把世界各国人民和中国人民怎样地反对霸权主义，保卫世界和平与国家独立而英勇斗争的消息传达给日本听众。

我们北京电台还把中日两国日益增进的政治、经济、科学技术和文化方面的合作情况，以及两国人民日益发展巩固的友谊，报道给日本听众，并鼓舞我们两国人民为这种友好合作的发展而努力。我们两国的合作与睦邻友好，是保卫亚洲和平与安全的有力保障。

我们北京电台还不断地把中国人民经历曲折的道路，克服各种困难，为把自己国家建设成为一个有高度文明、高度民主的现代化国家而奋斗的各种实际情况，介绍给日本听众。我们认为，每个国家的人民，为推动历史前进所作出的努力和创造性劳动，是对其他国家人民的一种鼓舞。

总之，我们北京电台的日语广播是以充满希望和向往光明的精神，为日本听众服务。

在新的一年里，我们将更好地发挥这一精神以尽到自己的职责。

最后，祝听众们新年愉快，万事如意，身体健康！

（北京广播电台1981年元旦）

我的日本文化观

中国人是怎样看待日本文化的？我想根据我自己的认识来谈一谈。由于我不是长期生活在日本，又不能经常地接触和享受日本文化，因此在谈论日本文化的时候，难免会隔靴搔痒，有些看法甚至可能是奇谈怪论。我想，在我谈论日本文化时，对这一点是需要声明在先的。

明治维新以后，中国曾经派遣大量留学生到日本学习，最多的时候（1906年）曾达到一万名以上。中国派留学生到日本，是否像过去日本派遣隋使、遣唐使到中国来学习中国文化那样，是来学习日本文化的呢？总的看来，不是这样。由于日本明治维新成功，速成学习了西方文明，中国人认为日本的长处就在于善于吸收外国文化，留学生到日本也就是要学习这个“诀窍”，最多也不过是通过日本间接地来学习西方。对于日本文化，他们抱着很片面的看法，认为日本人只是长于模仿，近代以前的两千余年间模仿中国，明治维新前后模仿西方，故不屑一学。例如，文字是中国传过去的；讲学问，推崇儒教也是学的中国；讲宗教，佛教、道教也是中国传过去的；讲日本历史，最早的文字记载是中国的《汉书》和《魏书》；讲文艺，最早的勅选诗集就是汉诗集。至于日本人的生活习惯，诸如使用筷子、席地而坐，包括吃的豆腐、酱油，也是从中国传过去的。既然都是模仿中国的，还有什么学习的价值呢？到20世纪初期以后，由于中日两国关系越来越处于敌对状态，这就使得中国的知识界对日本抱着不信任感和反感，对于日本文化往往采取拒绝的态度。

由于以上原因，中国人对于日本文化的了解程度，确实是相当落后的。在看法上，也是大有问题的。

正像许多日本学者所说，日本民族对于外国文化具有很大的受容力，除江户时代的250年间锁国以外，总是不断地吸收外国文化，特别是贪婪地吸收大陆新文化而渗入到生活之中。但是，是否由此就能说日本文化只是模仿，而没有自己固有的文化和自身的创造呢？是否只是把外国文化接受过来应用，而没有创造性的发展呢？是否只是和盘地端过来，不加抉择，没有主体性可言呢？不！我认为绝不是这样。

就拿日本文学艺术来说，日本古代神话兼历史书《古事记》和《日本书纪》都是用汉文写的，后者确实模仿中国的史书，但是《古事记》上卷是最有系统的民族神话，其中许多古代日本民众创作的歌谣，强烈地歌颂了素朴的恋爱、战斗、农耕和狩猎等，这是日本文学中的宝贵财富。此后，同那种用汉诗的形式并且是用汉语写的汉诗集如《怀风藻》之类相对立，8世纪后半叶编成了一部用日本语言写的、日本形式的诗歌集《万叶集》，撰录了4500首诗歌，比中国最早的诗歌集《诗经》300篇的数量要多得多。这个和歌集中搜集了不少无名氏所创作的民谣，反映了人民群众朴素的感情。抒情诗《万叶集》的主要特点之一，是采录了许许多多描写爱情的恋歌（相闻歌）。江户时代中期的著名学者本居宣长曾以此同汉诗相比较。他说，汉诗缺乏恋爱诗，而和歌则以恋歌之多为荣矜。其实不仅是和歌，描写爱情是被公认为日本文学的特点的。在古典作品中，11世纪初紫式部所写的《源氏物语》，就是一部描写日本古代贵族间的恩恩爱爱、充满爱欲藤葛的著名爱情小说。但是，它又绝不是情痴文学。这部作品的价值，就在于详细地以内面照出了烂熟的贵族阶级政治的和作为人的危机。《源氏物语》共五十四卷，而处在同一时期的中国文学，却还没有产生长篇小说。

日本许多学者还指出，日本文学的另一个特点是，对四季有强烈而明显的反映和描绘。我认为确是这样。中国的诗集，一般多以诗体来分类，如古体诗、近体诗，五言诗、七言诗等，而日本的《万叶集》的卷八及卷十，则以春夏秋冬的杂歌和相闻来分类。到《古今集》以后，以四季对歌进行分类的方法就成为惯例。又如江户时代兴起的从连歌的发句演变而来的俳谐（即俳句），五七五共17个字这样形式的短诗，也是日本所特有的，而且每一首俳句里，一定要有表示四季中某一季的季语。这是任何国家的作品中所没有的。这种在文学中强烈地反映季节感，是同日本处在海中的岛国、四季变化特别明显，而且显得复杂化这样的自然风土条件相联系的。上面所说，并非全面地论述日本文学，也没有谈及日本的美学观点，只是举出日本文学的两个特点，用以说明日本文学艺术绝不都是模仿，而是有其自己的传统和民族特点的。其他的文化部类也是这样的。

在这里，我还想进一步指出，日本接受外国文化后，也不都是照原样端过来应用，而是有许多创造性的发展。例如，日本在汉字输入以前是没有自己的固有文字的，后来受到从大陆和朝鲜来的归化人等的影响，形成了用汉文来写日本语的习惯。到安万侣写《古事记》时，借用汉字，音义并用。以后为了更加正确地表现日本语，就舍掉汉字的意义，把它作为音标文字来用，这就是假名，先是《万叶集》中所用的万叶假名，后来又简化部分汉字，创造了片假名、平假名，它成为纯粹表现日本语的音标文字，这就不是单纯模仿，而进入到一种新的创造。一般说来，音标文字比从象形文字脱胎而来的表意文字要进步，中国直到20世纪以后才创造了注音字母或汉语拼音，以解决音标文字问题。

像上述这样接受外国文化以后加以创造性发展的事例，是不胜枚举的。

也还有这样的情况：日本接受别国文化的时候，并不是接受它的整个内容，往往是按照自己的传统和需要而加以取舍，或者作出改变。这就是关于主体性的问题。例如6世纪中叶，佛教经中国、朝鲜传入日本。到苏我马子和圣德太子执政时，佛教受到了朝廷的保护，允许公开传布。以后建造了许多寺院，营造了很多大佛，绘有许多精美的壁画，这些都是日本庄严绚烂的文化财产。但是在律令社会里，佛教的教义，除一些高僧和贵族进行研究以外，并未随着佛教在民众中普及而被接受。群众把它看作同神道教本质一样，是消灾除病的民族咒术，而不是解脱现世的痛苦、追求更高生命的伦理。甚至还把佛教本义解释为同它毫无关系的“镇护国家”。

还可以以儒教为例。中国儒教的典籍——四书五经，很早就传布到日本。儒教一度成为日本贵族间必修的学问，也是当时律令社会官吏受验的课目。但是当时的儒学主要是汉唐学者的注释学，而儒教思想在日本并未发生很大的影响。到了14世纪，朱熹的理学传入日本，起初也只是作为禅宗文化的一环，在禅僧间进行研究。直到17世纪初期，日本确立了德川幕府的统治，朱子学就一跃成为幕府的政治学和伦理学而风行一时。因为朱子把三纲五常作为天理，君臣、父子、夫妇、上下尊卑有别，谁也不能反对。这种政治伦理思想，对于当时幕府把社会划分为士农工商、士居于顶端的武家的封建统治，以及反对长期存在的下克上思想，是最有用的思想工具，于是朱子学就盛极一时。相反地，当时已经开始传入日本的基督教，因为它的教义认为对上帝的信仰是超越生死、超越人世间的义理，因而是同封建主义的伦理相对立的，所以幕府就对基督教进行残酷的镇压，甚至不惜为此采取锁国政策。由此可见，日本接受外来文化，不是来者不拒，而是有一定的抉择，这种抉择的标准，则不一定都是择其善者，舍其坏者，而往往以是否适合当时为政者的统治利益为准绳。当然，也有这样的情况，为政者虽然拒绝，但由于社会发展的客观需要，通过先进人士，仍然把这种先进文化介绍进来。

外国优秀的先进文化被吸收进来，有时基本上仍保持原来的形态（如洋乐、洋画等），有的同日本传统的文化相结合，在日本生了根，得到发展。但是也常常有不少糟粕被吸收进来。例如第二次世界大战后，日本从美国就引进不少这样的货色，在一个时候，可能相当风行，但毕竟因为是糟粕，它不能长久地存在下去，终究是要被淘汰的。

思想和文化没有国界，总是要互相交流和影响的。但是通观日本历史，并同不少国家相比较，日本吸收外国文化，的确具有很大的受容力。为什么会是这样呢？日本学者的说法也不尽相同。有的认为，这是日本地理环境和自然条件决定的；有的认为，由于日本是单一民族，母体很强，所以敢于吸收一切外来文化；有的认为，日本从来没有哲学，不重视思想原则，所以不会根据某些原则而拒绝外来文化，等等。以上种种看法，孰是孰非，因篇幅有限，不可能加以论述。但我认为，最主要的一个原因是社会与文化的质的差别问题。高文化总是向低文化倾泻，低文化被提上来灌溉高文化的情况是很少有的。

日本四面环海，在具有近代航海条件之前，主要是同朝鲜、中国来往。中国在公元前13世纪的时候已经能够使用青铜器，到公元前6世纪、公元前5世纪周王朝末期，已经使用铁器，而当时日本还处于新石器时代，以后到公元前3世纪、公元前2世纪末，才从中国输入铁器，越过了青铜器时代，进入铁器时代，结束了原始社会。中国周秦以来就进入了封建社会，而一般认为日本到12世纪末才进入封建社会。19世纪中叶，日本才有手工业工场的萌芽，而欧美等早已是资本主义国家了。正是在这样的社会发展的极大差距下，当日本本身具备了一定的社会条件时，就会自然地近于贪婪地接受先进的外国文化。在这里还需要特别指出的一点是，中国除了元朝初期派兵打过日本以失败告终外，长期以来都没有侵略日本或把战争强加于日本，这就使得日本对中国文化不需要保持警惕或怀有不安感，而自愿地乐于接受。如果中国对日本采取侵略或试图征服的态度，情况就会大不一样。试看明治维新以后，日本争得了完全的独立并走上了资本主义道路，中国已经远远落后于日本，但是从20世纪初期以来，中国对于日本的文化，特别是对于日本国粹主义者所鼓吹的“万邦无比”的日本文化，总是抱着警惕、戒惧、拒绝和反感的态度，这是同当时中日两国处于不平等状态，即中国处于被侵略、被损害的状态密切相关的。

还需要指出的一点是，日本民族善于摄取外国文化，是同日本民族具有强烈进取心这个民族特点相联系的，关于这一点不拟论述了。

时代在不断前进，现在中日两国的关系，已经不再是19世纪末甲午战争以来的那样的敌对关系，而是建立在《中日和平友好条约》之上的完全平等的睦邻友好关系了。“中日两国人民世世代代友好下去”，已成为两国人民的共同语言。但是要使这句共同语言真正成为现实，不断地加强相互理解，则是十分必要的。为此，对于我们中国来说，就要加强研究日本，也需要学习日本。这种学习应该不再是像19世纪下半叶那样，只是想取法日本如何学西方，或者从日本间接学西方。应该明确看到，日本自身确实具有值得别国学习的高度的文化。日本的科学技术、现代企业的经营管理、日本培育和造就人才的教育制度和各种设施等，这些都是中国为实现四个现代化而可以借鉴和学习的。日本对中国历史、哲学、文化、艺术、文学所进行的长期的广泛的研究成果，也是值得我们借鉴的。

在这里，我还想强调的是，中国还应该加强研究日本的历史，应该从历史的角度研究日本的学术、宗教、艺术和伦理思想等等，也应该把日本古典中的优秀作品系统地翻译过来，以利于我们做到真正理解日本的民族文化的特点及其传统，这对于进一步增进两国人民的相互理解是十分必要的。应该说，中国研究日本比之日本研究中国，不知要落后多少倍。为了两国的友好事业，我认为中国对日本的研究是十分重要的，而且是需要急起直追的。

（日本NH.K国际广播1984年1月15日）

半世纪的结晶

梁容若教授所著的《中日文化交流史论》是一本有相当丰富内容的学术著作。

中日文化交流史，是中日两国关系史中的主要部分。因为在漫长的两千余年两国关系史上，只是在明治维新以后的一百年左右期间，政治和经济关系成了突出的部分，而在其余年代，两国关系主要是文化交流关系，它包括政治社会思想、宗教、哲学、文字、文学、美术工艺和技术等方面的交流。这些交流充分地显示出，在中日交往两千余年的历史中，存在着十分友好的关系。

自从抗日战争胜利结束，特别是1972年中日恢复邦交以后，中日两国结束了半个多世纪的对抗和不正常关系，开始进入了一个崭新时期，这就是新的友好时期。因此，研究过去中日两国友好交往的历史，考察这种交流的时代背景，探明其思想文化的渊源以及在这一历史领域内一些历史人物所进行的活动，对于发展和巩固新的友好关系，是有重大意义的。因为今天的中日关系是历史上中日关系的继续和发展，凡是有益于中日两大民族千秋万代友好的事物和传统，都是我们应该借鉴、继承和发展的。可惜，国内有关这方面的研究文章很少，更不用说是整理成册的著作了。梁容若这部《中日文化交流史论》的出版，可以说是填补了这方面的空白。

梁容若所从事的研究，范围很广，包括目录学、中国文学史、语言文字等等，在这些方面，他都有著作在台湾刊行。30年代中期，他赴日本留学，在东京帝国大学研究院进修两年。以后又两度赴日作访问旅行，涉猎所及，中日文化交流史也成了他的研究对象。这本论文集中的文章，就是他50年来所写的有关这方面文章的结集。

《中日文化交流史论》全书30余万字，编为三个部分。第一部分是综合研究两国文化、文学、汉学、文字的交流。在《中国文化对日本的影响》这篇论文中，作者论述了从推古奈良到德川幕府末年，我国文化对日本文化的巨大影响，阐明了中国文化传入日本的经过。中国古代的政治社会制度、文字、宗教、哲学、文学、美术、工艺等都传播到了日本，而且为日本所消化和吸收。作者甚至把日本文化看作是中国文化的“延长”。作者还介绍了日本对汉学的研究及其成就，对比我国在研究日本史与日本文学方面少有成就提出了批评意见。作为文化的相互交流，作者还评述了日本文学对中国文学的影响，主要是介绍了中国清朝末年以来，特别是五四文学革命以后，日本文学作品和文艺理论被大量介绍到中国的情况。作者关于中日两国语言以及两国文字改革的比较研究的两篇文章，是对所谓“中日同文”究竟同与不同以及各达到何种程度的分析，对治日语的人不无参考价值。

第二部分文章，主要是关于在中日文化交流方面曾经作出杰出贡献的古代中日两国学者、僧侣等的评传。日本方面，作者主要介绍了晁衡（阿倍仲麻吕）、空海和圆仁。晁衡是日本遣唐留学生，20岁来中国，先入太学，以后历仕三朝，与李白、王维等友善，73岁卒于唐土。由于新旧唐书中关于晁衡的资料与日本古籍中所述的，往往互相矛盾，而近人所述亦有不明之处，因此作者综合中日史料，写了《唐秘书监晁衡事辑》。

《空海入唐求法记》一文，是作者综合近人大量的研究成果，并参考可靠的史料写成的。此文历述空海入唐经过，受法于惠果，以及归国后成为日本真言密教的高祖的情况。对于空海博学多艺，在传播佛教和中国文化方面作出的杰出贡献和具有的重要地位，都有所论述。

《圆仁与其〈入唐求法巡礼行记〉》一文，介绍了圆仁随第18次遣唐使来中国求法的经过。他在中国期间，备尝艰辛困苦，经历各种波折，终于抵达他所憧憬的五台和长安，以后又经历了会昌灭佛之危。他的巡礼行记从838年6月自九州博多启程时记起，到847年12月返回博多止，共历时九年七个月。这部记录不仅是研究中日交流史的重要文献，而且被视为研究唐史的珍贵资料。对此，作者论述甚详。

关于古代中国人对中日文化交流作出积极贡献的，作者主要评价了朱舜水、陈元赟、隐元等人。

凡是在中日文化交流史上留下足印的人，诸如日本的僧旻、高向、吉备真吉、大和长园、道昭、道慈、玄昉、圆行、最澄、桂庵玄树、雪舟等扬，以及中国的鉴真、道隆、祖元、一山、超然、清末的黄遵宪等人，作者虽未写出专文，但或多或少均有所论及。

第三部分的文章都是书评。有九篇书评，都是对日本近人有关汉字、汉语或东洋历史著作的评介。其中最重要的，是评诸桥辙次博士经40年努力而编成的《大汉和辞典》。这部辞典煌煌十三巨册，14872页，收汉字单字49700个，收汉语语汇526500个，插图约280幅。此书在日本被评为“真正世界第一”的汉语辞典。作者在列举日本人对此书的各种称赞后，也对此书的缺点和若干舛误提出了一些宝贵意见。还有几篇书评是作者应日本作者的要求而写的，如前早稻田大学教授实藤惠秀的《中国人日本留学史》。

总起来说，梁容若的这本著作，有深和广的特点。如果谈到缺点和不足，我认为主要是此书为论文集，而不是一本系统的著作，因此从整个中日文化交流史的角度看来，就难免显得畸轻畸重，或略或繁；同时，中国文化在日本整个文化史中所占据的位置及其分量，也就比较难以窥其全貌。此外，对于中国如何经过日本学习西方资产阶级民主革命思想，特别是马克思列宁主义，都未作论述，似是缺憾。因为作者不是从事这方面研究的学者或专家，所以就不好苛求他了。

最后需要提及的是此文集首篇的《一个建议》。该建议说，鉴于中国文物典籍流失甚多，有一部分留存于日本。为此，建议中日两国合作复制翻印这些珍贵罕见的文物典籍，使中日文化交流进入一个新阶段。

国务院古籍整理出版规划小组组长李一氓同志谈过，中国古籍传存于日本的是否可以复制给中国。我认为这确是一件值得提倡的好事。据梁教授说，70年代，日本曾以所藏明版善本900余种，微缩复印后寄赠美国。据此，则将日本保存之中国佚书复制给中国应非难事。我想，中日友好21世纪委员会可以就这个问题进行协商研究，这对于中日友好和文化交流无疑是极为有益的。

（原载《人民日报》1985年10月25日）

对《日本问题》的期望

我热烈祝贺《日本问题》双月刊的创刊，并且殷切期望这个刊物对于研究日本和研究日本国家的前景问题，发挥良好的作用。

“中日友好”是我国的一个长期国策，因此在1984年召开的中日友好21世纪委员会的第一次会议上，中方委员建议，要把中日两国能够成为不同社会制度国家和平共处的典范这个政治课题，作为委员会双方共同研究的问题。中方的这一建议，获得会议的一致同意。

中方委员提出这样的问题，决不是仅仅出之于主观意愿，而是根据当前的国际关系，特别是中日两国以及他们相互关系的客观实际而提出来的。但另一方面，这也决不是说，我们已经用无可辩驳的论据，科学地全面地阐明了这个问题。如果这样，那何必再要求中日友好21世纪委员会及其相联系的专家，来共同研究和阐明这个问题呢!

就我们中国方面来说，我国人民对于我国政府所提出的“中日友好”国策，是一致拥护的。但是对于中日两国能否长期地友好下去，并且成为不同社会制度国家和平共处的典范，我愿坦率地指出，在一部分人中间不是没有怀疑的。其中最大的疑虑是，已经成为西方世界第二经济大国的日本，今后会不会发展成为军事大国，并复活军国主义呢?像近来美国所出现的一种说法，认为今后世界将出现“日本的时代”（Pax Japonica），这显然是言过其实的。但是，某些人认为，政治是经济的集中表现，成为经济大国的日本，今后发展成为政治大国是很自然的，而且随之而来的也将可能发展成为军事大国，复活军国主义。如果这种推断是符合客观实际的话，那么中日两国要成为不同社会制度国家和平共处的典范也就成为问题了，当然更谈不上世世代代的友好了。相反的，如果认为日本虽然已成为经济大国，但由于战后日本与战前日本相比较，政治、经济和社会结构发生了深刻的变化，又由于受到国际国内主客观条件的种种限制，特别是中国等亚洲国家发生了巨大变化，因此日本是不可能复活军国主义的。从这种立论出发，则中日两国成为和平共处的典范，并保持世世代代的友好就有了光明的前景了。

由此可见，认真地扎扎实实地究明日本这个国家的发展前途，实是当前研究日本问题中的一个极为重要的迫切的课题。中日友好21世纪委员会的中方委员及其相联系的专家需要研究这个问题，其他的日本问题专家也需要重视研究这个问题。

当然，在研究这个问题时，第一，要力求掌握辩证唯物主义和历史唯物主义的立场、观点和方法，而力戒主观、片面，用旧框框、停滞的观点和历史类比来看待战后40年的日本。第二，要掌握大量的、包括第一手的材料，通过严肃认真的分析和比较，做出符合客观实际的判断，而决不应该根据个别的事例，或依据片言只语以及很不可靠的间接材料，匆促地武断地作出判断。我们不应重复十年动乱初期迄中日两国恢复邦交之前，对日本所作出的某些错误判断。第三，真理愈辩愈明，在对待这样一个复杂的严肃的政治和科学问题，应该本着“百家争鸣”的方针，允许有不同意见的探讨和争论，不要只允许发表一种意见，更不要使用简单的方法、行政的方法去解决。我希望在《日本问题》刊物上，能经常看到有关研究日本今后发展和中日关系的文章，同时也希望能读到那种实事求是的、同志式的不同意见的探讨文章。

（原载《日本问题》1985年创刊号）

饮水思源[1]

——纪念周恩来总理逝世十周年

1986年是中国总理周恩来逝世十周年。日本各界朋友为此举行各种纪念集会，我谨代表中日友好协会，对朋友们的深情厚谊表示衷心的感谢。

当前，中日两国的关系是如此亲睦友好，这是两国有远见的各界领导人和两国人民共同努力的结果。但是，就中国方面来说，饮水思源，尤其要深深地感谢周恩来总理所作出的重大贡献。因为中华人民共和国的对日政策，是已故毛泽东主席和周恩来总理所共同制定的；在贯彻和执行这一政策方面，周总理又是事必躬亲、身体力行的。

早在新中国成立初期，周总理就向我国人民指明，我们对日的总方针，应是争取两国邦交正常化，并且实现世代友好。他说："我们两国历史上有两千年的友好关系，中间一小段不幸的关系已经过去了，我们现在可以在新的基础上超过历史上的友好而更加友好。"

这种"新的基础"是什么呢？周总理曾经指出过几点。一、日本发动侵略失败了，日本遭受苦难，那就不要再侵略了，中国在日本的侵略中经受了灾难，我们今后就不会去侵略别国。教训是对双方的。记取教训，就会得出这样的结论：两国人民将要更加友好。二、我们两国，现在还都受到外国干涉，有着共同的遭遇。三、两国人民有着共同的愿望，这就是都希望和平共处，友好合作，互不侵犯和互不干涉内政。当两国有了以上的新的基础，那么两国的世代友好就有了保证。

[1] 本文系作者在东京"纪念周恩来先生逝世十周年集会"上发表的讲话，标题系本次再版时所加。

周总理在向我们指明中日两国能够和平共处、友好共存的同时，还进一步指出，中日两国能够做到共同繁荣。他说："因为中日是邻国，离得很近，在经济上互相需要的东西很多。中国的建设规模是大的，需要从日本输入各种机器设备和一部分工业品，数量会年年增加。日本所需要的粮食、大量矿产品等，我们也可以供应。两国的经济合作和贸易往来，有利于两国的共同繁荣。"

周总理还从世界的角度指出，我们两国的和平友好对于远东和世界具有重大的意义。他说："在远东，日本和中国的友好关系对维护和平起着决定性作用。中日两国不打仗，那么远东的战争就很难打起来。"他又说："保证远东和平，也就是对世界和平作出了贡献。"

周总理不仅高瞻远瞩地制定了正确的中国对日政策，并且还亲自掌握和运用这一政策。他会见了众多的日本政界、财界首脑，各界代表人物，以及大量的勤劳大众和青年学生，使他们了解和相信中国对日友好是真诚的。周总理还筹划和打开两国民间往来的许多渠道，以民促官，及至1972年在他亲自主持下，不失时机地同日本田中首相达成了中日两国恢复邦交的协议，签署了两国政府的《中日联合声明》，从而揭开了我们两国历史的新篇章。

中国正在进行四个现代化建设。这是周总理在中国全国人民代表大会的两届大会的报告中提出来的，也是他生前留给中国人民的最重要的政治遗言。热心日中友好的日本各界人士和广大人民都积极地支持我们的现代化建设事业。但是，在日本也有人担心中国实现了现代化，变成富强国家之后，是否还坚持中日友好？是否会欺侮日本？关于这个问题，我在上面已有所提及，这里还可以再引用一段周总理在50年代同日本朋友们谈过的话。他说："这种担心是不必要的。如果中国像过去日本军国主义一样强大后也向外扩张，那也要失败的，我们绝不走军国主义和帝国主义的老路。"周总理不仅希望中国强大，而且希望日本也成为强盛的国家。他说："我对日本人民有信心。不久，日本会恢复起来，成为一个强大的、和平的、完全独立的国家，出现在东亚，同中国结成和平友好的关系。”由此可见，目前日本的某些舆论说中国希望邻国日本弱小，显然是不符合周总理和中国人民的真诚想法的。

周总理在他的青年时代，曾经来日本留学，时间虽短，但他对于富有强烈自尊心和勤劳的日本人民，对于美丽的日本国土，留有非常美好的印象。我亲耳听到周总理晚年时说过，他很想再到日本看看。我还听说，当赤坂离宫改造为国宾馆即将落成时，田中首相曾打算邀请周总理访日，作为这个国宾馆的第一位贵宾。十分遗憾，病魔使周总理访日的愿望未能实现。但我们深信，周总理生前所热望的中日两国世世代代友好的大业，通过我们两国人民长期坚持不懈的努力，是一定能够实现的。让我们以此来告慰他的在天之灵吧。

（1986年1月21日于东京）

在北九州市“纪念周恩来先生逝世十周年集会”上的讲话

今年是中国已故的伟大政治家周恩来总理逝世十周年，日本各界朋友分别在东京和北九州举行纪念集会，我谨代表中日友好协会，对朋友们的深情厚谊表示衷心的感谢。

当前，中日两国关系是如此的亲睦友好，并为实现世世代代的友好展示了广阔的前景。饮水思源，这是两国有见识的政治家、各界代表人物以及两国人民共同努力的结果。但是，在这个集会上，我愿意着重指出的是，就中国方面来讲，已故的周恩来总理在这方面是作出了令人永远不能忘怀的重大贡献的。

第一，中华人民共和国对日本的总的政策和方针是已故毛泽东主席和周恩来总理共同制定的，他们根据战后世界和中日两国的新情况，为了维护亚洲和平与中日共同繁荣的需要，决定中国必须同日本世代友好相处，而且要超过历史上的友好而更加友好。

同时，在这个总的政策和方针的指导下，周恩来总理还随着形势的变化而不断地提出适合形势需要的对日本的具体政策和具体措施，并同日本的有识之士一道，努力克服前进道路上所遇到的各种困难和来自日本方面的阻力。

第二，在中日两国没有恢复邦交之前，周恩来总理为沟通两国关系，筹划和开辟中日两国民间往来的许多渠道——政治的、经济的、文化的。同时还采取了正确的步骤，以民促官，亦即从国民外交发展到半官方外交，以致最后建立两国的正式外交关系。

第三，周恩来总理亲自会见了众多的日本政界、财界首脑，其他各界代表人物，以及大量的日本勤劳大众和青年学生。通过会谈，使他们了解我国对日友好政策是真诚的。同时，周恩来总理也虚心地倾听、采纳和积极地支持日本各界人士有关增进中日友好和促进恢复邦交的各种有益的建议。

第四，1972年在周恩来总理亲自主持下，不失时机地同田中前首相和已故大平外相达成了中日两国恢复邦交的协议，签署了《中日联合声明》，从而揭开了我们中日两国历史的新篇章。

第五，周恩来总理在身患重病期间，仍然关心和促成《中日联合声明》中所确定的有关各种实务协定的缔结，并努力说服日本政府尽早签订和平友好条约。

第六，他经常教育我国干部、特别是外事干部，要认真研究和了解日本的各方面情况，并且教育我国干部要虚心向日本学习，学习日本在科学技术、发展经济等方面的先进经验，使得我国干部对日本具有正确的认识，从而来贯彻和落实我国的对日友好政策。

尊敬的朋友们，周恩来总理在他青年时代曾经来日本学习，时间虽短，但他对于富有强烈自尊心和勤劳的日本人民，对于美丽的日本国土，留有非常美好的印象。我亲耳听到周总理在晚年时说过很想再到日本看看。十分遗憾，病魔使他的这个愿望未能实现，但是，我们相信，周恩来总理生前所热望、并为此而付出心血的中日两国世世代代友好的大业，通过我们两国朝野坚持《中日联合声明》《中日和平友好条约》和指导中日两国关系的四项原则而共同奋斗，是一定能够实现的。让我们以此来告慰他的在天之灵吧。

谢谢各位静听。

（1986年1月23日）

关于建立中国的日本学

中华日本学会的成立，对于加强中国的对日研究，建立中国的日本学，都是十分有意义的事情，我表示积极的支持。根据同志们提供的材料来看，我国确实已具有建立中国的日本学的条件和基础了。如我国已拥有数量很大的日本研究者、很多研究日本的机构，并同日本相应的学术机构进行了广泛的交流。我还想强调的一点是，我国建立日本学有着若干有利条件。由于明治维新以前的2000年，日本的文化、政治、社会制度、宗教、艺术、文学、科技等等都受到中国广泛的强烈的影响，所以中国在了解日本和研究日本方面要比其他任何国家具有特殊的优越条件。这是从可能性方面说的。再从必要性方面看：

第一，日本是我国的近邻。邻人可以选择，而邻国是无法选择的。我们势必要经常同日本打交道，因此就必须了解日本。

第二，这个邻国不是一个普通的小邻国，而是世界上第二经济大国，正将成为政治大国，而且还在力争成为亚太经济圈的核心。对于这样的邻国自然需要加强研究。

第三，我国一再表明，维护中日友好不是一时的策略需要或权宜之计，而是我国长期的国策。这个国策是毛泽东、周恩来等同志经过全面研究中日两国关系的过去和现在以及战后世界的形势而制定的。要贯彻执行这个国策，就需要研究日本，研究中日两国关系发展的中长期前景。

还有，为了我国的两个文明建设，需要借鉴日本某些东西，从这个角度来说，也应该研究日本。

上面虽然说的是要加强研究日本政治、经济、外交关系等，但作为日本学，就不能仅仅局限于这几个领域，而应该是系统的、全面的。日本学分科很多，领域很广。我们的研究既要侧重于现状的研究，但又不能割断历史，因为要了解现状，就必须懂得昨天和前天。

中国的日本学应以什么作为研究的指导思想呢？我同意要以马克思主义为指导思想，要用马克思主义的立场、观点、方法来研究日本的政治、经济、军事、外交、文化、社会、宗教、历史等。对每个问题都必须占有详细的材料，进行周密的调查研究，加以具体的分析，给予科学的解释，然后引出合乎实际的结论来。在全国解放以前，日本研究者中用马克思主义为指导思想来研究日本的不占多数。新中国成立以后，迄至现在，应用马克思主义来研究日本的包括新成长起来的青年研究者和老的研究者，恐怕已占绝大多数了。就这一点而言，是否可以说这是中国日本学的一个优势，同时也是一个主要的特点。应该说，新中国成立以来研究日本的同志，都力求用马克思主义的方法来研究日本，所以我们的日本研究是有成绩的，对于我们党和国家制定对日政策，恢复中日邦交，发展中日关系，增强中日人民团结，起到有益的作用。但是，主张以马克思主义为指导思想，并不等于就善于用马克思主义立场、观点、方法来研究日本。新中国成立以来，我们对日本的认识就发生过一些失误和错误，并且直到现在仍未进行过系统的清理，一些反马克思主义的“唯上”“唯书”或主观随意性等不良学风时有出现。要克服这种缺憾，主要是加强研究人员的马克思主义的理论修养，掌握正确的研究方法，同时还要培育具有独立思考、敢于坚持真理、修正错误的精神。此外，我希望能有一个共同讨论问题并对重大问题可以展开争论的环境。真理总是愈辩愈明的。因此我希望日本学会建立后能在这方面发挥它的作用。同时我还希望学会能推动我国的日本研究者写出“洛阳纸贵”的权威性的传世之作，以增辉我国的日本学。

（原载《日本问题》1990年第2期）

关于当前中日关系问题答客问

最近，有来华访问的日本朋友们问起当前的中日关系，我告以自从去年夏季中国发生政治风波以后，中日两国间的关系进入不正常状态。经过两国政府和朝野有识之士的共同努力，这种不正常状态已接近结束，正常关系即将全面地恢复。这对中日两国以及亚洲的和平与稳定是极其有利的，也是令人高兴的。

但是，出乎意料，又发生了令人不安的事情，这就是最近日本方面所挑起的钓鱼岛问题。日本政府同意一部分右翼团体人员在钓鱼岛建造灯塔，并出动军舰，驱逐进入钓鱼岛海域的台湾渔民，这是侵犯了中国主权，引起了两国的外交干涉。

钓鱼岛，日本称尖阁列岛，它在台湾东北100海里处，由几个小岛和岩礁所组成，是中国的固有领土。但日本认为，这是日本的领土，从而该岛成为两国所争执之地。1972年两国恢复邦交时举行第三次两国首脑小范围会谈时，曾经涉及钓鱼岛问题。但是两国总理一致同意，把这个问题留到以后再说。1978年邓小平副总理访日时也谈到，从中日友好出发，我们可以把钓鱼岛问题搁置起来，留给子孙们去解决，他们会比我们聪明，会找到好的解决办法。他后来还表示过，那里的海底石油可以共同开发。这就是我国处理钓鱼岛问题的一贯方针。我认为这是贤明的妥当的方针。最近中国外交部为钓鱼岛问题向日方进行外交交涉时，又再次申述了这个方针。如果不采取这个方针，而是单方面采取行动，不仅不能解决问题，反而会激化矛盾和加重摩擦。很明显，这是有害于中日关系的，而且对长期、稳定地发展中日友好是极为不利的。我期望日本朝野的有识之士，能够认识和理解两国政府曾经主张的把钓鱼岛问题搁置起来的方案，正确地来处理当前所发生的钓鱼岛问题。

为了长期稳定地发展中日友好，我对日本国会最近审议“联合国维持和平活动合作法”不能不表示不安。这个法案的实质，是派遣自卫队到国外。如果这个法案能被通过，这正像许多日本有识之士所说的那样，日本的和平宪法就将受到损害，而且这是同走向军事大国联系在一起的。因此从这个意义上来说，这是同日本再三表明不做军事大国的诺言相违背的，也是同日本人民的愿望相违背的，会招来日本近邻诸国的不安和激烈反应。我衷心期待有远大见识的日本政治家，为了亚洲的和平与稳定，不要选择这一危险的道路。

（北京对日广播1990年11月15日）

为着和平的光明的21世纪

——祝贺《裁军问题资料》创刊十周年

日本卓越的政治家、社会活动家宇都宫德马氏所主办的《裁军问题资料》月刊，从创刊以来，到今年11月号，就满十周年了。这是一件值得庆贺的事。

经常刊在卷首的宇都宫德马氏的论文，是发人深思的正正堂堂的宏论。这些论文贯穿着美好的崇高的理想，这就是让各国人民在和平、独立、民主、幸福中生活。在当前世界武器库里已经贮存着足以毁灭地球几十次的核武器的条件下，一旦和平遭到破坏，爆发了核大战，则独立、民主、幸福也随着统统化为乌有。因此，宇都宫德马氏把保卫世界和平，反对扩军备战，彻底消灭核武器看作是当代各国人民最首要的共同任务。这是完全符合世界各国人民的愿望，顺应时代的潮流的。宇都宫德马氏的论文把理想、现实主义同客观实践相结合，并以大无畏的战斗精神来论证这个任务和推动这个任务的解决，起到了教育和鼓励日本人民为争取实现世界的持久和平而进行斗争的作用。

总的来说，《裁军问题资料》月刊，也体现了宇都宫德马氏的理想、现实主义和战斗精神，这是值得称赞的。

最近两年来，世界形势发生了巨大的变化，这就是战后维持40多年的雅尔塔体制已经打破，两个超级大国尖锐对峙的冷战时期基本结束，世界多极化格局正在形成。无疑，这是有利于人类避免再一次的世界大战和维护世界和平的局面的。但是也必须看到，霸权主义仍然存在，并正以新的形式进行侵略活动。实现普遍彻底裁军，仍然是一条坎坷不平的道路。因此我们决不能放松保卫与巩固和平的斗争。在这方面，我作为中国的一个读者，衷心期望《裁军问题资料》月刊，要继续为和平与裁军，并“为把光明的幸福的21世纪留给现在的年轻人”（宇都宫氏语），作出更多的新的贡献。

（原载日本《裁军问题资料》月刊1990年11月号）

一个好的开端

——《中日现代化·21世纪展望》序言

1987年6月，中日两国青年学者在东京举行“中国与日本——现代化与21世纪展望”研讨会。这本论文集，就是会上提交的论文的结集。

举行这样的研讨会是很有意义的。

首先，这个研讨会反映出时代的脉搏，体现着中国开放政策的成果。很明显，在中日两国恢复邦交之前，甚至在1979年以前，举行这样的研讨会是根本不可能的。中国是在1978年年底以后，才真正把实现四个现代化的建设，作为其全部工作的中心；大量的留学生到发达的资本主义国家负笈留学，始于80年代初；而近年来中日两国友好关系的稳定发展和各方面的广泛交流，更为这次研讨会的举行提供了条件。万事开头难。中日青年学者研讨会已迈出了第一步，顺应改革开放的需要，这种交流活动还将会得到更大的发展。

其次，这个研讨会对于促进中日两国青年学者的相互理解，藉以加强两国的睦邻友好关系是有益的。两国青年学者通过研讨会，或者对中国，或者对日本，或者对中日两国相互有关的问题，特别是一些还未解决的问题，根据平时的研究，提出自己的看法，这种看法既有相同的，也有相异的。由于两国社会制度不同，意识形态不同，价值观念不同，两国青年学者对若干问题具有不同的看法，这是正常的，也是不可避免的，重要的是通过这样的交换意见，可以使双方了解彼此的观点之所以相异，这样有些原本属于误解的问题就可以得到消除，有些问题经过相互补充和修正而能求得一致或较为一致；有的可以求同存异各持己见，而不强加于人。做到这样的相互理解，而且也见之于两国其他方面的交流上来，无疑，这将会有助于促进两国的友好合作关系。

再次，这个研讨会对于提高青年学者的研究能力，也会起到积极的作用。因为通过这种研究讨论，可以使我国的青年学者学习和领会如何正确地评价别国——例如日本的经验，尤其是那些类似于我国的，而且可以运用于我国的经验；同时又要做到不是照抄、照搬外国经验，而是根据我国的国情和需要批判地对待它，独立地检查它。

既然这个研讨会具有以上所说的意义，因此，中国社会科学出版社把研讨会的成果编译成册，提供给广大的读者阅读，应该说是一件有益的工作。

当然，读者在通读了这本论文集以后，可能会感到尚有某些不足之处。在这里，我想着重举出两点。第一，研讨会论文的范围涉及政治、法律、历史、文化、社会和经济等各个领域，但是并非每篇论文都是紧扣着这次研讨会的总题目——现代化和21世纪展望，因而显得多少有些芜杂，并使人有文不切题之感。特别是有几篇论文，泛论到“现代化”这个概念，出现有不同的见解时，讨论会没有及时地抓住这个最重要问题进行讨论，不能不说是一个失着。第二，在中国青年学者的个别论文中，可以看到一种迹象，他们没有用马克思主义的立场和方法来研究问题。为什么会这样呢，我不便也不能随意进行揣测。但是，我想指出的一点是：马克思主义作为认识世界和改造世界的锐利武器绝没有过时。在社会主义的中国，年轻学者要想通过对社会科学的研究，对中国的现代化作出真正的贡献，那就必须掌握马克思主义的这个武器，否则是不可能取得大的成就的。这话听起来似是老生常谈，但无疑是正确的，而正确的道理是不嫌重复的。

我衷心期望，由新中国培养出来的青年学者，在探索科学的长途上，应该留下比前人更坚实的脚印，创造出更大的业绩。

（原载《中日现代化·21世纪展望》1990年版）

《日中关系面面观》代序

对于关心国际政治，特别是关心中日两国关系的读者，《日中关系面面观》是值得一读的。

这部论文集所汇集的文章和鼎谈录，是在《中日和平友好条约》缔结十周年时，围绕“中日关系的回顾与展望”的总题目，由日本的一部分中国问题专家、评论家和外交家分别写成的。这些作者对日本的舆论界和外交机构具有一定的影响。文章涉及的问题很多，内容也比较丰富，既论述了两国关系中的一些根本性问题，也论及两国在政治、外交、经济、文化、教育、军事等领域中的具体关系问题。通观整个文集，可以看到各位作者，在不少问题上同我们的认识和看法是基本一致或相吻合的，但同时也在不少问题上同我们的看法有差异、甚至是对立的。当然，文集作者的看法和认识，也常因人而殊。正因为这本文集反映着许多作者对中日关系的各种看法，为了更全面地了解日本方面对中日关系的看法与认识，更好地做到“知己知彼”，加强相互理解，我认为认真地阅读这本文集，是很有益处的。

下面我想就三个问题谈点意见，以供中国读者阅读本文集时参考。

关于中日两国关系中的一些原则性问题

首先，是关于文集中所论及的有关两国关系的一些根本性问题，其中有的是涉及指导两国关系的一些原则性问题，这要比文集中的有些文章对两国关系中的具体问题的探讨与分析，重要得多。这些问题是：一、对当前两国关系的总的评价问题；二、《中日联合声明》与《中日和平友好条约》的政治意义和作用问题；三、如何正确地看待两国关系中所发生的摩擦，以及采取什么方针来解决这些问题；四、在新的国际形势下，如何进一步发展中日两国关系问题等。

一、对当前两国关系的总的评价问题。当前两国关系是缔约十年来两国关系发展实践的归结，也是展望未来关系的一个新的出发点。因此需要作出正确的评价。文集的一部分作者正确地认为，目前的中日两国关系与两国邦交正常化时相比，已有隔世之感，中日关系的发展可以说是体制相异的两国发展关系的典范。十年来，从总体上看，发展是顺利的，是非常好的，缔约十年给双方都带来了利益。当然，也不能忽视这个过程中所发生的问题和摩擦。个别作者的观点，则强调中日两国政治、经济和制度的非对称性（Asymmetry）、两国关系中问题的多样性和困难性，并对存在着的各种摩擦和矛盾看得较重，如认为中日友好关系进入才十个年头的现状，不能不说是在“表面的友好”气氛背后，经常发生问题。这种看法，显然是抹煞了中日两国从恢复邦交和缔约以来在政治、经济、科技、文化、教育、人员交流等各个领域所取得的有目共睹的长足的发展，把具有实质内容的友好关系，看作是表面的友好气氛，并把两国间发生一些矛盾和摩擦这种支流，看作是两国关系中的主流，这是与客观实际完全不符的，这种看法实际上否定了中日两国没有任何理由不友好下去的总前提，在展望未来的中日关系时，势必得出悲观的结论。显然，对十年来中日两国关系所作出的这种估价，是有害的，是不能同意的。

二、关于《中日联合声明》与《中日和平友好条约》的政治意义和作用问题。正确认识和严格遵守两国政府的《联合声明》与《和平友好条约》，对于长期稳定地发展中日两国的友好关系具有决定性的意义；而正确地认识《联合声明》与《和平友好条约》的意义及其作用，则是严格遵守《联合声明》和《和平友好条约》的必要前提。文集的大多数作者认为，《联合声明》与《和平友好条约》都是具有重大意义、甚至具有划时代意义的。由于缔结了《和平友好条约》，使1972年邦交正常化的相约得以履行，进一步促进了两国关系发展的势头，并为后来的两国友好关系奠定了基础。《和平友好条约》是规范中日两国关系的文件，在处理两国关系中的问题时，这两个文件作为中日双方共同遵循的基本原则发挥了作用，等等。但是也有极少数作者提出了与上述论断相反的看法。他们认为，《联合声明》也好，《和平友好条约》也好，都是“只图快不图好”的日本外交产物。《联合声明》把台湾问题放置一边不予置理；而《和平友好条约》除了反霸条款以外，则是不值得一提的无意义的内容，都是如何解释也行的一般原则。但“反霸条款”的政治意义却过于浓厚，只要这样的条约套在中日关系上，问题将层出不穷，并使日苏关系恶化。很明显，这是一种对《联合声明》与《和平友好条约》采取否定态度的论调。

众所周知，《和平友好条约》确认《联合声明》中规定的发展两国关系的一些重要原则，并以法的形式固定下来。其中主要的原则，有和平共处五项原则、用和平手段解决一切争端的原则、以及反对霸权等。战后国际关系的实践证明，和平共处五项原则同旧的国际关系中“弱肉强食”的行径相对立，为社会制度不同或相同的各国实现和平共处，并进行友好合作确定了行为准则。五项原则现已深入世界的人心，成为国际公认的准则。用和平手段解决一切争端是联合国宪章中的一项重要原则，也是保证中日两国睦邻友好、和平相处的重大原则。上述的所有原则，内涵丰富，理路显明，绝不是空空洞洞、毫无实际意义，或可作任意解释的原则。条约中的反霸条款规定中日任何一方都不谋求霸权，只要切实履行，就可以排除两国之间发生对立和对抗的根源。而反对任何国家称霸，则是中日两国维护世界和亚洲和平所共同需要的。当时苏联共产党和苏联政府积极推行霸权主义，获悉中日《和平友好条约》将列入《联合声明》中已经确认的反霸原则后，就向日本政府施加压力，阻止条约的缔结。为了照顾日本对外交的需要，条约作了新的补充，即第四条，规定本条约不影响缔约各方同第三国关系的立场。这样，就使条约的反霸条款具有一般的普遍原则的性质。因此说条约把日本外交纳入中国外交的轨道，以及缔约以后使日苏关系恶化，这是不符合实际的。至于指责两国政府《联合声明》把台湾问题放置一边而不予处理，也是没有事实根据的。《联合声明》中的第三项就是关于如何处理台湾问题的。在周恩来、田中角荣两国总理的最后一次会谈中，还着重商谈了台湾问题。当时商定，两国政府《联合声明》签字后，由大平外相举行记者招待会，宣布日蒋条约宣告结束，日本同台湾断交。在会谈中，日方提出，日台断交以后，日方希望能在台湾建立一个民间办事机构，处理日台民间贸易和人员往来，这一要求得到了中方的谅解。怎么能说签署《联合声明》时，把台湾问题放置一边呢？不过，从作者的文章中可以隐约地看到，他主要是指日本当时没有做到像中美建交后美国国会立即通过一个《与台湾关系法》。何谓《与台湾关系法》？它的最本质的问题，是制造“两个中国”或“一中一台”，这个法因此成为中美两国关系发展的根本障碍。只要这个法存在，中美关系的发展就要受到很大的制约。关心中日友好的人士怎么能够赞美或者想要仿效美国搞出一个这样的法呢！

总之，《中日联合声明》和《中日和平友好条约》是符合中日两国人民根本利益的历史性文件。它是规范中日两国关系的基本准则，也是我们两国一致同意承担的国际义务。这些原则构成了两国关系的政治基础，也是判断两国关系的是非曲直的准则。我们必须继续严格遵循中日《联合声明》和《和平友好条约》中规定的指导两国关系的各项原则，以此发展我们两国的友好关系。

三、关于如何正确地看待两国关系中所发生的摩擦，以及采取什么方针来解决这些问题。文集的许多文章对《和平友好条约》缔结以来两国间所发生的一些重大问题都有所论及。纵观这些问题，可以分为两类，即政治问题和经济问题。政治问题又大体可以分为两类，一类是因为历史认识的不同而产生的摩擦，如教科书问题、正式参拜靖国神社问题、藤尾和奥野发言问题等等。一类是关于台湾问题，即日台关系问题，如光华寮问题、所谓表彰蒋介石遗德问题等等。文集的有些作者正确地指出，为了认识当前的中日关系，需要历史地认识问题，不能避开中日两国间曾经存在的一段不幸的历史，即日本侵略中国的那段历史，而且考虑今后的中日关系时，也要常常意识到这个问题。但是文集的有些作者持有不同的看法。他们认为，历史是历史，政治是政治，中国人把历史转化为政治，这就会产生问题；也有的作者认为，对于那段不幸的历史，对日本人说来是不要忘记自己这段侵略的历史，对中国人说来是不要再提这段历史，过去的历史终得有个了结。也有的作者认为，承认日本侵略，就会在感情上同丧失国民的独立性联结起来，从而造成同中国的摩擦。更有甚者，有的作者认为，由于学者有个人的历史观和价值观，因而对那段不幸的历史可以持有与《联合声明》的内容相抵触的历史认识，这是一个涉及思想信仰自由的问题。很明显，上述的一些看法是值得商榷的。

我们一再认为，中日两国有两千余年友好相处的历史，其间半个世纪的对立和战争，是日本极少数军国主义者一手造成的，日本的对华侵略战争不仅给中国带来极大的灾害，也使日本人民深受其害。不过这一段不幸的历史，毕竟是中日友好关系的历史长河中的一段插曲。但是由于存在于两国间的不正常状态的结束还不到20年，经历过这场灾难的人在中日两国还大量存在，而且这场战争所产生的后果，犹像大地震的余震一样，至今还在起着一定的作用，所以要把这段历史看作已是纯粹的历史，或者已经可以完全忘掉，实际上是难以做到的。当年，我们提出要正确地对待这段不幸的历史，和不要忘记这段历史，绝不是为了算旧账，也不是要让日本人民负上精神的重荷，更不是要在两国人民的心里深埋仇恨的种子。我们是遵循中国的一句古训“前事不忘，后事之师”，着眼于未来的中日友好大业，要从过去历史中吸取教训，而不再重复过去的不幸。还需要指出的是，我们绝不干涉日本人民的信仰、言论的自由，以及他们的历史观和价值观念。我们之所以对教科书、阁僚正式参拜靖国神社以及藤尾、奥野的发言提出外交交涉，是因为这些是日本政府要人的言行或日本内阁部门的主张，是有悖于两国政府《联合声明》的精神和原则的，而中日两国政府的要人和两国政府的中央部门都有遵守《联合声明》与《和平友好条约》中的义务的。

至于台湾问题，已在上面谈到，最主要的问题是，日本应该遵循两国恢复邦交时对台湾问题的诺言。这就是不搞“两个中国”“一中一台”或台湾独立。当然也不应摹仿美国搞《与台湾关系法》。文集中的文章谈到，现在日台之间的经济贸易和人员往来在数量上已大大超过断交时的数量，而且还超过目前中日两国的经济贸易和人员往来的数量。这就提醒我们，确实需要警惕“见利忘义”，需要防止日台关系超出民间关系的界限。中日复交谈判时，大平外相就台湾问题曾说：“请相信日本政府，我们绝对不会支持台湾独立运动，日本对台湾决不应该有，而且也不会有什么野心。”接着，他还说“也不会有经济野心”。我们希望日本政府切实遵守这一诺言。

关于两国间在经济方面所发生的摩擦问题，有很多是属于实际业务问题，虽然也涉及平等互惠的原则，但也有不少是属于经验不足的问题。在两国经济合作方面，应该说有了较大的改善，或者有的问题也得到了解决。对于这个问题我就不再赘言了。

正像文集中有的作者所指出的那样，由于中日两国社会制度、国家发展阶段和各自处境的不同，在一些问题上的立场、看法和各自的利益方面也不完全一致，加之过去又有一段不幸的历史，因而在两国关系的发展过程中，不时地发生这样那样的一些问题和摩擦，而在有些摩擦和问题解决之后，又会出现新的摩擦和问题，这是难以避免，也是不足为奇的。重要的是，我们对此要采取正确的方针，这就是我们要从两国人民的根本利益出发，坚持实现中日长期友好的这个崇高目标，按照两国所共同协议的《联合声明》《和平友好条约》以及指导中日关系四原则，通过友好协商，对所发生的原则性和一些重大问题，加以妥善、合理的处理和解决。特别是对一些重大的困难问题，双方更要顾全大局，谨慎从事。如果不是这样，而是消极回避，或者处理不当，使问题积累或激化起来，就有可能影响和损害两国长期友好的大局，这是必须加以避免的。

四、关于在新的国际形势下进一步发展中日两国关系的问题。文集的作者正确地指出，为着认识现在的中日关系，还需要从国际的大框架来考虑这个问题。文集的很多作者在研究中日两国恢复邦交和缔结和平友好条约问题时，都详尽地阐述了当时的国际形势。但是，文集的文章对于在今后新的国际形势下，中日关系将如何发展的问题，几乎都没有论述，只有极个别文章偶尔触及，如说世界将向多极化发展，成为经济大国的日本，正在摸索走国际国家、政治大国的道路，要为世界作出新的贡献等。特别是由于文集的文章是在1988年写作的，当然不可能涉及1989年下半年以后世界形势发生的巨大变化。目前以雅尔塔体系为基础的两极对立的旧的格局已经崩溃，新的多极化格局还未完全形成，在这样的国际框架下，中日关系将如何发展，这个问题就有待于中日问题的专家和学者进行辛勤的研究。不过，在目前是否可以粗略地作出如下的估计，亦即由于国际大格局的转变而将形成的90年代的国际形势，将是复杂多变和动荡不安的，但是，和平与发展仍将是当前和今后世界发展的总的趋势。维护世界和亚太地区的和平与稳定，扩大亚太地区的经济合作，推动各国的共同发展，也仍是我们亚洲的这两个大国所共同需要的，而且我们两国也具有在这方面进行协调与合作的条件和优势。所以从这样的国际框架来看，从地缘政治来看，中日两国的友好关系也还将继续发展。不过我要强调指出的一点是，对日本方面来说，成为政治大国和世界的一极以后，仍必须严格遵守决不做军事大国的诺言，而这正是文集的许多作者所一再强调表明的。在中国方面，则是要保持政治、经济、社会的稳定，坚定地沿着建设有中国特色的社会主义的道路继续前进。上述两条，对于维持90年代和21世纪的中日关系的长期稳定的发展，是绝对必要的。

为加强相互理解，
要善于倾听批评意见

其次，文集的一些作者对中国在处理和对待两国关系方面，以及有关双方的交流来往问题，提出了不少批评意见。我认为，我们应该冷静地倾听这些意见。凡是正确的，我们应该接受，借以改进我们的工作，对于那些不正确的批评，听了也有好处，这可以使我们了解对方为什么会提出那样的批评，同时也可以使我们无则加勉。

我认为下述的一些批评，是值得倾听的。有些作者指出，中国方面的有些人对战后的日本、对日本人战后想法的变化都了解不足，因此低估战后日本所发生的变化，而仍以对战前日本的认识，来看待战后的日本。我们的确存在着这样的问题。如50年代，我们对日本的农地改革持否定态度，1970年一度提出日本军国主义"已经"复活，都是由于对战后日本缺乏深入的研究而发生的。又如文集中提到，我们有的同志曾经表示日本的防卫费可否增加到日本国民生产总值的2%，这也是对日本的实际缺乏具体了解的另一种表现。有的作者说，中国研究日本力量并不像日本研究中国的力量那样雄厚，研究水平有待提高，这也是说得中肯的。

关于中日双方的经济合作问题，文集的作者提出很多批评意见，如中国投资环境不良，基础建设差，经济法制不完备，中国某些政策多变，存在顽固的官僚主义的障碍，以及不了解日、美企业在投资决策上的不同，因而要求日本同美国企业看齐等等。这些意见是有一定道理的。的确，在国际经济合作方面，我们的经验知识都有所不足。在纠正"洋跃进"时，中国从事经济工作的人员到日本要求日方企业无偿废除合同而引起的一场风波，就是最好的说明。

关于文化交流，有的作者指出，近年来中国留学生的素质日渐下降，好多留学生没有读过《新民主主义论》，从他们身上无法获得"社会主义"的印象，他们对金钱感觉特别敏感，有好处的东西，他们会立即去争取，这也正是另一作者所批评的中国的"拜金主义（向钱看）"。其

实，这种拜金主义不仅某些留学生有，我们对日交往的某些机构和单位也有这种倾向。这是需要警惕的。总之，为着加深相互理解，文集作者就中日关系方面对中国所作的一些批评，需要认真对待，值得反思。

需要澄清的几个讹传

再次，本文集中的有些文章所引用的事例，有的不是事实，是以讹传讹的传闻。读者读后如果信以为真，就可能产生思想混乱，流传一广，还会造成中日之间的隔阂。我认为需要本着实事求是的精神予以澄清。其中最重要的有下述三点：

其一，关于周恩来总理谴责随田中角荣首相访华的外务省条约局长高岛益郎为“法匪”的问题。这完全不是事实。在两国总理小范围的第二次会谈中，周恩来总理确实严正批评了高岛益郎。但这不是像文集中某位作者所说，因为高岛益郎认为日本台湾签署过“日台条约”，因此中日两国不需要再签署和约，而是因为高岛益郎主张在两国政府的《联合声明》中，不需要写明中国放弃战争赔偿的要求，理由是缔结所谓“日华条约”时蒋介石已经放弃了这个要求。周恩来总理对高岛把已被中国人民推翻、逃到台湾的蒋介石的所谓允诺，视为中国人民理应承受，感到不能忍受而表示诧异和愤慨，同时还说明了中华人民共和国为什么放弃赔偿要求。周恩来总理在批评高岛局长时，根本没有使用“法匪”这两字作人身攻击，而且事实上，无论是中国的词汇，还是日本的词汇中，都没有 “法匪”这个词。

其二，文集的有些文章，若明若暗地提到中国在1987年又提出战争赔偿要求，这完全是揣测和误解，而不是事实。1987年6月邓小平同志同公明党委员长矢野绚也会见时，应他的要求曾经坦率地谈到两国关系，谈到两国经济关系的发展并不完全令人满意，主要是中国在贸易方面逆差太多，日本对中国的技术转让不积极；小平同志接着谈到：日本是世界上欠中国账最多的国家，但我们是近邻，从两国人民的长远利益考虑，我们作出了不要赔偿的决策。东方人讲情理，从情理两字来说，日本应该为帮助中国的发展作出贡献。这是老朋友之间的亲切谈话，小平同志只是坦诚地表示了一种愿望，哪里是提出赔偿要求！中日复交时，在两国总理最后一次的会谈中，周恩来总理曾经郑重地谈到，中日重建邦交，首先要讲信义。中国有句古话，“言必信，行必果”。田中首相回答说，日本宪法中也有一句“信为万事之本”。周总理接着说，我们这次新的关系，就从“言必信”开始。由此可见，中国外交是非常重视信义，重视说话算数的。已经放弃的赔偿要求，怎么会出尔反尔地重新提出呢？当时日本的某些报纸把邓小平同志的谈话报道为重新要求赔偿，说得轻一些，是一种误解；说得更确切一些，则是有意制造两国之间的隔阂。

其三，关于胡耀邦同志邀请3000名日本青年访华问题。文集中一篇文章说，胡耀邦在日本提出的这个邀请是他自作主张，因而被看作是一个错误受到批评。对于这个说法，我作为知情者愿意指出，胡耀邦同志赴日时邀请3000名日本青年访华，在出国前曾征询了有关部门的意见，最后得到党的领导集体的同意。发出这个邀请的胡耀邦同志在日本青年集会上的讲话，也是经过党的领导集体的同意，事先在国内定稿的。所谓邀请3000名日本青年访华是胡耀邦同志自作主张的说法，是没有根据的。中国人民对于1984年3000名日本青年访华，加强两国青年一代的交流是肯定的，对日本各有关团体积极推动和协助这个邀请的实现，也是始终表示感谢的。

文集中不符合事实的事例还有一些。由于以上三个极为重要，所以我只对这三个予以澄清。

最后，我再重复一下，本文集虽然有这样那样的一些问题，以及同我们看法相异的一些问题，但是对于加强中日之间的相互理解和求同存异，做到超越意识形态和价值观念的差异，进一步发展两国的关系，是有积极作用的。

（原载《中日关系面面观》中译本1991年版）

《宇都宫德马文集》中文版序

1980年10月，日本著名的政治家、社会活动家宇都宫德马先生以自费创办了《裁军问题资料》月刊杂志，迄今已11年了。每期杂志的卷首论文，几乎都出自先生的手笔。前年，北京大学出版社出版的《世界和平与裁军》，便是《裁军问题资料》从第50期至第87期先生的卷首论文的汇编。据我所知，该书出版后，引起中国各界人士的强烈反响。现在，由北京大学日本研究中心宇都宫德马特别研究室翻译的《宇都宫德马文集》又将问世。该书收集了《裁军问题资料》第88期至第127期的卷首论文，并且加上第50期以前的若干卷首论文汇编而成。素来钦佩先生的道德文章的中国读者，将再次从此书中获得更多教益，从而进一步增进中日两国人民之间的相互理解，其意义是深远的。

我与宇都宫德马先生相识，已有20年，说得上是老朋友了；同时，我又是先生文章的一个长期的热心读者。特别是《裁军问题资料》刊行以来，先生的卷首论文，我都拜读过，深感获益匪浅。因此，在《裁军问题资料》出版十周年时，我曾驰电祝贺，电文中有如下的一段话。

“每期刊载于卷首的宇都宫氏的论文，是发人深思的宏论。这些论文都贯穿着宇都宫氏的崇高的理想，即各国人民应该在和平、独立、民主和幸福中生活。在仅仅苏美两国的核武器就具有使人类灭绝几十次的破坏力的状况下，一旦和平受到破坏，而发生核大战，则独立、民主、幸福的生活都将归于乌有。因此，宇都宫氏认为，保卫世界和平，禁止和彻底销毁核武器是各国人民最重要的共同任务，这是完全符合世界人民的需求，强烈地反映着时代的潮流的。还需要指出的是，宇都宫氏的论文充满着立足于现实主义的科学精神和大无畏的战斗精神，它正是激励日本人民争取和平、实现裁军任务的号角。”

由于是电文，故只能写得简单而概括，现在，则想利用写序的机会作些补充。

首先，宇都宫先生从事保卫世界和平、反对扩军的活动，不是从80年代刊行《裁军问题资料》时才开始的，而是始自战后初期他从事政治活动之初。40年来，天下极不太平，曾经出现过长期而又严峻的东西方尖锐对立的冷战局面，也不断出现过遍布全球的各种局部战争，军备竞赛如水涨船高愈演愈烈，以致在六七十年代出现了一种世界大战不可避免，裁军只是幻想的思潮。但所有这些，不但不能动摇宇都宫先生为日本人民争取和平与裁军的理想和信念，而且使他的信念愈加坚定。先生以富于预见和哲理的论据，来回答论敌对他的冷嘲，他说：“在自然科学的世界里，被看作是幻想的事物，而使之成为现实的人类的智慧，对于如此重大的裁军与和平决不会无能为力。对此，我是乐观的。”他又说：“因为核战争不是天灾，而是人类的政治引发的，如果大家睁大眼睛，认清了危机的本来面目，用全力来加以抑制，人类的毁灭是不会发生的。”他特别号召青年，要站在制止扩军备战，保卫世界和平的前列。宇都宫先生在文章中所坚持的理念及其远见，正在接受着实践的检验。美苏的中程导弹已在销毁中，裁减战略导弹也已达成协议，在此基础上，全世界实现进一步的裁军，已不再是遥不可期的了。

其次，宇都宫先生的论文之所以充满着现实主义的科学精神以及大无畏的战斗精神，是因为先生的论文不是就和平论和平，就裁军论裁军的偏狭的抽象的文章。他在掌握大量的材料，并亲自考察了美国、苏联、中国等国家情况的基础上，联系日本、世界以及当时的国际关系的实际，从政治、外交、经济、军事等不同角度，反复地论述和平与裁军这个人类面临的最重大的迫切任务。他在坚持日本和平宪法、非核三原则以及和平共处五项原则的同时，对美国鹰派的扩军备战政策，对美国的亚洲政治，对美苏军事与工业复合体的相互提携，对美国违反波茨坦宣言长期驻军日本，对1960年的日美安全条约违反日本宪法、对自由民主党机体上的极右倾向以及腐败政治，对过高估计美国的美元伞和核保护伞，依靠美国来图谋安全与繁荣的思潮等等均加以批判，特别是今年以来，他又对利用海湾战争而企图修改日本和平宪法的活动和行动予以批判。他对那些在“爱国”的幌子下企图修改宪法的政客深恶痛绝。正是因为宇都宫德马先生的文章是立足于他所称赞的有理想的现实主义的基础之上，所以具有严谨的科学精神和坚韧的战斗力。

最后，需要提到的是，宇都宫德马先生一贯把中日友好同亚洲与世界和平事业联系在一起，他认为“日中友好对日本民族来说，是历史性的伟大事业”，“日中友好是世界和平的条件”，是“最大的安全保障”，因此他本人就是中日友好事业的奠基人之一，是中国共产党周恩来等同志的刚正不阿的诤友和中国人民的“全天候”朋友。

关于宇都宫先生的生平，收入本书的《我的家世与我》以及《世界和平与裁军》中的附录文章等都有叙述，读者可以参阅，我就不再赘述了。

按照日本的习俗，过两年将是宇都宫德马先生的“米寿”（88岁），这本文集的出版，也可以说是对先生米寿的一个颇有意义的献礼。

（原载《宇都宫德马文集》1991年版）

《当代日本名人丛书》序言

当前世界正处在向多极化格局发展的过程中。随之，作为亚洲两个大国的中国与日本之间的关系，不仅在中日两国的各自外交中所占的分量加重了，而且在世界总体的天平上的分量也是大大加重了。两国关系如果确能保证做到长期稳定、友好合作、和平共处，这不仅会继续造福于中日两国，而且可以毫不夸张地说，对于亚洲和世界的未来，也将作出越来越大的贡献。

要使具有不同的社会制度、意识形态、价值观念，而且在经济发展上也有很大差距的中日两国，长期睦邻友好相处，这就需要有双方共同确认的规范两国关系的基本准则，而加强两国人民之间的相互了解和理解，则又是首要的和必不可缺的前提条件。

对我们中国来说，决不要因为中日两国是近在咫尺的邻邦，有两千余年交往的历史，又有相同的文化渊源和使用相同的汉字，便想当然地认为我们对日本是很了解和熟知的，其实决非如此。

日本固然是个东方国家，但同时又是西方的一员。这在当今世界中，可谓独此一家。这个基本特征，充分显示出了解日本的困难性和复杂性。难怪西方的一些著名政治家，要喟叹日本是个难以了解的国家；我们中国的一位有名望的知日家、也是我所尊敬的同志亦曾作如是观。当然，我们不是不可知论者，决不认为，日本作为一个国家是不可能被透彻了解的。我们所强调的是，这种了解是相当困难的。此其一。

其次，系统地全面地开展研究日本的工作，在我国历史很短。新中国成立后，直到1960年，国家才制订了系统研究包括日本在内的一系列外国的计划，并着手建立若干相应的机构。不料五年之后，“文化大革命”的发动，使这项刚刚起步的工作被迫中断，研究人员几乎全部下放，积累的资料大量散失。进入80年代后，国家实行改革开放政策，研究工作才得以重新全面恢复。历史的短暂和走过的曲折之路，说明我们对日本的研究工作，无论是在详细地占有材料方面，或者是在进行周密的研究方面，都是极为不足的。在这种情况下，我们对日本的了解，若明若暗或一知半解，便是很难避免的。

再次，明治维新以后，日本急遽地走上帝国主义的道路。从19世纪90年代起，将近半个多世纪，中日两国处在对抗和敌对的状态中。特别是从1931年起日本对中国发动的侵略战争，使中国人民遭受了深重的灾难。虽然这场战争已经结束了45年，两国之间的不正常关系也已在20年前宣告终结，但是这场令人难以忘却的历史噩梦，还沉重地压着活人的头脑，甚至使一些日本研究者，也往往用老眼光看待在战后发生巨大变化的日本和日本人，并以感情的好恶或想当然，取代冷静的观察与科学的分析。在这种情况下，要做到正确地了解日本，又谈何容易！

还可以再举出一些理由。但我认为，仅以上所述三点，就足以说明，要做到正确地了解和理解日本，的确不是一件容易的事情。因此，为了克服这种困难，我们需要大力加强对日本的研究。需要以最近十多年来取得的成绩为基础，进一步系统地周密地搜集日本各方面的材料，进行科学的分析和全面的研究，并把这种研究成果推广开来。

我认为，从总体上说，《当代日本名人丛书》的出版是适应上面所说的要求的。

诚如两位作者在本书前言中所说：“要全面、准确地了解日本社会，就必须客观深入地了解日本的人。”这是合乎历史唯物主义的观点的。

历史唯物主义认为，人类社会的历史发展是有规律的，但是，任何新社会又决不是从天而降、自行到来的，而是人创造的。恩格斯说：“在社会历史领域内进行活动的，全是具有意识的、经过思虑或凭激情行动的、追求某种目的的人；任何事情的发生都不是没有自觉的意图，没有预期的目的的。”[1]当然，各个时代的名人，特别是代表先进力量的卓越人物，对社会发展所起的作用，要远远超过一般的人。因此，阅读上乘的名人传记，例如阅读好的日本的名人传记，就不仅能使读者了解传记人物的生平、性格及其事迹等等，而且能够使读者了解这个传记人物及其思想、主张所由此产生的当时日本的社会历史条件和时代风尚，以及传记人物的实践活动，对其生活中的日本社会以及这个社会的将来所产生的影响和作用。正是从以上的见地出发，出版《当代日本名人丛书》，对于我们了解日本社会是极为有益的。

对于《当代日本名人丛书》介绍的第一个传记人物——隅谷三喜男先生，我是神交甚久，但相识却晚。1986年秋，我应主持争取核裁军22人委员会宇都宫德马先生之邀，赴东京参加亚洲和平座谈会，才开始认识隅谷先生。以后虽然每年都有机会见面，但总有相识恨晚之感。隅谷先生堪称当代日本著名的学者、教育家、社会活动家、国际活动家、和平运动活动家，而且还是中国人民的好朋友。鉴于本传记已对先生这些方面的业绩，特别是先生在学术领域内的各方面造就，作了详尽而精辟的介绍，先生著作等身，而我拜读过的又极少，因此对先生一生的光辉成就，自感没有置喙的资格。我唯一想强调的是，隅谷先生的学问和人格，在日本青年知识分子中具有广泛的影响，中国人民能以隅谷先生作为自己真挚的朋友而感到十分高兴。先生曾是灾难深重、生灵涂炭的旧中国的见证人；晚年，他重访中国，亲眼看到我们这个文明古国所经历的翻天覆地的变化，于是决心在有生之年，用最大的精力为中国的现代化作出无私的贡献。在当前坚持中日友好伟大事业正处于新老两代交替的关头，隅谷先生的可贵精神，不仅能鼓舞我国的人民和青年，也将激励日本的青年一代，把这一伟大事业担当起来。这是具有战略意义的。

[1] 恩格斯：《路德维希·费尔巴哈和德国古典哲学的终结》，《马克思恩格斯选集》，人民出版社1972年版，第4卷第243页。

我怀着确信中日友好能为我们两国的繁荣，并促进整个亚洲跻身世界先进行列发挥巨大作用的心情，作是序。

（原载《学问·信仰与人生》1992年版）

《日中关系十八年》中译本序

古井喜实先生所著《日中关系十八年》阐述了他对革命胜利后的中国问题的基本看法，并记述了他为恢复日中邦交、推进日中友好大业而经历过的坎坷经历。该书在日本问世时，承蒙古井先生惠赐一册，阅后感受颇深，获益匪浅。

古井先生原为日本政府官员，被称为超级官僚英才，1952年以改进党员身份当选为国会议员而进入政界。1959年，古井先生随松村谦三先生访华，首次接触新中国，立即感到中国问题对日本是个大问题。此后十八年，古井先生付出了最多的时间和精力来促进日中友好这个大问题。

从书中可以看到，古井先生虽自谦地称其对中国的研究与认识为“盲人摸象”，实则在日本政界中，他是具有真知灼见的。从一开始，他就高屋建瓴地确定了将三个根本问题作为自己研究中国问题的主要课题：第一，中国政权今后的发展前途；第二，中国是个一般的社会主义国家，还是具有中国特色的社会主义国家；第三，中国希望与日本友好是否出之于真心，其原因何在?

对于这三个问题，古井先生通过对中国广泛深入的考察，形成了初步判断；之后，又通过每一次新的访华来验证并深化自己的认识，从而得出了明确的结论：第一，新中国“不会崩溃，而将日益强大”；第二，中国是“独立自主地建设适合中国国情的独特的社会主义社会”；第三，“中国期望同日本友好，不是仅在口头上，而是出之于真心，因为这是中国保卫自身的安全和独立的基本问题”。

在当时得出这样的结论确非易事。因为当时的中国不是开放的中国，而是透明度很差的封闭的中国；1958年以来，中国共产党的工作在指导方针上有过严重失误，特别是在“文化大革命”时期犯了全局性的长期的“左”倾严重错误；加之1960年前后，美国竭力宣传中国必将崩溃，而日本外务省也现买现卖地在日本推销这种货色。在如此错综复杂、是非难辨的条件下，古井先生对中国问题的认识，虽然在某些问题上存在难以避免的不妥或不准确之处，但这并不重要。重要的和难能可贵的是，他在有关中国的根本问题上得出了上述三个重大的正确结论，并且形成了坚定不移的信念。这不能不令人深为钦佩。

从书中还可以看到，古井先生在认识到中国是出于真心希望中日友好的同时，又根据历史教训，认定“日本与中国的关系，对于日本、对于亚洲和平，甚至世界和平，具有异乎寻常的重要性”，从而下定决心要为推进中日两国的友好大业而努力奋斗。但是，这不是一条平坦的大道，而是崎岖险阻之途。首先，战后的吉田内阁、岸信介内阁以及1964年年底执政的佐藤荣作内阁，都执行追随美国、敌视中国、制造“两个中国”的政策，这是中国所坚决反对的。其次，1966年以后，中国发生了“文化大革命”，“左”倾思潮泛滥，古井先生有几次与我方有关工作人员商谈中日备忘录贸易的会谈公报，中国在严厉批判佐藤政府对华政策的同时，我方有些工作人员在“左”倾思潮的影响下，有时还殃及古井先生，硬要把一些“左”的观点（如日本军国主义已经复活的观点等）强加给他。在这样困难的情况下，古井先生着眼于中日关系的未来，为维护这条岌岌可危的当时唯一的半官方贸易渠道——备忘录贸易不致断裂而竭尽全力。有时，他毅然独自决定，作出最大限度的让步，但对一些绝不可接受的观点则硬着头皮顶住。由于会谈公报尖锐地批判佐藤的对华政策，遂使古井先生被日本自民党的一部分人谴责为“反党的异端者”“国贼”，并受到自民党纪律委员会的审查。一些右翼分子还向他的私宅投掷点着了火的发烟筒。但面对种种攻击与迫害，古井先生毫不气馁，依然我行我素。他不慕荣达，为实现自己的信念，任劳任怨、实心做事的精神更令人深为钦佩。

从本书中还可以看到，1972年中日两国复交前夕，古井先生为两国复交达成协议所作出的积极贡献。古井先生曾向他的挚友、当时的日本外相大平正芳就日方草拟的两国复交方案提供了许多宝贵的建议，并为两国政府起草《中日联合声明》做了极为重要的幕后沟通工作。我曾亲聆周恩来总理当面赞扬古井先生说："你做不出面的工作，埋头苦干，这样最光荣。"

我还记得，21年前周恩来总理和古井先生的一段对话。周总理说，你快赶上孔子了，快73岁了。古井先生回答说，我们这些一般的人，无法同那些名人相比。周总理说，你可不是没有名的人。转瞬之间，古井先生的岁数已大大超过孔子甚至孟子，已达九十大寿。逢此可庆之年，古井先生的中国朋友在中国翻译出版了《日中关系十八年》一书，由中国和平出版社出版，我想，这不仅是对古井先生寿诞的一份献礼，也是对纪念《中日和平友好条约》签订十五周年的一份献礼吧！

（原载《日中关系十八年》中译本1993年版）

致安藤彦太郎先生的慰劳和激励电

值此为安藤彦太郎先生召开“慰劳早稻田大学工作五十周年、激励就任日中学院院长会”之际，我因远在异国，难以赴会面贺，只好借此电文，向我的老朋友安藤彦太郎先生表示深切的慰问和衷心的敬意。

从19世纪中叶以来，直到现在，中国人民主要做着两件大事，一件是推翻帝国主义、封建主义、官僚资本主义对中国的统治，完成新民主主义革命任务；一件是通过社会主义革命和社会主义建设，把一个贫穷落后的中国，变成为富强的现代化社会主义国家。第一件事我们已经做到了，第二件事我们还在继续做。但无论是第一件事，还是第二件事，我们都需要热心肠的国际朋友的帮助和支援。

安藤先生从学生时代起就同情中国革命。在中国新民主主义革命胜利后，他对我国的社会主义革命和社会主义建设又给予了积极的支援。先生帮助我们把《毛泽东选集》和《毛泽东诗词》译成日语出版；大力促进中日两国间的学术和文化交流；研究中国近代历史，向日本介绍中国的历史和现状，使日本国民理解和同情中国。先生的这些成绩，值得我们称赞，也充分显示先生是中国人民真诚的朋友。

从1978年年底以来，中国已经结束了半闭锁状态而实行开放，同时又纠正了长期的严重的“左”的错误，这就为外国朋友能正确地了解中国和介绍中国，提供了前所未有的好条件。我热望先生在早稻田大学退休以后，在研究近代中国和现状方面，完成新的学术著作。同时我还热切地期望：在先生担任日中学院院长之后，学院的事业也更将蒸蒸日上，让更多的日本学生掌握中国语，也让更多的中国学生掌握日本语。

显然，当他们掌握了作为交际和社会发展工具的彼此国家的语言，就能为增进中日两国之间的理解，促进中日两国之间的文化、经济等交流，发展两国之间的友好合作关系作出更多更好的贡献，而这正是两国人民所共同需要的。

人生易老心不老，衷心祝愿先生在中日友好的大道上继续迅步前进。

（1988年3月15日）

新生事物有远大前程

——祝贺“语言交流会”成立二十周年

值此日本丰桥“语言交流会”成立二十周年之际，我以极其喜悦的心情，向“语言交流会”和“培育语言交流会之会”的各位先生和同行的小朋友们表示衷心的祝贺。

六年以前，“语言交流会”的长屋洋子女士和几位会员，第一次带领丰桥市的几名少年儿童到北京进行“住宿”（Home Stay）活动。虽然是地区的小团体和少数人的交流，但我们决不能忽视这个活动。因为它是在我国的国际交流方面，翻开了“住宿”活动这样的新的一页。这个宝贵的创举，是具有重大意义的。

中日两国是近邻。正像谚语所说，远亲不如近邻。中日友好决不是一时的权宜之计，它是符合中日两国人民根本利益的，是我国长期的国策。人们在青少年时期，学习对方国家的语言，在对方国家经历住宿活动，了解和观察对方国家的社会生活和精神文明，又同对方国家的青少年结下了纯洁的友谊，在得到适当的指导之下，我相信他们长大以后，就能够把老一辈人所开拓的中日友好的大业担当起来，并再传给下一代。这样一代接一代，实现世世代代友好下去。

正是春光烂漫之时，作为“语言交流会”成立二十周年的纪念活动，“语言交流会”和“培育语言交流会之会”的各位先生到中国访问，并在北京举行庆祝会。我们正像古语所说“有朋自远方来，不亦乐乎”那样，衷心地感到高兴，并同你们共享庆祝会的各种喜悦。

热烈祝贺“语言交流会”的事业今后愈益繁荣！

（1990年4月22日）

为日本勤劳者加深对中国的理解而努力

值此中日两国恢复邦交二十周年之际，以日本勤劳者为读者对象的《中国展望》杂志在日本创刊，是一件很有意义的事情。

以往的二十年，是在结束了中日两国半个多世纪以来的对立、对抗以至战争，重新谱写新的友好篇章的二十年。

在这二十年中，两国关系虽然出现过一些曲折，但就总的来说，是顺利发展的，两国政治、经济、文化、科技方面的友好合作与人民之间的交流，都取得了很大成就。两国的这种友好合作，对双方都是有利的。对亚洲的稳定与和平以至世界的和平，也发挥了重大的作用。

但是，瞻望未来，在21世纪可以预见的将来，中日两国关系的发展，能否继续保持这种势头，而不会受到破坏或发生逆转呢？这是目前日本人民，特别是勤劳者所担心的事情。之所以会这样，是同当前国际大气候相关的。也就是说，最近几年，国际形势发生了令人瞩目的重大变化，旧的世界格局，即战后由东西对抗所形成的冷战体制已经结束，世界正处在向多极化新格局发展的过渡中。在这个大变化中，可以看到一个重大的事实，即由于东欧和苏联发生剧变，与此相联系，国际共产主义运动出现低潮，加之，在通向新格局的过程中，还存在着许多难以捉摸的不确定因素，因此，在日本勤劳者中，有不少人对中国应否和能否坚持走社会主义道路产生疑虑，同时，对今后中日两国的关系，能否像前二十年那样，长期稳定地发展下去，也就忧心忡忡了。这是不足为奇的。

正是面对着上述所发生的实际情况，我认为，新创刊的《中国展望》应该把促进日本勤劳者加深对中国的了解和理解，消除他们对中国今后发展以及对中日友好关系的前景所抱有的疑虑，作为这个刊物的一个极其重要的任务。

为此，这个刊物要用生动的文字向日本勤劳者反复地解释下述的一些重要问题：

一、中国人民在中国共产党领导下，如何赢得了新民主主义革命的胜利，之后又进行了社会主义改造，使中国走上社会主义道路。自1840年鸦片战争以来的一个多世纪里，中国人民梦寐以求的独立、统一、民主、富强终于在中国大地上已经实现或者基本实现，有的如富强，正在加紧争取实现。如果中国不进行新民主主义革命和走上社会主义道路，是不可能取得上述的一切的。

二、中国共产党指引中国革命走向胜利的正确路线和方针政策，是马克思主义普遍原理同中国革命实践相结合的产物，这是中国人民通过革命实践不断地总结正反两方面的经验独立自主地制订出来的，它既不是照抄照搬外国经验，也不是什么外国人强加于中国的。

三、中国革命的胜利，是中国人民通过长期流血牺牲、艰苦卓绝的斗争取得的，不是坐享其成，由外国人代打江山得来的，所以中国人民是热爱自己的政权的。

四、中国革命胜利后，特别是1978年实行改革开放以后，社会主义的经济建设取得了飞跃的发展，人民生活得到很大的提高和改善，所以中国人民热烈拥护改革开放，决心沿着建设有中国特色的社会主义的道路前进。

五、中国政府实行独立自主的和平外交政策，在和平共处五项原则的基础上发展同一切国家友好相处的关系，反对霸权主义和强权政治，支持被压迫民族和被压迫人民的正义斗争，维护世界和平与促进人类进步。中国人民的朋友遍天下。

六、中国和日本是一水相隔的邻邦，今天的中日友好是来之不易的，是两国政治家和民间友好人士呕心沥血长期奋斗的结果。中日两国虽然社会制度不同，意识形态相异，发展水平也有很大差异，但是中日邦交正常化以来的实践证明，只要我们双方遵循《中日联合声明》《中日和平友好条约》、指导中日关系的四原则，超越社会制度和意识形态的差异，在加强相互理解的基础上，正确对待和妥善处理两国关系中出现的问题，中日关系是能够长期稳定地向前发展的。

在解释上述的问题中，应该实事求是地让读者了解中国还是个发展中国家，实现社会主义现代化还有许多困难和问题，在方针和政策方面也会有缺点甚至失误，把中国说得什么都好，那是不合实际的。

显然，上述问题，主要是前五个问题，是有关中国革命与建设的政治和理论问题。根据我同日本勤劳者长期接触的经验看，他们来中国参观访问，决不满足于仅仅探访名胜古迹，他们很关心中国的发展，愿意听取介绍以上这些理论性、政治性问题，而且也愿意同我们讨论这些问题。

总之，帮助日本的勤劳者加强理解中国，在目前是更具有急迫性和必要性。我衷心期待《中国展望》杂志，能在这个方面作出积极的贡献。

（原载日本《中国展望》杂志1992年创刊号）

在中日青年友好会议上致贺词

各位朋友，各位同志：

在中日邦交正常化二十周年之际，“中日青年友好会议”隆重开幕，我作为一个长期从事中日友好的活动家，并作为一名老年人列席开幕式，感到十分高兴。中国青年联合会举办这场活动是很有意义的，我热烈地祝贺会议的胜利开幕。

出席今天会议的各团体，长期以来立足于各自的行业、地区与界别，以鲜明的时代特点，坚持不懈地开展了大量的中日友好活动。其中有些在座的日方来宾，是我的老相识、老朋友，在过去的岁月里，我们有幸就中日关系问题作过多次有益的探讨。在这里，让我对今天在座的各位朋友和同志在中日青年交流方面所显示的热忱与作出的贡献，表示由衷的钦佩。

青年是社会的重要构成部分，并且是未来的担当者。青年交流的不断发展可以在两国人民中打下坚实的相互理解、相互信赖与友好的基础。青年交流同其他的中日民间交流是两国政治经济关系发展的强大动力，可以为中日睦邻友好关系的持久稳定发展发挥重大作用。

中日青年交流是超越社会制度差异、跨世纪的交流。大家有责任把两国老一辈关于发展中日关系的共识普及、渗透到两国青年中去，并变成他们的自觉行动，使中日友好世代相传。我衷心期望会议能在中日关系正进入新的时期之际，充分运用几十年来中日青年交流和民间交流的经验，设法把两国青年交流搞得更有活力，更有特色，更有效益。

预祝会议取得圆满成功！

谢谢！

（1992年9月14日）

“三十而立”

——祝贺《北京周报》日文版创刊三十周年

简单的回顾

题目用的字句，是孔子的话，意味着人到了三十岁，说话做事都能站得住了。《北京周报》日语版今年也到了这个年龄，所以很值得祝贺。

在这三十年间，《北京周报》日语版经历了风风雨雨、坎坷不平的道路。但总的来说，它作为日本读者了解中国政治时事的窗口，还是克尽其职的。

通过这个窗口，可以了解中国共产党和政府对内对外的方针政策及其发展和变化；了解中国人民如何建设社会主义经济和与此相适应的政治制度，取得了什么成绩，又遇到了什么问题和困难，中国如何为争取国际的和平环境而实行独立自主的和平外交政策，以及对国际重大问题的一系列主张。

通过这个窗口，可以及时地读到中国党和政府重要会议的报告、决议、中国国民经济和社会发展的五年计划，以及中国政府发表的一些重要文件。这些都是研究和了解中国所不可或缺的文献。

通过这个窗口，还可以了解中日两国政府和民间为长期稳定地发展两国友好关系所作出的努力，以及取得的成就。

仅举以上三点，就足以说明《北京周报》日语版，在帮助日本读者了解中国和理解中国是发挥了它的作用的。

当然，《北京周报》日语版也有失误、缺点和不足之处。最主要的失误是在中国共产党发生严重失误、特别在“文化大革命”十年间，当时《北京周报》日语版曾经把“左”的错误，当作正确的东西而大量地加以报道。不过在这个问题上不应苛责《北京周报》的日语版，因为归根结底是中国的报道体制造成的。《北京周报》日语版就自身来讲，最大的不足是，它虽然以日本读者为对象，但从其内容看，却基本上是《北京周报》英语版的翻版。专为日本读者阅读的文章、报道、消息等，数量较少，质量也较差。上述的不足，需要设法改进，此外也还有其他一些缺点，如经济新闻同广告相混淆等等，也希望能在今后有所改进。

对今后的期望

最近几年，世界局势发生了巨大的变化，冷战结束，苏联解体，东欧变色，国际共产主义运动落入低谷。在这样的形势下，关心中国的日本读者会普遍地产生一个问题，中国的社会主义旗帜究竟能打多久。因此，帮助日本读者找到正确的解答，即中国的社会主义旗帜飘扬在天空而不会倒下，就成为《北京周报》日语版的一个极为艰巨和繁重的任务。

为此，《北京周报》日文版需要向日本读者介绍中国共产党提出的建设有中国特色的社会主义的理论及其实践，介绍这种理论产生的历史根源和客观基础，阐明它不是照抄书本和硬搬别国模式，而是在与中国社会主义建设实践的密切联系中形成的，因此具有引导中国社会主义建设走向胜利的宏伟力量。《北京周报》是小型的周刊杂志，宜以短小精干的系列文章，以及座谈、笔录、特辑、答问等多种生动活泼的形式，从不同角度反复地介绍上述问题，此其一。

其次，要帮助日本读者了解中国共产党在社会主义初级阶段的基本路线，即“一个中心、两个基本点”，了解中国人民坚持这条路线一百年也不动摇的决心，这是中国能够经受风险考验的保障。为此，《北京周报》应用大量的生动的事实，经常地突出地报道和反映中国人民集中精力进行经济建设，坚持改革开放和四项基本原则所取得的成就，特别是当前为建立社会主义市场经济所进行的巨大努力和在这个方面不断取得的成就。当然，对于经济建设过程中所遇到的困难和问题，以及如何克服困难也应有所报道，以便使读者能够得出比较全面的认识。

再次，继续报道中国独立自主和平外交政策的成就时，要强调中国坚持这一政策是顺应世界和平与发展的主潮的，同时又为促进这一主潮作出了不断的贡献。要让日本人民了解到中国是坚定的维护世界和平的力量，中国决不称霸，也始终反对任何形式的霸权主义和强权政治。即使今后中国经济大大发展了，成为现代化的强国，也决不会搞霸权主义和侵略扩张。中国的全方位的对外开放，积极发展对外经济关系，是大大有利于世界的发展的。关于发展中日两国的友好关系，这是我国的国策，在杂志的报道中，仍应占一定的位置。

最后，殷切希望《北京周报》日语版的编辑部和驻日记者，能密切注视和关切日本舆论以及日本的中国问题专家关于中国问题的评论和报道，了解他们最关心中国的哪些问题，从而有助于我们有的放矢地组织和刊载有关的文章与报道。这将会获得读者的欢迎，对于那些任意诋毁中国的文章，例如个别的中国问题研究者一再鼓吹中国将重新出现地方割据和内战之类的荒诞言论，要用摆事实讲道理的方式，进行适当的批驳，办杂志需要办得泼辣和生动一些。

以上一些刍荛之言，就权作为对三十周年的《北京周报》日语版的贺词与祝愿吧！

（原载《北京周报》日文版1993年第31期）

在午餐会上的讲话

干部研修会即将圆满结业，我的老朋友石川先生指定我在今天的午餐会上讲些话。本来大家已经听了很多报告和讲话，我已毋需再讲，不过我推辞了，石川先生听到后一定会很不满意，所以只好遵命，但因此使大家的耳朵长上了胼胝，实在对不住。

讲些什么呢，我想提两点希望吧！

第一，各位先生都是从事同中国进行经济交流的干部，因此，我热切期望各位能够继承和发扬中日复交以前从事中日贸易的日本朋友们的那种精神来从事中日经济交流。当吉田、岸、佐藤等执政时，他们是敌视中国的，他们对中日贸易也设置种种障碍，甚至加以破坏。当时从事中日贸易的日本的先进人士，怀有中日友好的崇高理念，所以不畏险阻，敢于同这些政府的反动政策进行斗争，以打破和排除各种障碍，来推进中日贸易，并为中日恢复邦交作出贡献，他们也成为中日友好的掘井人。

中日建立邦交以来，中日两国睦邻友好关系，总的来说有了很好的发展。这是大家感到高兴的。但是，也必须看到，在两国关系发展的过程中，还不时发生摩擦、纠葛，以致引起外交交涉。这主要是由两个问题引发的，一个是历史问题，一个是日台关系问题。估计这两个问题，在今后也还将继续对两国关系的发展起到负面的作用。从今年日本纪念战争终结五十周年中可以看到，为侵略战争辩护，甚至加以美化的势力，还是有相当的力量和能量的。但是，我们从另一方面也可以看到，他们的这种反动言论，在国际上是孤立的，不但日本的盟国美国等反对，连日本的过去的盟国德国等也是反对的，曾经受到日本侵略的亚洲各国更是坚决反对的。在日本国内，也受到广大舆论和日本人民的反对。至于日本政府，战后长时期内，他们对这个问题的态度是极其暧昧的，只是从1982年发生教科书事件以来，日本政府才断断续续地对这个问题表示态度，承认侵略，直至今年“八一五”，村山首相发表了经内阁同意的首相谈话，承认了日本过去对外进行殖民统治和进行侵略，要进行痛切的反省，并表示由衷的道歉。尽管谈话还有不足之处，但仍可以说这是日本政府对待历史问题的一个比较好的正式声明，这对那些反动的政治家猖狂地为过去侵略战争翻案能够起到一定的约束作用。最近原总务厅长官江藤不敢公开发表的美化日本对朝鲜侵略的暴言，一经曝光，就不得不辞掉政府职务，就是一个明显的例子。当然，要消除美化侵略战争的思潮，还需要很长的时间，主要要靠日本人民的努力。至于日台关系问题，当1972年两国恢复邦交时，《中日联合声明》中已有明确规定，日方也多次作出承诺：只与台湾维持民间和地区性往来，不搞“两个中国”和“一中一台”，无意从政策上发展日台关系等。中国对日台间维持民间经贸往来不持异议。但坚决反对开展任何名义、任何形式的官方往来。但在实际上，日本在对台关系上，特别是双方官方往来上，或明或暗，累累地违反了所作的诺言。尤其近年来台湾岛的“台独”活动趋于猖獗，台湾当局不顾民族大义，大搞各种形式的实质外交。他们的这种活动为美国的“两个中国”“一中一台”的政策所鼓舞。在日本，有相当多的亲台势力，政界有、财界有、学界有，特别是在日台经济关系日益发展的情况下，在日台关系上见利忘义的人也会增多起来。这些人正在探索同台湾发生公开的官方关系，或者加紧推动日本政府提高对台官方的交往水平。例如去年就发生了日本政府批准台湾的“行政院”副院长徐立德出席广岛亚洲运动会。今年李登辉访美以后，公开扬言下一个要访问的国家就是日本，于是日本的亲台势力又再次向政府施加压力，图谋促成李登辉访日。台湾问题涉及中国国家主权和统一大业，是中日关系中的重大原则问题，日方如果违反过去的承诺图谋破坏日台关系的现有框架，中日双边关系就一定会受到严重的损害。这是极其不利于中日两国睦邻友好关系的发展的。我还认为，在今后干扰两国关系发展的两个负的因素中，日台关系有可能发展成为主要的负的因素。此外，还可能发生一些新的问题。我殷切期望从事中日经济交流的朋友，决不要做生意就只谈生意，而是要像那些心怀中日友好的崇高理念而从事于两国经济交流的先辈们那样，善于识别中日两国关系中的大是大非，警惕、抵制和反对不时地干扰两国关系发展的历史问题和日台关系方面的错误言行，使我们的经济交流工作与中日友好事业密切地交织在一起而同步前进。

第二，我热切希望各位朋友能成为我们的诤友。中国现在正处于经济体制转轨时期，也就是从传统的计划经济向社会主义市场经济体制转变。如果我们能顺利地实现这个战略任务，中国的社会生产力就会得到发展，综合国力也将进一步增大，人民生活也能显著提高，中国经济的发展对于中日两国的经济交流的发展是极为有利的。但是建立社会主义市场经济体制，对我们来说是完全没有经验的，需要探索地前进，因此在转轨的过程中，一定会发生这样那样的困难，这样那样的缺点甚至错误。我们殷切地期待长期从事经济工作，熟悉资本主义市场经济规律的各位朋友，在同我们打交道的过程中，当发现我们政策上有问题，或者有缺点错误，能够不吝赐教。对此我们是十分欢迎的。

还要提到的是，在建立和完善市场经济的过程中，实践显示，往往会促使“一切向钱看”“唯利是图，见利忘义”的倾向的滋长。这里所说的“义”可作“信义”讲，可作“道义”讲，在我国场合，还可以作“社会主义”讲。所以这是极其危险的倾向，必须不断地加以纠正和克服。我们热切希望朋友们在同我们打交道过程中，绝不助长这一倾向，并能抵制这一倾向，需要时能向我国的有关部门反映你们所遇到的这种问题。我们是十分需要这样的外国诤友的。

以上所谈如有不妥，请予指正。

最后，我祝贺研修会的圆满结业。谢谢大家。

（1995年11月26日）

祝贺北京日本学研究中心成立十周年

今年是北京日本学研究中心成立十周年，我有幸参加北京日本学研究中心十周年纪念研讨会的开幕式，感到十分高兴。请允许我代表中国国际交流协会，向北京日本学研究中心，以及为纪念北京日本学研究中心十周年而举行的研讨会表示热烈的祝贺。

北京日本学研究中心自成立以来，为共同创建中国的日本学，作出了自己的重大贡献。这主要是：培养了不少从事日本学科研与教学人才，发表了具有一定水平的研究日本学若干领域的学术论文，逐步促进和扩大了国内的以及中日之间的有关日本学方面的交流。在不长的时间内，做到这些是难能可贵的。

今年的研讨会今天开幕了。研讨会的主题是《世界的日本学和中国的日本学》，我认为这是很有意义的研讨主题。我热切希望通过会议的讨论，能进一步明确中国日本学的含义，确定作为完整的、系统的日本学的研究领域；特别是要根据中国的实际和需要，并参照外国的经验，就如何使中国的日本学具有自己的特色的问题，提出宝贵的见解。我想，做到这些，将有助于中国日本学的进一步发展，从而争取在不久的将来，使之在世界日本学中居于应有的地位。

我还要提到的一点是，希望我国的学者在研究日本学时，不要把它仅仅作为学术性问题，还应该看到这是同实现中日世代友好这项基本国策相关联、同我国改革开放、经济腾飞的需要相关联，甚至它还同今后世界的走向相关联的政治性大问题。从这样的见地出发，中国的日本学就会重视联系实际，更富有现实意义。以上这些看法，是否妥当，欢迎与会的学者们指正。

最后，我衷心地预祝研讨会圆满成功。

（1995年10月9日）

略谈冈崎嘉平太先生

冈崎嘉平太先生是一位中日友好的掘井人，是我们所尊敬的老朋友。几十年来，他一直为恢复中日邦交，巩固和发展中日睦邻友好关系，进行不屈不挠的努力。冈崎先生同我国周恩来总理有很好的交谊，他把总理视为他一生中最大的良师，周总理也把冈崎看作是足以信赖的友人。

记得是在1970年2月，我从日本岩波书店刊行的《世界》杂志1月号上读到了冈崎先生写的一篇文章《备忘录贸易期满以前想到的》。文中讲到，他在50年前的青年时期曾是一个亚细亚主义者，希望亚洲各国不搞内部争斗和战争，紧密团结，提高近代文化，驱逐贫穷，但是日本却与此背道而驰。1945年日本战败后追随美国，而1949年中国则成为共产党领导的国家，他觉得青年时代关于亚洲的构想不可能实现了。直到1962年，他随高碕达之助先生访问新中国，了解了新中国的一些情况，特别是在周恩来总理同高碕先生的会谈中，他听到周总理下述的一段话：甲午战争之后，日本侵略中国，造成人民生命和财产的极大损害，特别是“九一八”事变以后更为严重，这是中国的血海深仇。但是半个世纪的仇恨同两千多年的友好历史相比，毕竟是很短的，我们应当努力忘记这个仇恨，携起手来把亚洲的事情办好。亚洲强大起来，不会对外挑战，不让外来势力再一次欺负亚洲。总理的这段话给了冈崎先生极大的启发。他深受感动，回想起自己年轻时代所追求的理想，决心要为恢复中日邦交和中日友好而奋斗。顺便谈一下，冈崎先生的这篇文章，我摘译后曾送呈周总理参阅。

1962年至1973年，冈崎先生一直为发展中日贸易和恢复中日邦交而奋斗。他一直是“廖高贸易备忘录”（也称“LT贸易”，即中日长期综合贸易备忘录）的日方主要负责人之一。这项贸易是中日双方根据平等互利原则进行的易货贸易，带有半官半民性质。它既有利于中日两国的经济发展和 两国人民友好关系的发展，亦有利于促进中日两国关系的正常化。后来，由于佐藤政府积极追随美国，中国又发生了“文化大革命”，备忘录贸易曾陷于极其困难的境地，特别是在1968年到1970年这三年间，这个贸易渠道几乎处于断裂的边缘。当时备忘录贸易的两位主要负责人古井喜实先生和冈崎先生顶住了风浪，终于使备忘录贸易维持下来。1971年3月，周总理为中日备忘录贸易日本代表团举行晚宴，总理在祝酒词中特意感谢冈崎先生和古井先生的努力，使备忘录贸易得以继续下来。

1972年9月中日两国恢复邦交。10月23日，中国举行庆贺中日邦交正常化招待会，招待日本各界朋友，当晚有420余位日本朋友出席。为了让冈崎先生及时赶到北京，周总理特别同意他搭全日空飞机从东京直飞北京。在宴会前的会见中，总理对冈崎先生说，田中首相是第一位搭乘飞机直飞北京的，你是第二位，因为你在1964年曾提议日本飞机应直飞北京。据我了解，冈崎先生这样说，是响应周总理关于“北京机场为日本首相来华谈判复交而开放”的谈话。总理又说，八年以后，我们的话终于实现了。我听了他们的这段谈话，真是感慨无量。

1973年年底，中日备忘录贸易正式宣告结束，冈崎先生仍继续从事中日两国的经济交流工作，并且每年都到中国各地访问。这是周总理生前同他约定的，他切实地实践了这个约定。

在这里，我还想讲一下他晚年同菊地善隆先生一道倡导的为南京大屠杀受难者进行的追悼献树活动。许多日本朋友每年来到南京，怀着对南京大屠杀的深沉反省和对死难者的衷心哀悼，为中日未来的世代友好而在南京珍珠泉公园植树绿化。这个活动到1995年已经举办十次了，我应约参加了第十次的活动。冈崎先生生前曾说，希望这种献植活动一次次地永远开展下去，使我们献植的树木几十年几百年地枝繁叶茂，使中国人民的子子孙孙终能理解我们忏悔的真心。冈崎先生上述的话，是多么深沉地扣动人们的心弦，令人们感动啊！

（1996年1月30日应冈山电视台采访）

使友好交流普及到深山僻壤

1994年以来，长时间同中国国际交流协会等民间团体进行友好交流的日本关西日中交流恳谈会，开始了一项新的友好交流活动，这就是参与中国的“希望工程”，积极为改善中国落后地区儿童的基础教育尽一份自己的力量。他们选择了湖南省的桑植和永顺两个贫穷县作为工作对象，用募捐来的资金，资助那里因贫困而失学的儿童继续学业，帮助学校修缮或新建校舍，为学校提供运营资金，建立民办教员的福利基金，并向学校捐赠图书和学习用品等等。在很短的时间内，他们做出了显著的成绩，受到当地群众的热烈赞扬。这是十分令人钦佩的。

在此，我想着重指出的是，他们的这种活动至少取得了两方面的重要成果：一是通过他们的努力，激发了受援地区的基层干部和群众克服困难的自助自立精神，下决心来改变本地区的落后面貌，从而在双方合作下有力地促进了当地基础教育的改善。二是这项活动使恳谈会的朋友们亲自到中国的深山僻壤，从而能更全面地了解中国，也使当地群众和儿童有机会亲自接触来自远方的日本朋友，双方由此也增进了相互理解和信任，并产生了可贵的友谊。这将使中日友好的大业更深地植根于基层群众之中。而这后一点也许是更具有深远意义的。

万事开头难。我相信，既然已经有了好的开端，恳谈会的朋友们，只要不屈不挠地把这项活动坚持下去，积以时日，就一定会取得更大的成就。

（原载日本《日中交流》通讯1996年3月10日）

祝贺《裁军问题资料》200期

《裁军问题资料》到本年7月迎来了200期，这是值得衷心祝贺的。

《裁军问题资料》杂志在有理想有大勇的政治家宇都宫德马先生的主导下，教育日本人民清醒认识超级大国拥有的核武器，足以几十次毁灭地球，造成了人类危机，启迪和鼓舞日本人民，特别是青年，要为"保卫世界和平""反对扩军""实现裁军"而进行艰巨的百折不挠的斗争，起到了积极的作用。

90年代以来，东西方对峙严峻的冷战结构已经崩溃，世界向着多极化发展，热点降温，裁军取得可喜的成就，世界局势整体走向缓和，这是令人高兴的。

但是，我们也必须看到：一、当前，国际政治经济新秩序尚未建立，世界上不稳定和不确定因素仍不少，霸权主义和强权政治依然存在，世界是并不太平的；二、就日本来说，近年来一些极右的保守势力和鹰派政治家，逆世界和平与发展的潮流而行，高喊修改日本的和平宪法，扩大日美安全条约的合作范围与内涵，以自由主义史观为幌子，竭力为日本殖民统治和侵略战争招魂和翻案，在中日关系上不断制造事端，以破坏有利于两国与亚太的中日友好的格局。凡此种种，决不能等闲视之。

因此，我热切地期望《裁军问题资料》杂志，挥动巨笔，继续为保卫世界与亚太和平，为彻底普遍裁军，为日本坚持走和平发展道路，为中日友好，扫清大道，把一个和平、稳定、发展的世界带入21世纪，作出新的贡献。

（原载日本《裁军问题资料》月刊1997年7月号）

初版后记

1997年是两国政府发表《中日联合声明》，实现邦交正常化的二十五周年，1998年又是两国缔结《中日和平友好条约》的二十周年。这两个年份对中日两国来说都是值得纪念的。由此想到二十年来，我写的讲的有关日本的文章、讲话、演讲等已积累不少，如果编印成册，倒可以作为我个人对于这两个有意义的年份和中日友好的一个纪念。

于是，我翻遍了书柜和尘封已久的纸箱，把我放在这些柜子里和箱子里的有关日本和中日关系的作品——文章、演讲、谈话等都找出来，从中选择了六十四篇，编成这个文集。由于选录的绝大部分文稿，主要是谈论中日两国关系的，所以就用《中日关系管窥与见证》作为这本文集的书名。文集内的文章未按照写作年月顺序编排，而是把内容大体相同的文章编为一类，如关于《中日联合声明》、关于《中日和平友好条约》、关于两国领导人互访、关于抗日战争暨第二次世界大战胜利五十周年纪念、关于日本群众运动等；再就是依据文章的形式，如演讲，或基调报告，又各编为一类。余下的就杂编在一起。

从编入的文章来看，除两篇外，几乎都写作于80年代及其以后。之所以这样，是有原因的。我于1951年夏从高级党校第一期结业后，被分配到刚成立的中共中央对外联络部工作。开初几年是从事与外国党有关的理论工作，1955年4月以后有五年时间担任中联部部长王稼祥同志的政治秘书，工作余暇，倒是笔耕不辍。整个50年代，我写了五本小册子，其中有一本是《日本》，其余是以青年为对象的宣传唯物主义的普及读物。此外，也还写了一些宣传毛泽东思想的文章。但是到1959年年底，我深感文章越来越难写了。写国际问题的文章是这样，写国内问题的文章也是这样。这主要是因为在50年代中叶以后，有些原来被认为是正确的观点和看法，很快就被认为是不正确的和错误的。例如，我写的《日本》那本小册子，对战后日本的一些看法，基本上是依据1951年的日本共产党《新纲领》的观点和判断来写的。《新纲领》是斯大林为解决日本共产党的内部争论和分裂，由他亲自主持制定的，并经当时为逃避美占领当局镇压而亡命北京的德田球一为团长的日共中央代表团和中共中央代表团同意后发表的。因此，这份文件就理所当然地被看作是权威性的文献。但是，完全出乎自己的意料，仅仅几年时间，日共中央就认为这个文件是日共后来发生一系列“左”的错误的根源，以至决定要另行起草新的纲领。实事求是地说，日共中央对《新纲领》的这种看法是有理论和实践根据的。这样，我写的小册子《日本》全面赞扬和肯定《新纲领》，当然就是不正确的了。又如，我曾在1956年写了一本《为什么要反对个人崇拜》的小册子，于当年年底出版。这是根据1955年党的全国代表会议和1956年党的第八次代表大会的精神写作的，但是，在经历了我国1957年的反右派斗争，特别是1959年夏我随同王稼祥部长到庐山开会，在阅读了庐山会议的文件和会议简报后，我感到我的这本小册子与当时的政治风向完全不对头，说不定它将给自己惹出祸来。

1956年苏共第二十次代表大会以后，我们党开始进行批判所谓苏联修正主义的斗争，不到四年时间，这个斗争就远远超出了理论斗争的范围，而扩及两党对整个世界局势的判断、关于反帝斗争战略与策略部署、中苏两国两党的关系，以及他们与世界社会主义国家和国际共产主义运动的团结问题。其中除了中国抵制苏联的大国沙文主义这个问题是理在我方、易于认识的以外，其他的分歧，争论得越广越深，看到的文件资料越多，却越使我感到懵懂和担忧。面对着以上捉摸不定的国内外的争论态势，我就给自己立下了一条“戒律”，即绝不再主动地或者应报刊出版社之约写文章，以免不自觉地犯错误，至于工作上分配下来必须写的文章，则不在此列。这个“戒律”我是严格遵守的。所以从1960年开始直到1978年中国共产党的十一届三中全会召开的18年间，我就再没有主动写过文章，因而也就没有文章可以被选入这本文集了。至于当时因工作需要而被指定写作的文章和小册子，很多都成了废品，只有1962年被指定写作的《日本人民的斗争和日本共产党》曾经发表过，现在仍把它选入本文集。显然，在重阅此文时，会感到它的缺点和不足之处，如过甚其词，或对某些问题的分析有片面性或武断等，但总的来说，此文反映了当时日本人民轰轰烈烈的斗争，以及1967年中日两国共产党中断关系之前的友好关系。为了留下这样的历史足迹，我就将此文不作任何修改地编入本文集。

还要说明的是，自从1967年“文化大革命”进入高潮以后，大约有三年多的时间我处于经常被批斗的状态中。当时中联部仍有许多对外工作要做，不能“关门闹革命”；我又是中联部创建时就被调入的，对中联部工作情况比较熟悉，所以在被批斗之余，还让我做些工作，在当时被称作“半打倒”。直至1971年春，我才从“半打倒”状态下得到“解放”。由于“文革”期间，工会、青年团、妇联都“关门闹革命”，但外国的许多工、青、妇团体还是要求来中国访问，需要予以接待，因此周恩来总理决定这项工作暂由中联部主持。这样，我在工作中，除接待一些党的外宾外，也就增加了接触包括日本在内的外国工、青、妇团体的代表和领导人。此外，涉及中日友协的工作，我也没有完全间断过。在70年代，我所接触的日本外宾，远远超过了五六十年代。在接触外宾时，总要谈话、介绍情况和交换意见，所以我积累的谈话提纲和记录也不少，而且有些日本代表团回国后还编印了纪念访华的小册子，把在中国访问时他们同中国各方面人士的谈话记录或全文或摘要地编入小册子。我在编本文集时，也重新看了70年代我的许多谈话提纲或记录，其主要内容是介绍中国对当时国际形势的看法，特别是中苏分歧问题，再一个主要内容是介绍中国情况，介绍“文化大革命”，因此这些谈话内容，不言而喻，有不少错误。所以在本文集中，我只选了1975年1月与日中友协领导人的一篇谈话，其余统统没有选入。那篇谈话，是向日中友协提出不要再提“反对四个敌人”的提法。所谓日本的“四个敌人”，是指“美帝”“苏修”“日本反动派”和“日修”（指日本共产党）。早在1971年10月，王国权同志和我一起主持同日中友协代表团的会谈，双方在发表联合声明时已经不再使用“反对四个敌人”的提法，但当时没有对这个问题彻底谈清楚，加之日中友协内部还存在着很尖锐的意见分歧，所以“反对四个敌人”的提法在日本仍不时出现。为此，1975年我同他们作了一次比较长的谈话，建议不再使用这个提法。由于当时中国还处在“文革”时期，我也只是从友协这个团体的性质角度，提出不应再用这个提法，而没有阐明这个提法本身有什么错误。尽管如此，由于这次谈话的内容比较重要，所以把它选入了本文集。

本文集编入了中日友好21世纪委员会第六次到第十次全体会议开幕式上中方委员会的基调报告。在此期间，我曾担任委员会的中方首席委员，所以这几次的基调报告是由我在会上宣讲的。但报告初稿均由中方委员会事务当局起草，再经中方委员会全体讨论修改后定稿。因此基调报告不是我个人所写，而是集体创作。这些基调报告反映着开会当年两国关系状况，取得的新的进展和存在的问题。因此在征得委员会事务当局领导的同意后，我把这六次基调报告也录入本文集。在这里，还想顺便提及的是，从1986年开始到目前，中国国际交流协会同日本原参议员宇都宫德马先生共同主持召开了九次亚洲和平座谈会。每次会议的中方基调报告是由我宣讲的，但因为这些基调报告，主要是谈论亚洲形势以及和平与裁军问题，论及中日两国关系问题时很简略，因此这些基调报告就未被编入本文集。

本文集虽名为《中日关系管窥与见证》，但实际上主要是论述中日两国恢复邦交及以后的两国关系，而没有论及从新中国成立到中日两国恢复邦交前的两国关系，以及这一阶段我党的对日政策和方针问题，这是一大缺憾。在目前要临时动笔补写一篇，将影响出版的时间。因此，我把1997年7月接受《朝日新闻》编辑委员崛江义人先生采访时谈到的关于中国的对日政策和方针问题的一小节编入这本文集。虽然这是很短的一小节，但从中可以看到新中国成立初期制定的、并经中央政治局讨论通过的对日政策和对日活动方针，经过实践的检验，已证明它是正确的，并且发挥了重大的指导作用。据我了解，现在从事对日工作的同志中接触过这个文件的恐怕已是极其少数了。

这本文集还有一个很大缺憾，就是几乎没有谈到我们在执行中央的对日政策和方针中所发生的错误和缺点。当然，这不是因为没有缺点或错误，而是没有对此进行总结。记得1990年中国日本学会举行成立大会时，我曾作了一个关于建立中国的日本学的发言，其中谈到，我们过去在研究日本、在执行中央的对日政策中犯过一些错误。这篇发言后来被摘要发表了，但原来发言中讲到的我们犯了哪些错误的文字却被删除了。我想，现在不妨把当时所谈的三个主要错误补述在这篇后记里，以弥补这本文集中没有谈到我们在对日工作中的缺点和失误之缺憾。

这三个主要错误是什么呢?

第一，在50年代，我们过低估计了战后日本在美国占领下所进行的改革。由于德意日法西斯被打败，在世界处于反法西斯胜利的高潮下，加上其他一些因素，到1948年止，美国占领军对日本确实进行了“非军事化”和“民主化”的改革，涉及军事、政治、经济等三个方面，其中包括解散军队，废除一系列法西斯军事法令和军事机构，废除旧宪法，宣布新宪法，废除绝对专制的天皇制，逮捕和审判战犯，解散军国主义团体，实现政教分离，废除法西斯军国主义教育，褫夺法西斯军国主义分子公权，实行农地改革，解散财阀，等等。但到1947年、1948年，由于国际上开始形成冷战体制，特别是由于中国革命胜利在望，美国转而需要扶植日本在亚洲作为反对苏联和中国社会主义国家的屏障，就中断和停止了对日本的改革，而使有些改革未能彻底贯彻。尽管如此，就总体而言，日本在明治维新以后仍然保持着的封建主义和以后形成的军事的封建的帝国主义制度是被摧垮了。但是，在50年代，我们对日本战后几年的改革，却没有作出恰当的评价，甚至对有些改革成果采取了完全抹煞的态度。例如，我们认为战前的天皇制还在发生作用，农地改革是虚伪的，甚至1950年发表的有些论文仍称日本是“帝国主义”。可以说，大体上是在进入80年代之后，我国研究日本的著作，才对日本的战后改革作出了比较恰当的评价。

第二，60年代中期，“文化大革命”开始以后，由于左倾思潮的泛滥，我国一部分从事对日工作的同志和日本的部分搞中日友好贸易的朋友，共同提出了日本人民的“四个敌人论”，并且表示中国人民坚决支持日本人民反对这四个敌人的斗争。很明显，“四个敌人论”的提法，不符合当时日本人民革命的客观实际。仅举日本共产党来说，主要是由于中国方面的“左”的错误，导致中日两国共产党的关系的断裂，但绝不能由此得出日本共产党是修正主义党，是中日两国人民的共同敌人这样的错误结论。虽然到70年代后期，我们纠正了这种错误看法，但是这一错误所产生的负面影响至今仍未完全消除。

第三，在70年代初，我们提出了日本军国主义已经复活的论断。自此以后，在同日本各种代表团会晤和座谈时，几乎都要宣传这个论断。在同日本的备忘录贸易代表团举行谈判而先进行政治会谈时，我们还一再要求对方接受这个论断并将之写入双方的会谈纪要。对方对这一论断采取了理所当然的辩驳态度。结果使双方的会谈和关系几乎趋于破裂。我们提出日本军国主义已经复活的论断，是接受了友好国家的意见，不是经过自己对日本的周密详尽的调查研究而得出的结论。后来，我在同许多日本朋友的接触中了解到，应该比我们更了解日本情况的日本朋友，除极少数人外，都反对这个论断。鉴于这种情况，我就当面向周总理作了报告，大概周总理也早已感觉到了这个问题，所以他当即指示可以把“已经复活”改成“正在复活”。这个改正显然是完全必要的。1972年两国恢复邦交之后，大约有十年左右时间，我们不再提日本军国主义的问题了。但是到了80年代，由于日本发生了教科书问题，中曾根康弘首相参拜靖国神社，日本军事预算一度突破了国内生产总值的1%，以及中曾根首相要求战后政治总决算，谋求日本成为政治大国（以后又改称“国际国家”），于是在一部分从事对日工作和研究日本问题的同志中，又提出了日本军国主义即将复活的论调。但是这个论断毕竟未能成为统一的定论。的确，对于日本今后会不会再次成为军国主义国家；如可能，将在怎样的条件下才能成为军国主义国家；而这种军国主义同战前的日本军国主义是否一个模式；如果不是，那么新的军国主义又有什么特征，等等，对于这些问题，我认为在中国研究日本问题的同志中，尚未能解决好。为了在这些问题上做到实事求是，避免言过其实，我们需要十分认真严肃地来进行研究。

以上，只是举了我们在日本问题上的三次大的失误。当然这只是我个人的很粗略的意见，如果有错，请有关同志和读者指正。

文集中的各篇著作，几乎都是发表过的，绝大多数仍保持原貌，只作了一些文字上的订正。也有一两篇文章，作了一些内容上的补充和修正。

后记写得很长了，应该就此止笔。

最后，我对帮助我出版这本文集的同志们表示深深的谢意。

张香山

1998年2月25日

再版后记

2018年是《中日和平友好条约》缔结四十周年，在两国共同努力下，经历了多年严重困难的中日关系再次回到正常发展的轨道。2019年是父亲辞世十周年，在这个时点，当代世界出版社决定再版父亲所著《中日关系管窥与见证》一书，实在是一件令人高兴与欣慰之事。

父亲早年留学日本，1937年回国参加八路军，在一二九师政治部做针对敌伪军的工作。解放战争时期，父亲调入中共中央外事组。1949年新中国成立后，父亲大部分时间在中共中央对外联络部工作。无论是在职期间还是离休后，在党中央的领导下，父亲为推动、发展中日关系和中日两国人民的友好交往，做了大量的工作，付出了长期不懈的努力。

《中日关系管窥与见证》于1998年首次出版，是父亲关于日本和中日关系两本自选集的第一本（另外一本是2000年由中共党史出版社出版的《回首东瀛》），主要涉及新中国成立后的中国对日政策、中日恢复邦交与缔结中日和平友好条约的历史进程、20世纪80年代和90年代中日关系的主要发展变化等内容。

父亲于2009年10月去世后，许多亲朋好友向我们索要此书，近年来更有许多关心、研究中日关系的读者与专家学者寻找此书。这使我们感到，他们寻找的，不仅是书中珍贵的历史记录，而且是书中凝聚的思想结晶，即一衣带水的中日两国必须世世代代和平友好、互利合作。这既是父亲从事对日工作和撰文结集时一以贯之的中日关系观，更是老一辈中国领导人的谆谆教诲。

在本文集再版的过程中，各篇文稿基本保持原样，仅对少量文字作了必要的订正，对个别文章的篇名作了改动。

鉴于本书多次提到中日两国政府于1972年签订的《中日联合声明》和于1978年缔结的《中日和平友好条约》，为便于读者查阅，本书再版时特将这两份重要文件作为附录收入。

这次《中日关系管窥与见证》一书在中共中央对外联络部和中国国际战略研究基金会的支持下再版，既满足了读者需要，又是对父亲最好的纪念。在此，我们对有助本书付梓的有关部门和人士，对为本书撰写再版序言的章百家同志，表示衷心的感谢！

张沱生　张一凡　张晓贝

2019年3月31日

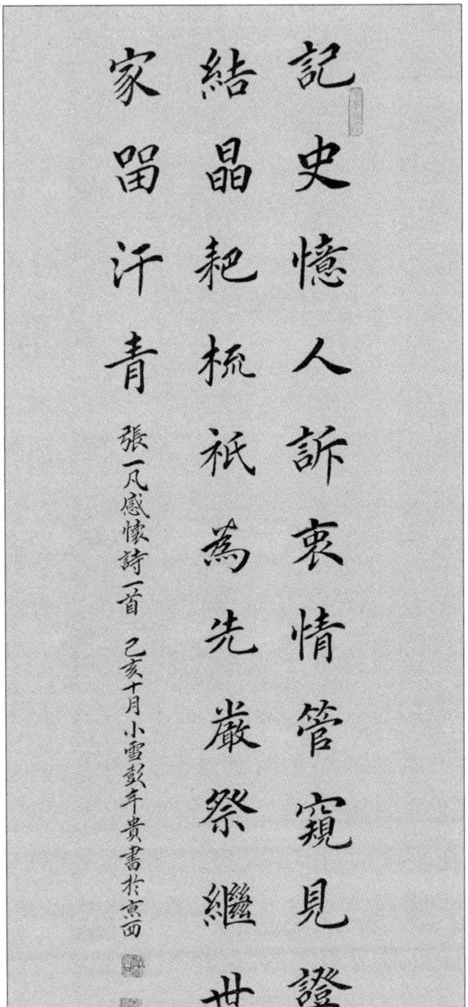

记史忆人诉衷情，管窥见证聚结晶。
耙梳只为先严祭，继世传家留汗青。
（张一凡感怀诗，彭年贵书）

附录1

中华人民共和国政府和日本国政府联合声明

日本国内阁总理大臣田中角荣应中华人民共和国国务院总理周恩来的邀请，于一九七二年九月二十五日至九月三十日访问了中华人民共和国。陪同田中角荣总理大臣的有大平正芳外务大臣、二阶堂进内阁官房长官以及其他政府官员。

毛泽东主席于九月二十七日会见了田中角荣总理大臣。双方进行了认真、友好的谈话。周恩来总理、姬鹏飞外交部长和田中角荣总理大臣、大平正芳外务大臣，始终在友好气氛中，以中日两国邦交正常化问题为中心，就两国间的各项问题，以及双方关心的其他问题，认真、坦率地交换了意见，同意发表两国政府的下述联合声明：

中日两国是一衣带水的邻邦，有着悠久的传统友好的历史。两国人民切望结束迄今存在于两国间的不正常状态。战争状态的结束，中日邦交的正常化，两国人民这种愿望的实现，将揭开两国关系史上新的一页。

日本方面痛感日本国过去由于战争给中国人民造成的重大损害的责任，表示深刻的反省。日本方面重申站在充分理解中华人民共和国政府提出的“复交三原则”的立场上，谋求实现日中邦交正常化这一见解。中国方面对此表示欢迎。

中日两国尽管社会制度不同，应该而且可以建立和平友好关系。两国邦交正常化，发展两国的睦邻友好关系，是符合两国人民利益的，也是对缓和亚洲紧张局势和维护世界和平的贡献 。

（一）自本声明公布之日起，中华人民共和国和日本国之间迄今为止的不正常状态宣告结束。

（二）日本国政府承认中华人民共和国政府是中国的唯一合法政府。

（三）中华人民共和国政府重申：台湾是中华人民共和国领土不可分割的一部分。日本国政府充分理解和尊重中国政府的这一立场，并坚持遵循波茨坦公告第八条的立场。

（四）中华人民共和国政府和日本国政府决定自一九七二年九月二十九日起建立外交关系。两国政府决定，按照国际法和国际惯例，在各自的首都为对方大使馆的建立和履行职务采取一切必要的措施，并尽快互换大使。

（五）中华人民共和国政府宣布：为了中日两国人民的友好，放弃对日本国的战争赔偿要求。

（六）中华人民共和国政府和日本国政府同意在互相尊重主权和领土完整、互不侵犯、互不干涉内政、平等互利、和平共处各项原则的基础上，建立两国间持久的和平友好关系。根据上述原则和联合国宪章的原则，两国政府确认，在相互关系中，用和平手段解决一切争端，而不诉诸武力和武力威胁。

（七）中日邦交正常化，不是针对第三国的。两国任何一方都不应在亚洲和太平洋地区谋求霸权，每一方都反对任何其他国家或国家集团建立这种霸权的努力。

（八）中华人民共和国政府和日本国政府为了巩固和发展两国间的和平友好关系，同意进行以缔结和平友好条约为目的的谈判。

（九）中华人民共和国政府和日本国政府为进一步发展两国间的关系和扩大人员往来，根据需要并考虑到已有的民间协定，同意进行以缔结贸易、航海、航空、渔业等协定为目的的谈判。

中华人民共和国	日　本　国
国 务 院 总 理	内阁总理大臣
周 恩 来	田中角荣
（签字）	（签字）
中华人民共和国	日　本　国
外　交　部　长	外 务 大 臣
姬 鹏 飞	大平正芳
（签字）	（签字）

一九七二年九月二十九日于北京

附录2

中华人民共和国和日本国和平友好条约

1978年8月12日

中华人民共和国和日本国满意地回顾了自一九七二年九月二十九日中华人民共和国政府和日本国政府在北京发表联合声明以来，两国政府和两国人民之间的友好关系在新的基础上获得很大的发展；确认上述联合声明是两国间和平友好关系的基础，联合声明所表明的各项原则应予严格遵守；确认联合国宪章的原则应予充分尊重；希望对亚洲和世界的和平与安定作出贡献；为了巩固和发展两国间的和平友好关系，决定缔结和平友好条约，为此各自委派全权代表如下：

中华人民共和国委派外交部长黄华；

日本国委派外务大臣园田直。

双方全权代表互相校阅全权证书，认为妥善后，达成协议如下：

第一条

一、缔约双方应在互相尊重主权和领土完整、互不侵犯、互不干涉内政、平等互利、和平共处各项原则的基础上，发展两国间持久的和平友好关系。

二、根据上述各项原则和联合国宪章的原则，缔约双方确认，在相互关系中，用和平手段解决一切争端，而不诉诸武力和武力威胁。

第二条

缔约双方表明：任何一方都不应在亚洲和太平洋地区或其他任何地区谋求霸权，并反对任何其他国家或国家集团建立这种霸权的努力。

第三条

缔约双方将本着睦邻友好的精神，按照平等互利和互不干涉内政的原则，为进一步发展两国之间的经济关系和文化关系，促进两国人民的往来而努力。

第四条

本条约不影响缔约各方同第三国关系的立场。

第五条

一、本条约须经批准，自在东京交换批准书之日起生效。本条约有效期为十年。十年以后，在根据本条第二款的规定宣布终止以前，将继续有效。

二、缔约任何一方在最初十年期满时或在其后的任何时候，可以在一年以前，以书面预先通知缔约另一方，终止本条约。双方全权代表在本条约上签字盖章，以昭信守。本条约于一九七八年八月十二日在北京签订，共两份，每份都用中文和日文写成，两种文本具有同等效力。

中华人民共和国全权代表　　日本国全权代表

黄华（签字）　　园田直（签字）